# 中国海洋渔文化研究与象山实践

中共象山县委宣传部　组织编写
王　颖　丁建东　主编

海洋出版社
2018年·北京

海洋渔文化是中国海洋文化乃至中华文化的重要组成部分。它的发展历史与中华文明史一脉相承。它肇始于远古时期，是以海岸采贝和近浅海捕捞等方式猎取海生食品的海洋渔猎活动，后来这种渔猎活动发展为规模巨大的渔业捕捞和养殖业，并形成了相对专业性的从业人员和产业发展。

# 前 言

中国海洋渔文化肇始于远古时期，是以海岸采贝和近浅海捕捞等方式猎取海生食品的海洋渔猎活动。随着生产力的发展和人类的进步，这种渔猎活动发展为有规模的渔业捕捞和养殖业，并形成了相对专业性的从业人员和产业发展。渔民、渔业以及渔业活动得以展开的渔场和渔民生活的海岛渔村，构成了蕴意丰富、形态多样的中国海洋渔文化系统，廓开了生动丰富、立体多元的中国渔文化的灿烂画卷。

中国海洋渔文化是中国海洋文化乃至中华文化的重要组成部分，中国海洋渔文化的发展历史与中华文明史一脉相承，承载着中华民族的文化精神。

中国有 300 余万平方千米的主张管辖海域，3.2 万千米的海岸线，辽阔的大海滋养着丰富深厚的海洋渔文化，使其既有广泛性、普遍性和内容的丰富性的特点，又集多样性、典型性、地域性、集体群创性于一体。多姿多彩、蔚为壮观。

中国海洋渔文化是一个比较宽泛的概念。虽然目前还没有统一的定义，但是已经有比较普遍性的观点：中国海洋渔文化的基本内涵，主要包括海洋渔业的渊源和发展；与海洋渔业活动有关的文化遗址；不同时代传承而来的各种渔业生产的渔船、渔具和捕捞方法；各地海岛渔村的生活习性、风俗习惯；反映渔民生产、生活的典故、传说、故事、渔谚、渔民画、渔歌以及各类海洋生物的加工、烹饪技艺等。它是物质文化和非物质文化的结合，是历史演变的结果。

从更宏观的文化史发展角度而言，中国海洋渔文化具有以下的特点和精神。

### （1）中国海洋渔文化是中华文化最早的基因

渔业为（中国）原始生业之一。人类在原始时代，陆地则以狩猎为生，沿海则用木石击鱼，捕而食之。其起源远在农耕之前。渔业，是人类最早的生活和生产活动，也是中华民族最早的产业之一。“渔猎”二字紧密相连，就充分体现了这一点。据考古资料，无论是辽东半岛大量史前社会海洋贝丘遗存，还是东夷文化的研究成果都足以证明以上观点。同样，在浙江河姆渡文化遗址的考古发掘中已经发现大量水稻谷物的遗存，但是更多的渔猎遗物依然证明，河姆渡人还是以渔猎为主，水稻等食物处于次要的食物补充地位。

**（2）中国海洋渔文化是中华文化“海陆一体”的重要保障**

中华文明是一种多元文化的合成体，主要由华夏、东夷、蛮苗和古越等历史文化构成。其中东夷文化和古越文化都是海洋文明的属性。无论是东夷所在的辽东和山东半岛，还是古越所在的吴越（即江浙）地区，从古至今都是中国海洋渔文化的重要集聚区，众多的古代文献都记载了沿海地区渔文化的种种形态和故事。虽然中国文化的核心主要是农耕文化，但海洋渔文化始终没有缺席，海洋渔文化的存在和发展不但增加了中华文化的丰富性，还体现了中华文化“海陆一体”的完整性。

**（3）中国海洋渔文化发展的南北同步**

中国自古就有“四海”之分。这种清晰的海洋地理空间概念，其实也是一种文化空间概念，从文化史的角度而言，“四海”的渔文化发展步伐，其实相当一致。当辽东半岛的先民以贝类为食时，古越族人在东海和南海的海边，乃至台湾海峡一带，也开始了以贝为食的历史。宋元时期，当渤海湾渔场形成时，东海的舟山渔场和南海渔场，也开始进入繁荣时期，大量渔民进入海洋捕鱼，并且纷纷在海岛定居，从北到南，几乎同步而行。

**（4）中国海洋渔文化蕴含了丰富的中华海洋精神**

许多中国海洋渔文化的发掘、整理和研究者，都注意到了“海洋渔文化的精神”问题。他们总结为“舍己为人的牺牲精神”“企盼吉祥的奉献精神”“奋发向上的进取精神”和“协调相处的和谐精神”等。其实，这些海洋渔文化精神从本质上来说，与广义的中华海洋精神是完全一致的。

中国海洋渔文化既是一种历史的积累，又是一种当下的创造。随着中国渔业转型的稳步推进，海洋渔文化的内涵和形态也在逐步发生变化，显示出一种新的发展方向。

**（1）海洋渔文化成为海洋旅游的重要因素**

海洋旅游是当下旅游的热点。除了欣赏海洋自然风光之外，下海体验海洋捕捞、品尝海洋美味、了解渔村民风民俗等都是海洋旅游的重要组成部分。因此许多海洋旅游的热点胜地，都大力打造海洋渔文化元素。

**（2）美丽渔村海岛成为养生休闲的重要场所**

随着现代人的养生和休闲活动日益普及。拥有海洋、阳光、沙滩等自然因素的海岛渔村，成了许多人进行养生和休闲体验的优先选择。很多渔村海岛的居民，纷纷开设“渔家客栈”。海岛渔村特有的渔文化优势，正在吸引越来越多的游客。

**（3）海洋渔文化逐步成为“海洋意识”教育的重要内容**

随着国家海洋战略的推动，全国性的“海洋意识”教育活动日益形成，开展“海洋意识”教育，就要深入海洋，深入海岛渔村，海洋渔文化自然成为海洋意识教育的重点。

海洋渔文化的历史积淀和现代传承发展，正成为一种文化优势，不断地与国家战略结合，不断地走向现代生活，不断地成为一种新的生活美学，成为连接历史、现实与未来的文化纽带。

象山县位于浙江东部沿海中段，宁波市的东南部，在象山港与三门湾之间。处于象山半岛的东部，由象山半岛东部本土和沿海 600 多个岛礁组成，具有“三面环海，一线穿陆”的地理特征。

象山历史悠久。据象山塔山史前文化遗址出土文物考证，距今 6 000 年前，就有先民于此生息繁衍。唐代立县，因村北有山，“形似伏象”，故名象山。

象山县用近 20 年的坚持和积累，执着于海洋渔文化的保护与传承、执着于海洋渔文化的创新发展、执着于海洋渔文化与乡村振兴的结合、执着于海洋渔文化的区域化和国际化，成果卓著。

象山渔文化是象山先民在独特的地域环境和生存状态下，由生活和精神需求而形成的一种心理和文化积淀。在长期与海共舞的实践中，逐渐形成了渔区独有的风俗、信仰、崇拜等。底蕴丰厚的渔文化，成为象山人的一种符号。

象山海洋渔文化历史源远流长，先民以海为生的印痕、原生的文化俯拾即是，有渔具、渔船、渔场、渔港、渔汛、渔灯、渔歌、渔曲、渔鼓……这些原有的文化元素许多是象山独有的，充满了浓浓的象山味。

如今，象山县共有各级各类文物保护单位及文物保护点 159 个，有国家级非物质文化遗产项目 6 个，省级 15 个，市级 33 个，类型涵盖民间文学、传统音乐、传统舞蹈、曲艺、传统美术、传统技艺、民俗等。中国开渔节、象山海鲜节、开洋谢洋文化节、三月三·踏沙滩、石浦十四夜等民俗节庆品牌，使海洋渔文化得以传承并重放异彩。

开始于 1998 年的中国（象山）开渔节，是一项具有开创意义的海洋渔文化探索实践活动，至今坚持举办了 20 年，先后荣膺中国十大品牌节庆、中国十大最具魅力节庆、新世纪十年·中国节庆杰出典范奖、全国节庆活动百强等多项荣誉，在人民网举办的“2008 年最受关注地方节庆”评选活动中名列首位。

今天，象山更因“中国渔文化之乡”“中国渔文化研究基地”“国家级海洋渔文化生态保护实验区”的文化名片备受瞩目，呈现着海洋文化在新时代旺盛的生命力。

象山海洋渔文化建设发展的 20 年，是充满艰辛的 20 年，还是充满激情的 20 年；是务实开拓的 20 年，又是硕果累累的 20 年；是负重前行的 20 年，更是廓开中国海洋渔文化一片新天地的 20 年。20 年的耕耘，20 年的发展，象山人民用自己的生动实践，谱写了海洋渔文化的赞歌，形成了当代海洋渔文化传承保护发展的象山经验。

“长风破浪会有时，直挂云帆济沧海。”象山的海洋渔文化建设发展依然任重道远，仍需继续执着、坚持保护、传承创新。相信再过 20 年，象山的海洋渔文化和中国的海洋渔文化一定会更加绚丽多彩。

中国水产学会渔文化研究分会主任委员、教授

王　颖

2018 年 8 月

# 目 录

【第一章】

# 中国海洋渔文化的历史演变和基本特点

中国海洋渔文化的早期形态

中国海洋渔文化的蓬勃发展

明清海洋渔文化的繁荣和民国时期的衰落

中国海洋渔文化的基本特点

海洋渔文化是中国海洋文化乃至中华文化的重要组成部分。它的发展历史与中华文明史一脉相承。它肇始于远古时期以海岸采贝和近海浅海捕捞等方式猎取海生食品的海洋渔猎活动，后来这种渔猎活动发展为规模巨大的渔业捕捞和养殖业，并形成了专业性的从业人员即渔民。渔业、渔民以及渔业活动得以展开的渔场和渔民生活的海岛渔村，构成了蕴涵丰富形态的中国海洋渔文化系统。

中国海洋渔文化是一个内涵和外延都比较宽泛的概念。虽然目前还没有一个统一的定义，但是已经有比较普遍性的观点。一般都倾向于，中国海洋渔文化的基本内涵主要包括：海洋渔业的渊源和发展；与海洋渔业活动有关的文化遗址；不同时代传承而来的各种渔业生产的渔船、渔具和捕捞方法；各地海岛渔村的生活习性、风俗习惯；反映渔民生产、生活的典故、传说、故事、渔谚、渔民画、渔歌以及各类海洋生物的加工、烹饪技艺等。[1] 它是物质文化和非物质文化的结合，是历史演变的结果。

本章主要考察中国海洋渔文化的历史演变。这种历史演变的考察可以通过海洋渔业史、海洋渔村实证调查、文物考古和历史文献等途径进行。有关渔业、渔村等方面的内容将在其他章节展开，本章主要通过海洋渔文化文物考古和历史文献等资讯进行考察。它们都可以证明，中国海洋渔文化源远流长。它形成于新石器时代，发展于宋元，繁荣于明清，但是到了民国时期，由于种种原因，中国海洋渔业反而衰退，海洋渔文化也呈现出一种悲哀的灰色。直到 1949 年以后，中国海洋渔文化才重获新生。

1　陈松涛：《一座尚待开发的人类宝库——中国渔文化》，见洪贤兴：《中国渔文化研讨会论文集》，宁波：宁波出版社，2005 年，第 23–24 页。

# 第一节　中国海洋渔文化的早期形态

作为一个内涵丰富、形态完整的文化系统，中国海洋渔文化有着自己形成、发展、繁荣的过程。对于海洋渔文化早期形态的考察，可以通过文化考古和古代文献分析两个途径来进行。文化考古证明，中国海洋渔文化萌芽于新石器时代，在中国沿海地区，它们几乎是同步发展的。而《山海经》这样的古代文献，则清晰地勾勒出一幅非常完整的海洋渔文化早期形态图。

## 一、中国沿海地区贝丘考古中的渔文化

文化遗存是考察中国海洋渔文化早期形态的重要途径。数十年来，考古界在这方面多有重大发现。在距今 18 000 年前的北京周口店山顶洞人文化遗址中，考古人员发现了出产于渤海湾一带的海蚶壳和鱼类脊椎骨化石。自 20 世纪中期开始，中国大陆沿海地区，陆续有新石器时代贝丘遗址被发现和发掘。这些贝丘遗址可以证明，在远古时代，居住在沿海地区的先祖们以贝类为主要食物。而贝类主要存在于沿海泥涂之中，这就产生了找贝、挖贝、煮贝、食贝和以贝壳作为装饰品等渔文化的早期形态。

中国沿海地区有大量的贝丘遗址存在。辽宁、河北、山东、江苏、浙江、福建、广东、广西和台湾地区都有发现。这说明早在农业出现以前的旧石器晚期和新石器初期，海边采集与渔猎活动就已经出现，曾经有大量先民“靠海吃海”。那时候由于渔船和渔网还未成形，“濒海细民”还不能入海捕鱼，所以以食贝为主。“渔文化”也就主要体现为“海贝文化”。其中比较典型的是位于辽东半岛长海县的广鹿岛贝丘遗址。1978 年 10—11 月，辽宁省博物馆、旅顺博物馆和长海县文化馆对广鹿岛柳条沟东山、小珠山、吴家村、蜗碴岗、南窑和大长山岛上马石、高丽城山等贝丘遗址进行发掘工作，发现有居住址和大量陶器、石器、骨角器和贝器等。这次发掘不仅探明了贝丘遗址的层位关系，基本明确了它的文化内涵，同时为研究辽东半岛和山东半岛原始文化关系提供了新资料。[1]

1　许明纲等:《长海县广鹿岛大长山岛贝丘遗址》，载《考古学报》，1981 年第 1 期。

鱼骨画　刘云良 作

大量的陶器、石器、骨角器等说明了先祖们在食用贝类的时候，存在着把贝类放在陶器里煮开烧熟后食用的可能性。石器和骨角器可能用于挖贝和撬开贝壳。另外，考古还发现了许多用贝壳加工而成的装饰品，说明贝类在早期的海洋文明中曾经发挥了非常重要的装饰作用。

## 二、早期有关海洋渔文化的文献记载

除了考古发现，海洋渔文化的另外一个存在形态就是古文献记载。唐代综合性书籍《初学记·十三引·古本竹书纪年》就有远古时代海洋渔文化的信息：夏王后荒命九夷“东狩于海，获大鱼”[1]。这是目前为止有关海洋渔文化的最早记载。所谓“九夷”，指的是远古时代居住在渤海、东海一带沿海东夷部族。《后汉书·东夷传》记载说：“夷有九种，曰畎夷、于夷、方夷、黄夷、白夷、赤夷、玄夷、风夷、阳夷。”其实东夷是一种泛指，泛指中国沿海东部夷人。东夷是中国海洋文明的创造者和实践者。东夷人“狩于海”，而且还能“获大鱼”，说明他们已经超越食贝时代，已经可以驾船入海捕鱼了。“大鱼”一般生活在海洋较深的地方，东夷人能够捕获大鱼，说明他们已经可以进入较深的海洋，并非仅仅活动于岸边浅海地区。

西汉时期重要历史文献《盐铁论·错币》说：“教与俗改，币与世易，夏后以玄贝，周人以紫石。”“玄贝”是染有黑色的海贝，古人曾经充作货币使用。这再次证明早在夏代，古人就开始采贝食用。先秦史籍《逸周书·王

1　转引自彭年：《远古秦汉海洋渔农文化史事拾摭》，载《广东教育学报》，2002年第4期。

会解》载周成王“大会诸侯于洛阳”，于越贡献“鲫鱼”。这“鲫鱼”就是一种鲱形目鱼类。

因此根据上述资料有专家认为，“夏商周三代海洋渔业已有相当的发展”。[1]

到了春秋战国时期，海洋渔猎活动已经非常普遍，甚至连一些重要的政治人物也与海洋渔文化有了关联。司马迁在《史记·越王勾践世家》记载：“范蠡浮海出齐，变姓名，自谓鸱夷子皮，耕于海畔，苦身戮力，父子治产。居无几何，致产数十万。”范蠡是春秋末期著名的政治家、军事家、经济学家和道家学者。曾献策扶助越王勾践复国，功成身退，演绎出种种经商致富的传奇故事。其中有些故事就与海洋有关。司马迁的这段记载告诉我们，范蠡“浮海出齐”（齐即山东半岛一带），来到了海边，“耕于海畔……居无几何，致产数十万”。虽然司马迁没有明说他是如何依靠海洋发财的，但是一个“耕”字透露出了重要信息。因为古代早期，海洋文明往往与农耕文明相结合，形成特殊的“海洋农牧文化”，比较典型的有《史记》所记载的南越骆人的海边“骆田”、《汉书》所记载的东南沿海鸟夷族人的“鸟耕”和远古时代就产生的海洋采珠业。这些作业都与“耕”有密切的关系。[2] 因此范蠡“耕于海畔”，很可能就是从事与海洋采珠，海洋养殖，海产品捕捞、加工、运输、销售等有关的行业，并且获得了很大的成功，成为中国最早一批因海而富的人。

## 三、《山海经》：中国海洋渔文化的真正摇篮

《山海经》是中国海洋文化之祖。“《山海经》是中国古代第一部写海洋的经典……《山海经》以人为本，体现了强烈的人文精神和鲜明的海洋文化特色。”[3] 其实，中国海洋渔文化的第一笔，也是由《山海经》开始书写的。可以说《山海经》是中国海洋渔文化的真正摇篮。

《山海经》涉及渔文化的各个方面。

1 彭年：《远古秦汉海洋渔农文化史事拾摭》，载《广东教育学报》，2002年第4期。
2 同上。
3 方牧：《〈山海经〉与海洋文化》，载《浙江海洋学院学报（人文科学版）》，2003年第2期。

### 1. 海洋“渔业”和“渔民”的最初形象

海洋“渔业”和“渔民”是中国海洋渔文化的核心构成。它们在《山海经》里得到了初步的描述和塑造。《山海经·海外南经》记载说：“驩头国……其为人，人面有翼，鸟喙，方捕鱼。”“驩头国”是《山海经》所记载的成百个海洋“方国”之一。“方国”是部落国的意思，地位在诸侯国之下，更多的时候类似于现在社会的“社区”群落。《山海经·海外南经》说，海洋的南部，有一个“驩头国”，其人长相有点特别，是人的脸形，鸟的嘴形，身上长有翅膀，他们正在海中捕鱼。“方捕鱼”说明是记录者的一种观察所得，那么这“人面有翼，鸟喙”，显然也是作者所看到的情景。那么或许不是长相奇特，而是观察有误，鸟嘴，有翅膀云云，或许是捕鱼人身上的捕鱼装备：嘴巴里含着（或许是头上绑缚着）可以刺鱼的锐利的工具，身上穿着可以漂浮水面不至于被海水冲走的某些东西。因为他们正在捕鱼，所以是中国第一代海洋渔民的形象。

类似的描写在《大荒南经》也出现过。“有人焉，鸟喙，有翼，方捕鱼于海。大荒之中，有人名曰驩头……头人面鸟喙，有翼，食海中鱼，杖翼而行。”这里描述的渔民（包括与驩头国类似但有补充内容），也有鸟的嘴巴，也有能够滑翔飞行的翅膀。这样的描述，其对象与其说是渔民，还

不如说是海鸟。但是《海外南经》和《大荒南经》都明确说是“人”。这就引发一种有趣的想象：是不是在海洋文明发轫的早期，存在着一种模仿海鸟的捕鱼形式。

《山海经·海外南经》还有一条记载：“长臂国，在其东，捕鱼水中，两手保操一鱼。一曰在周饶东，捕鱼海中。”“长臂国”也是《山海经》所记载的海洋方国之一。这段描述的海洋捕鱼情景，要比前面那条记载更加生动具体。“长臂”并非真的是很长的手臂，而是暗示手里操着有长柄的捕鱼工具，估计是鱼叉，或者是用竹竿组合的推网之类，这些都是古代早期的捕鱼工具。文章里没有说到船，说明他们是站立在海水中捕鱼（这又是早期渔业岸边或浅海捕鱼的特征），“捕鱼水中”表达和描述的就是这个情景。“两手保操一鱼”描述他们捕到鱼的细节。“保操”是“看守住、保护住”鱼的意思，刚好符合用鱼叉或推网捕鱼的形态：无论是鱼叉刺中鱼，还是小小的推网网到鱼，鱼都会扭动、跳跃、挣扎，这就需要去“保操”它。

《山海经·海外南经》记载的捕鱼情景，还有一条补充：“一曰在周饶东，捕鱼海中。”意思是说，“还有一种说法，这‘长臂国’的具体位置是在周饶方国的东边。他们在那边捕鱼。”其实这条补充的价值不在于方位介绍，而在于后面那句“捕鱼海中”。与前半段相比，一个说“捕鱼水中”，一个说“捕鱼海中”。它们的差别是巨大的，“水中”可以理解为海岸边缘或很浅的水中，而“海中”则需要理解为“相对较深”的海中，象征着当时的海洋渔业正从岸边浅海逐渐向较深处发展。

### 2. 中国海洋渔业社区的最初雏形

如果说海洋“渔业”和“渔民”是中国海洋渔文化的核心构成的话，那么渔岛等海洋渔业社区则是渔文化的根本性基础，是渔文化生根落脚的地方。对此《山海经》也有所反映和描述。

《山海经·大荒南经》记载：“有人名曰张宏，在海上捕鱼。海中有张宏之国，食鱼，使四鸟。”这条记载的信息量是非常大的。

这里出现的“张宏之国”，也是一个“方国”。“张宏之国”位于“海中”，说明它是一个“海洋方国”，也就是一个海岛型群居社区。这个“海洋方国”的居民以鱼为生，以鱼为食，说明它是一个比较成熟的海岛群居社区了。

因为能够从茫茫大海里捕到鱼，不但需要有渔船和渔网，而且还需要有相当高超的海洋活动能力，这些都是海洋文明进入比较发达时期的标志。而能够对鱼类进行加工，使之成为果腹的食品，也是海洋文明发展到一定阶段的证据。

至于“张宏之国”名称本身，也是很有意思的。“张”为张开，可以理解为“张网捕捉”，中国沿海一带都有“张网”作业，这是一种最为古老的捕鱼方式之一。“宏”的本义是指“屋子宽大而深”。远古时代的房子，很多都是“棚”的形式，渔岛人称之为“厂”，这个“厂”字与草棚很像，是很形象的一种称呼。而张网的网具又深又长，前面用毛竹搭成的部分，渔民称它为“窗”，有“三角窗”和“四角窗”两种形式，分别以四至七支毛竹搭成。“窗”显然与房子有关系，而用数支毛竹搭成的张网框架，的确也很像棚屋。说明这个“张宏”很可能是在描述一种张网作业，所以这“张宏之国”，其实就是一个以从事张网为主要作业形式的海岛渔民群落。这是中国海洋渔业社区的最初雏形。

俞素娟 摄

“捕鱼”和“食鱼”是海洋渔业社会的基本形态。除了这个“张宏之国”，《山海经》中还有多处其他“方国”的描述。《山海经·大荒北经》记载说：“又有无肠国，是任姓。无继子，食鱼。”“有人方食鱼，名曰深目民之国，盼姓，食鱼。”这里的“无肠国”和“深目民之国”，都以鱼为食，而要做到这一点，必须以捕到鱼为前提。因此很显然，这两个方国，也是以海洋渔民为主的部落群居地。

### 3. 海洋鱼类书写最初的叙述体系和逻辑框架

虽然从一些出土文物和文字记载来看，中国海洋渔文化的历史似乎要晚于内陆渔文化。殷墟出土文物甲骨文中的“鱼”形文字和在青铜铭文中铭刻的“鱼”形文字，估计指的都是淡水鱼。因为殷墟和青铜期出土，基本上都在远离海洋的内地。春秋时期的文学性文献《诗经》记载了十多种鱼类，但都是鲂、鲤、鲟、鲿（黄颡鱼）等内河鱼类。虽然《诗经》的《鱼丽》诗里出现了“鲨鱼”的字眼，不过它指的是一种个体很小的淡水鱼而非海洋中的鲨鱼。《诗经》还记载了多种捕鱼方式以及工具，但也都是用在江河湖泊中的，用在海洋中的基本没有提到。[1] 然而中国海洋渔文化的历史，其实也是非常悠久的。而且由于《山海经》的出现，中国海洋渔文化还有了自己的叙述体系和逻辑框架。

《山海经》中的海洋鱼类书写，由以下几个方面组成。

#### （1）普通性海鱼

《山海经·海外南经》记载的“讙头国……方捕鱼”和“长臂国，在其东，捕鱼水中，两手保操一鱼……捕鱼海中”和《山海经·大荒南经》所记载的“有人名曰张宏，在海上捕鱼。海中有张宏之国，食鱼，使四鸟”中的“鱼”，都是普通的鱼类，也就是纯生物学意义上的海洋鱼类。

#### （2）夸张性鱼

《山海经·海内北经》说：“大蟹在海中”“大鯾居海中”；《山海经·大荒东经》说：“女丑有大蟹。”这里的“大蟹”和“大鯾”，在海洋生物名称前面，都加了一个“大”字，这是中国海洋渔文化“大鱼”书写系列的发轫之述。自那以后，海洋文献中有关这方面的描写源源不绝。

---

1 陈朝鲜：《〈诗经〉中的渔文化研究》，载《农业考古》，2010年第1期。

**（3）变异性鱼**

《山海经·海外南经》:“南山在其东南。自此山来，虫为蛇，蛇号为鱼。”这里的“南山”指的是一座海岛。至今很多海岛仍以“山”来命名。这条文献记载说，这个南山岛上有许多蛇，蛇的名称叫作“鱼”。蛇和鱼是不同的生物，分别栖居于岸上和生活于海中。但是在这条记载中，它们却被紧紧联系在一起。或许这里记载的是一种水陆两栖的生物，或许指的是类似海蛇的东西，但还有一种可能，那就是暗示生物的变异。《山海经·大荒西经》也有“风道北来，天乃大水泉，蛇乃化为鱼”的记载，描述的也是蛇变为鱼的情景。

另外《山海经·海外西经》记载说:“龙鱼陵居在其北，状如狸。一曰鳖鱼在夭野北，其为鱼也如鲤。”这里的“龙鱼”“鳖鱼”虽然还无法确知究竟是什么鱼（远古时代的确有一种鱼叫龙鱼，但也有人认为指的是娃娃鱼），但文章用了“状如”“如”等词。似乎取的也是变异的思维。

这些对于海洋鱼类的变异性描述，反映了古人对海洋的一种人文认知。他们认为陆上生物和海洋生物，存在一种经常发生相互变异的关系。

**（4）寄寓性海鱼**

作为一本具有深刻内涵的文化典籍，《山海经》的海洋鱼类书写，没有停留在单纯的生物层次，也没有满足于作简单的夸张性艺术处理，而是进行了寓言式建构，赋予海洋鱼类多种人文含义。

《山海经·海内南经》记载说:“氐人国在建木西，其为人，人面而鱼身，无足。”《山海经·海内北经》也有类似记载:“陵鱼人面，手足，鱼身，在海中。”这里都出现了“人面鱼身”的形象。不同的是，氐人国里是“鱼人”，而陵鱼是“人鱼”。这不是普通的变异性描述。虽然有人认为陵鱼其实就是后世所说的“娃娃鱼”，只不过为什么娃娃鱼能生活在海中，就没有人能回答了。

这里出现的“鱼人”或“人鱼”形象，就文学书写的角度而言，本质上乃是一种寄寓性或象征性叙写。它更多的是表达一种理念，突出的是它们的人文象征而非其生物特征，是人对鱼类进行人格化提升的结果。

这种寄寓或象征性描述，在《山海经·大荒西经》的如下描述中显得尤为突出:“有鱼偏枯，名曰鱼妇，颛顼死即复苏。风道北来，天乃大水泉，蛇乃化为鱼，是为鱼妇。颛顼死即复苏。”这段话翻译成现代汉语，大概是这样的：有一种鱼，半身偏枯，一半是人形，一半是鱼体，它的名字叫作鱼妇。据说是颛顼死而复生变化而成的。颛顼是南方大神，在他死去的时候，刚巧有大风从北面吹来，海水被风吹得奔流而出，蛇变成了鱼。已经死去的颛顼便趁着蛇即将变成鱼而未定型的时候，托体到鱼的躯体中，为此死而复生。后来人们就把这种和颛顼结合在一起的鱼叫作鱼妇。

在这段记叙中，既有人鱼变异的超现实主义描述，又有与颛顼有关的政治性内涵附加，而且使用的还是一种几近“复调”式的艺术手法，充分说明了《山海经》的渔文化因子已经非常深刻且丰富。

## 第二节　中国海洋渔文化的蓬勃发展

对于中国海洋渔文化而言，其早期的萌芽性与快速发展期之间并没有清晰的边界。先秦结束，历史进入两汉、魏晋南北朝时期，这是政治历史的分期，文化上的延续则是一致的。海洋渔文化也是如此。西汉时期，中国海洋捕捞业已经广泛展开，海洋渔文化得到了很好的延续。进入宋元后，随着造船技术的日益进步，尤其是指南针被广泛应用于航海当中，开始进入海洋开发时代，中国海洋渔文化也得到了全面的发展。

### 一、西汉时期的中国海洋渔文化

西汉时期，尤其是汉武帝时期，中国海洋渔文化得到大踏步地发展。由于武帝大抓冶铁铸器，各种铁制工具得到广泛应用，这就直接影响到了海洋捕捞工具的改进，促使渔船渔具的制造质量有了根本性的提高。

《史记・平准书》记载，汉武帝时期，出现了“腮者舟之”的喜人现象。“腮者”指海洋中的鱼，“舟之”指坐船捕鱼。“腮者舟之”的意思是渔民在渔船上操作渔网进行捕捞作业。说明西汉时期渔民可以驾船出海利用渔网进行海洋捕捞，再也不是《山海经》所描述的那种以鱼叉为主的手工作业了，而是大规模应用渔网围捕。用渔网围捕海鱼，不但对渔船和渔

俞素娟 摄

网、渔具的制造技术有很高的要求，而且还需要对海洋潮流、鱼类活动规律、一年四季海洋渔汛变化和海洋气候有相当的了解才可以进行，这是中国海洋捕捞技术大有进步的体现。

捕捞技术的进步，提高了西汉时期海洋渔业的捕捞能力。据《汉书·食货志》记载：汉武帝时东莱（今山东省莱州市附近地区）海洋捕捞技术非常高超，产量惊人，以致造成了“海鱼不出”的后果。也就是说东莱外面的海中，海鱼几乎都被捕光了，海洋鱼类资源急剧衰退。这种现代才出现的海洋捕捞情况，竟然在西汉时期一度出现，真令人难以相信。

由于海洋捕捞业的大规模开展，朝廷的税收也大幅度提高。《汉书》记载，由武帝去世到宣帝刘询即位，时间不过十多年，其间“海租”——海洋渔业为国家提供的税收，整整增加了3倍。这些情况，都说明了汉武帝时期中国海洋渔业的规模和成效是很高的。[1]

## 二、宋《太平广记》里的海洋渔文化

《太平广记》是古代文言纪实小说的汇编。李昉、扈蒙、李穆、徐铉、赵邻几、王克贞、宋白、吕文仲等14人奉宋太宗之命编纂。全书500卷，取材于汉代至宋初的纪实故事及道经、释藏等为主的杂著，属于类书。内容庞杂，里面有许多与海洋渔文化有关的记载。

### 1. 海洋渔猎生产的直接描述

《太平广记》卷第二百三十四有出自《大业拾遗记》的《吴馔》一文，详细描述了吴地“海鮸乾鲙”生产制作过程：在五六月盛热之日，于海中捕得长四五尺的大鮸鱼。要求鳞细而紫色，无细骨不腥者。从海上捕得后，当即在船上进行“鲙制”。其具体方法是：去其皮骨，取其精肉，切成一条一条的鱼肉丝。一边切一边晒。暴晒三四日后，非常干了，放进新白瓷瓶里密封。这样处理过的鮸鱼干，就算过了五六十日，其口感也如同新鲜鱼。吃的时候，取出鱼干条，以布裹之，“大瓮盛水渍之，三刻久出，带布沥却水，则曒然”，新鲜白嫩，犹如刚出海一样。另外，“海虾子”“鲈鱼鲙”“蜜蟹”等的做法，也极具海洋社会特色。[2]

1 丛子明，李挺：《中国渔业史》，北京：中国科学技术出版社，1993年，第293页。
2 （宋）李昉等：《太平广记》，民国景明嘉靖谈恺刻本，第1024—1025页。本节有关《太平广记》的引文皆出自本书，不再一一注明。

《大业拾遗记》，亦名《隋遗录》，又名《南部烟花录》，是一部宋代传奇小说。所谓的“吴地”就是江浙等东海沿海地区。这则《吴馔》充分反映了早在北宋初年，江浙沿海地区的海洋捕捞和加工技艺已经达到了相当高的水平。

2.“海洋大鱼”的夸张性描述

《太平广记》卷第四百六十四记载了一条“东海大鱼”：“东方之大者，东海鱼焉。行海者，一日逢鱼头，七日逢鱼尾。鱼产则百里水为血。”故事说，东海汪洋中，最大的生物，是一种大鱼。有人驾船在海里航行，看到了它。第一天看到了它的头，第二天看到了它的身，第三天第四天看到的仍然是它的身子，一直到了第七天，才终于看到了它的尾巴。也就是说，这条大鱼，整整花了七天七夜时间，才让自己在航海者面前游过。

《太平广记》还有“南海大鱼”“南海大蟹”“海上最伟者海鳍鱼”等的记载和描述，都是硕大无比的海洋生物。这种夸张性描述虽然不无文学的思维，但也反映出，源于《山海经》的“海洋大鱼”故事，宋代仍然在流传，而且流传海域从东海到南海，非常广泛。

3. 海洋鱼类的陈列性介绍

海洋渔文化的核心内容之一就是对海洋鱼类的了解，对此《太平广记》可以证明，早在宋代，古人对于海洋鱼类的了解就已经非常仔细。《太平广记》有“水族”卷，专门记载海洋鱼类。其中有比目鱼、鹿子鱼、鲋鲼鱼、海鲫鱼、鲎、虬尾鱼、剑鱼等。这些鱼类的名称，有的与现在相同，有的可能已经改了，但《太平广记》对它们的形状、大小、习性等都有比较精准的介绍，反映出当时人们对于海洋鱼类的认识已经很深刻。

4. 变异性鱼类描述

《太平广记》还有一些鱼类记叙，既不是纯生物性的，也不是文学夸张性的，而是变异描述，赋予它们某些政治和人伦的因素。如“乌贼鱼”：“乌贼，旧说名河伯从事。小者遇大鱼，辄放墨方数尺以混身，江东人或取其墨书契，以脱人财物。书迹如淡墨，逾年字消，唯空纸耳。海人言，昔秦王东游，弃算袋于海，化为此鱼，形如算袋，两带极长。”乌贼是一种普通的海鱼，但是这段记载却说它曾经是黄河河神河伯的随从，又说它的墨经常被用来作弊，还说它是秦始皇的“算袋”变化而来。又如在介绍“印

鱼”的时候说：“印鱼，长一尺三寸，额上四方如印，有字，诸大鱼应死者，先以印印之。”印鱼即鲫鱼，鱼额头有印痕，本是一种自然现象，可是这段记载却说如果大鱼要死了，先被某种神秘力量在鱼额头盖印做记号。

## 三、宋元“砂岸海租”制度折射渔文化繁荣

考察宋元时期的海洋渔文化，其实还有一个很好的角度，以前一直被人忽视，那就是“砂岸海租”制度。这个制度形成于南宋时期。由于南宋的政治和经济中心临安（今杭州）邻近东海，所以“砂岸海租”制度主要在东海中心区域庆元（今宁波）沿海一带海域施行，并为元朝廷所沿用。从现有的资料来看，南宋时期的砂岸主要有石弄山砂岸、秀山砂岸、石坛砂岸、虾辣砂岸、鲎涂砂岸和大嵩砂岸等。“石弄山”即现今的嵊泗花鸟岛。秀山就是如今的岱山秀山岛。“石坛砂岸”可能在镇海，也有可能在象山。因为镇海海边有石坛山，而元人袁桷纂延祐《四明志》也记载有象山石坛山，并说在“县南海中”。无论是镇海石坛山还是象山石坛山，都是在海边或海中，这是毋庸置疑的。“虾辣砂岸”在宁波北仑区白峰海边，至今仍存在有虾辣村。“大嵩砂岸”在宁波鄞县海边，“大嵩”之名至今仍然还在使用。“鲎涂”地名不明，但根据上下文，当也在宁波附近沿海某处。这些砂岸全部都在沿海地区或海岛上。“砂岸海租”征收的对象主要是渔业和近海滩涂渔事业。

从“砂岸海租”征收的程度，可以佐证那时候渔业活动的规模有多大。宋宝庆《四明志》记载：石弄山砂岸租钱五千二百贯文；秀山砂岸租钱二百贯文。在这两条记载后面，宝庆《四明志》附录了一篇“淳祐六年二月二十三日准尚书省札子备朝议大夫右文殿修撰知庆元军府事兼沿海制置副使颜颐仲状”，里面说：“本府岁收砂岸钱二万三贯二百文；制置司有岁收砂岸钱二千四百贯文；府学有岁收砂岸钱三万七百七十九贯四百文，通计五万三千一百八十二贯六百文。”这是一笔巨大的海租收入。

庆元府（今宁波）所属各砂岸的海租收入有多有少，但普遍较高。宋开庆《四明续志》记载：石弄山年纳二万六千七百八十六贯文；秀山年纳二千五百贯文；大嵩年纳一千七百八十五贯七百文；石坛年纳一千五百贯文；鲎涂年纳三百单三贯五百五十文。

从宋宝庆到开庆元年的短短的三十多年中，仅仅石弄山砂岸一处，海租收入就从五千多贯猛增到二万六千多贯，整整增加了五倍多。

所以，南宋时期“砂岸海租”收入相当可观。这也可以证明那时候东海地区渔业非常发达。

元朝廷不但继承了南宋“砂岸海租”制度，而且还得到了扩展。该志所记各砂岸，除了南宋时期就有的，还出现了许多新的砂岸，如乌沙、洋务、穿山团局、卓家岸、徐公山、沙角以及元至正《四明续志》所记载的神前砂岸等。其中的“神前砂岸”，其所在地即现今的嵊山。著名的嵊山渔场虽然主要形成于明清，但是从元朝开始设立“神前砂岸”来看，它实际上在宋末元初时期就已经非常繁荣了。[1]

## 四、海洋养殖业的最初萌芽

一般人都认为，淡水养殖历史悠久，但海洋养殖是近代的事情。其实早在元代就有了。元孔齐《至正直记》一书，有一篇《海滨蚶田》，里面说：“海滨有蚶田，乃人为之。以海底取蚶种置于田，候潮长。育蚶之患，有班螺，能以尾磨蚶成窍而食其肉。潮退，种蚶者往视，择而剔之。”[2]故事说，海边有专门生产蚶子（浙江一带有毛蚶、银蚶和血蚶等多个品种和叫法）的涂田。这些蚶子都是“人为之”，也就是人工养殖的。其具体的方法是：从海里找来蚶子的幼苗，放养在这种专门的涂田里。潮水上涨后，淹没蚶田，给蚶子带来营养，蚶子就可以慢慢成长了。养殖蚶子要提防一种海螺，名字叫“班螺”。这种“班螺”能用坚硬的尾部硬壳磨开蚶子的外壳，吃掉蚶子的肉。所以等退潮的时候，蚶田裸露出来，养蚶的人就要下田把这些“班螺”清除出去。

这是海洋养殖的最早记载，可以说是中国海洋养殖业的萌芽。它说明中国的海洋养殖，最早是从元朝开始的，养殖的品种是蚶子。蚶子是贝类的一种，这说明古人对于贝类的食用，是一直袭用的。当野生的蚶子资源出现贫乏的时候，古人已经成功地通过养殖来获得。

1 倪浓水，程继红：《宋元“砂岸海租”制度考论》，载《浙江学刊》，2018 年第 1 期。
2 （元）孔齐：《至正直记》，见《宋元笔记小说大观》，上海：上海古籍出版社，2001 年，第 6660 页。

## 第三节　明清海洋渔文化的繁荣和民国时期的衰落

明清时期，虽然先后有过长达百年的数次海禁，中国海洋渔文化的发展受到了一定程度的破坏，但是由于以东海渔场为代表的海洋渔业进入繁荣时期，海洋渔文化的丰富性和广泛性都得到了前所未有的提升。

本节通过那个时期一些海洋文献所记载的渔文化信息予以梳理和描述。

### 一、明代海洋渔文化繁荣的体现

明朝时期，渤海、黄海海域的海洋渔业蓬勃发展。由于没有受海禁的影响，这种发展一直保持了良好的势头。东海方面，到了明代，东海渔场已经比较成熟，渔业非常发达，但是长达百年的海禁严重影响了东海渔业的继续发展。它的真正繁荣要出现于清朝康熙年间以后。

明朝时期中国海洋渔文化的发展，值得一提的是南海地区。

相较于北海（渤海、黄海）和东海海洋渔文化的历史演变，南海的海洋渔文化的发展，相对来说要晚一些。虽然《山海经》里已经有南海海神的描述和“瓯居海中，闽在海中”的记载，但是海神不是渔业神，与海洋渔文化的关系不是很紧密；“瓯”和“闽”在福建，在海洋区域文化中，基本上属于东海而并非南海范畴。

但是南宋开始，南海得到了大规模的开发。进入明清时期，南海的海洋渔文化也非常丰富。这在南海标志性的地方文献《海语》中有直接的体现。

《海语》作者黄衷，正史没有明确记载。有学者根据《粤大记·黄衷传》(《南海县志》转载)、《海语》中的“跋”等资料考证和推断，黄衷是明成化至嘉靖年间人，生于书香世家。父亲名琏，先前可能当过官，后在家闲居，黄衷从小就受到良好的教育。18 岁考中进士后，初授南京户部主事，后来在浙江、福建、广西、云南、湖北等地当地方官。因平定农民暴乱有功，最后官至兵部右侍郎。[1]

1　段力生:《黄衷及其〈海语〉》，载《东南亚》，1984 年第 3 期。

清人翁方纲等撰写的《四库提要分纂稿》介绍说，“衷，字子和，南海人。宏治（弘治）丙辰进士，官兵部右侍郎。”[1]

所以这是一部南海人写的有关南海的书。“海语者，语海也。”这里的“海”是“南海”的海。《海语》里包含着异常丰富的南海渔文化信息。

《海语》的中卷，为“物产”，记载的都是“南海生物”。《海语》对于海洋生物，有一个基本的判断，“天地万物，陆之所产，水必产焉。”正因为如此，《海语》的海洋生物书写，遵循着“海陆对应”的思路。在《海语》中出现的海洋生物，有海犀、海马、海驴、海狗、海鼠、海鸥、海鸡、海鹤、海鹦哥、海燕、海鲨、海龟、海鳇、海鳝、鳗鲡、印（鲫）鱼、河豚等。这些海洋生物，基本上都是与陆地上的生物相对应的，其中绝大部分都是海洋鱼类，具有珍贵的海洋渔文化价值。

《海语》的渔文化价值，主要体现为现实主义价值，如“海鲨”，《海语》首先介绍鲨有两种：“鱼鲡之鲨，盖闽广江汉之常产；海鲨、虎头鲨，体黑纹，鳖足，巨者余二百斤。”又如“海龟”，《海语》描述说：“鹰首鹰吻，大者方径丈[2]余。春夏之交，游卵于沙际。”这些都是写实的。客观的写实描述，增添了《海语》历史文献的价值。另外，还应该指出的是，《海语》的这种现实主义态度，还影响到了后来的“南海”书写者。清屈大钧《广东新语》卷二十二“鳞部”，记载描述了众多海鱼，其中有好几则就直接取自《海语》。“海鳖一条，海鳇一条，石蜜一条，伽南香一条，辟珠一条，屈大均《广东新语》全录其文。”[3]

## 二、清代海洋渔文化繁荣的体现

到了清代，南海的海洋渔文化得到了进一步的发展。屈大钧的《广东新语》专列有“鳞部”卷。与黄衷《海语》现实主义书写不同的是，《广东新语》所采取的方式，大多体现为一种变异，所以更具有文化的趣味。

如《怪鱼》：“开洋时，随风鼓舞，往往飞入舶中，人不敢取。”从所描述的情形来看，说的可能就是飞鱼，一种普通的海洋鱼类，却被视为

1 （清）翁方纲等：《四库提要分纂稿》，上海：上海书店出版社，2006 年，第 141 页。
2 丈，长度单位，1 丈约为 3.33 米。
3 段力生：《黄衷及其〈海语〉》，载《东南亚》，1984 年第 3 期。

“怪鱼”，人都不敢取来食用。又如“有一鱼长数十丈，其首有二大孔，喷水上出，遇舶则昂首注水舶中，须臾而满。亟以钜瓮投之，连吞数瓮则逝”，这基本可以断定为鲸鱼，鲸鱼喷水是自然的生理现象，却被描述成有意要加害海船。还有一些鱼类，被赋予了海洋救难的秉性，人性意味更为浓厚。如“有一鱼嘴长丈许，有齬刻如锯，能与力战而胜，以救海舶。又有鱼长二十余丈，性最良善。或渔人为恶鱼所困，此鱼辄为渔人解围”。这样的海鱼简直就是海洋渔民的保护神了。

鱼拓 李世新 书法 吕金柱

《广东新语》所描述的其他南海鱼类，除了上述的变异写法外，还常常采用象征的写法。如写暨鱼：“暨鱼，大者长二丈余，脊若锋刃。尝至南海庙前，谓之来朝。或一年数至，或数十年一至。若来数，则人有疫疾。”这“暨鱼”，有人认为是指中华白鳍豚。如果此说正确，那么也是普通的海洋生物，但是《广东新语》却说它是疫疾的使者；豚鱼在特定季节里翻腾于海面的自然现象，在《广东新语》里就成了“谶语”式描述了。又说“潜龙鲨”这种“南海巨鱼”是“鱼种而龙者也”，又将它“脊一行，腹二行，鳞皆十三。两翅两行，鳞皆三十”的生理现象，解释为“其脊一行，腹与翅行皆两者，五行也。天地之数各五也，脊一腹二，阳奇阴偶，天一地二也。

十者天地之成数，天十而余三，三三为九，乾元所以用九也。地二十而余六，阳进而阴不能也，坤元所以用六也。翅三十者，一月之数也。两翅合而甲子一周也。总之九十九鳞，群龙所以无首，河图所以虚中，大衍之用所以不满五十也。盖《易》教也”，竟然说这种鲨鱼是《易经》的物化体现，简直是匪夷所思了。另外对于多产于惠州的“黄雀鱼”和多产于南海的“鼠鲇乌贼”以及“鲨虎鱼”，都说它们分别是从黄雀、老鼠和老虎幻化而成的，也是一种超现实主义的思维方式。

所以说，无论是明代的《海语》还是清代的《广东新语》，都反映了南海丰厚的渔文化资讯。

作为一本海洋渔文化的专著，屈大钧的《广东新语》还记载了大量的渔具，这使得南海的渔文化内涵显得更为丰富。“渔具多种，其最大者曰罛，次曰罾。罛之类有曰深罛，上海水浅多用之。其深六七丈，其长三十余丈。每一船一罛，一罛以七八人施之。以二罛为一朋，二船合则曰罛朋。别有船六七十艘佐之，皆击板以惊鱼。每日深罛二施，可得鱼数百石。”“罛”指的是一种又大又深的渔网。从文中的描述来看，指的就是拖

宁静的港湾

网。说明清朝时期，拖网作业在南海已经普遍施行。书中还记述了一种专门用于深海的渔具，“其深八九丈，其长五六十丈……而以一大船为罛公，一小船为罛姥，二船相合，以罛连缀之。乃登桅以望鱼，鱼大至，水底成片如黑云，是谓鱼云。乃皆以石击鱼使前，鱼惊回以入罛。”这简直就是现代化的“对船”捕捞方式了，这说明南海的捕捞作业水平，在古代是非常高的。

## 三、《闽中海错疏》中的海洋渔文化信息

明代中国海洋渔文化的繁荣，还可以从屠本畯《闽中海错疏》一书中得到证实。屠本畯，字田叔，明代鱼类学家和博物学家。他是浙江鄞县(宁波）人，做过福建盐运司同知，生平廉洁自持，好读书，多著作。《闽中海错疏》是他的力作。“错”：藏也；“疏”：分也。《闽中海错疏》题目的含义，就是将丰富的福建海域里出产的海洋生物（海鲜为主）宝藏分类，被誉为世界第一部海洋鱼类专著。

《闽中海错疏》成书于明万历二十四年（1596 年）。这个时候，中国的海洋捕捞业已非常发达，对于海洋鱼类等的认识也日益深入。本书写的虽然是福建海域的海鲜，其实也代表了当时国人对于海洋生物的认知水平。

全书分三卷，上中两卷为鳞部，下卷为介部，所记鱼类（包括部分淡水鱼类）共有 80 多种（分属于 40 个科，20 个目），两栖类 10 种（分属于 3 个科）；另外，还有软骨动物的贝类和节肢动物的虾类。所记海洋生物的内容，包括名称、形态、生活习性、地理分布和经济价值，里面包含着极为丰富的海洋渔文化信息。

其一，丰富的海洋鱼类。《闽中海错疏》记载了大量的海洋鱼类，其中有鲳鱼、鲨鱼、鲻鱼、石首鱼、鲥鱼、鳓鱼、黄梅鱼、比目鱼、鲽鱼、鳗鱼、鲔鱼、过腊（铜盆）鱼、墨鱼、马鲛鱼、带鱼等，多达数十种。[1] 这些都是东海产的主要鱼种，说明到了明朝时期，渔业已经发达到了可以捕捞各种鱼类的水平。

1 （明）屠本畯:《闽中海错疏》，清学津计原本。本节以下有关《闽中海错疏》内容的引述，都来自于此版本，不再一一加注。

其二，繁多的海洋贝类。自远古时代开始，海洋贝类就一直是沿海居民的食物来源之一。到了明代，这种状况也没有改变。《闽中海错疏》里记载了大量的海洋贝类，主要有蚶、蛤蜊、蛎房壳菜（淡菜）、江珧柱、海月、石华、沙箸、龟脚、石磷、海胆、蛏等，几乎囊括了至今人们所认识的所有贝类。

其三，名目多样的虾类海鲜。虾是海洋世界里的“小儿科”，数量众多但地位低微，民间所谓“虾兵蟹将”，就反映了人们对它们的看法。但是它们味道鲜美，营养价值高，所以也深受人们的喜爱。古代涉海小说里，有好多篇就是以海虾作为主角加以描写的。屠本畯《闽中海错疏》也没有忽视它们的存在，在书中记载了许多海虾，有虾魁（龙虾）、虾姑、白虾、草虾、梅虾、金钩子、芦虾、稻虾、对虾、赤尾、涂苗、海蜈蚣等。

其四，对于海洋生物的同属各种的分辨极为详尽。海洋生物类型众多，同一种属下又可以细分为多种类型，这恰恰反映出人们对于海洋生物的认识程度。在这方面，《闽中海错疏》做得较好，它的分类既详尽又科学。譬如对于海洋鲨鱼，它细分为虎鲨、锯鲨、狗鲨、乌头、胡鲨、鲛鲨、剑鲨、乌髻、时鲨、帽鲨、黄鲨等。又如蛤蜊，它细分为赤蛤、海红、蜞螂、沙蛤、红栗、文蛤、海蛤、沙虱、红绿、土铫、白蛤、车螯、螯白等。这样的细分，既反映出中国海洋生物的丰富性和多样性，也说明人们对于它们的认识既深刻又广博，这些都是珍贵的海洋渔文化信息。

其五，自然科学的记载里又包含了丰厚的人文信息。《闽中海错疏》对于海洋鱼类、贝类和虾类等的记载，基本上持的是自然科学的客观立场，里面出现的海洋生物的形状、季节等资讯，都是很科学客观的，如写鲥鱼，描述它为“板身扁首，燕尾，青脊白鳞，大者长数尺[1]，肥腴多鲠，春末有之。又一种春涨溯流而上，月长一寸[2]，至十月盈尺者佳”，就很中肯而客观。但是它又经常加入很多人文思想的因素，这就使得《闽中海错疏》的渔文化信息更加丰厚。

这种人文因素的加入主要体现在以下三个方面。

1 尺，长度单位，1 尺约为 0.33 米。
2 寸，长度单位，1 寸约为 3.33 厘米。

其一是突出地方文化的特色，如写石首鱼（即大黄鱼）：“黄鱼首有二白石如棋子，医家取以治石淋，肉能养胃，鳔能固精，……四明（今宁波）海上以四月小满为头水，五月端午为二水，六月初为三水，其时生者名洋生鱼。……《吴地志》云：石首鱼至秋化为寇凫，今寇凫头中犹有石也。”突出了宁波一带对于大黄鱼的认识。

其二是引用很多典籍加以说明，使它的海洋人文信息量增大。渔文化是一种传承性文化体现，引用古典文献可以突出这种传承性，其价值是很高的。《闽中海错疏》在这方面做得很好，如在记载了鳗鱼的有关知识后，它写道：“《兴化志》云：鳗肉滑，鳝肉涩；鳗脊骨圆，鳝脊骨方。《埤雅》云：焚鳗骨可辟蠹鱼，有雌无雄，以影漫鳢而生子。《赵辟公杂说》曰：凡以哺抱者，鸺鹠鹳雀也，以影抱者龟鳖鼋也。有鳗鲡者，以影漫于鳢鱼，则其子皆附鳢之鬐鬣而生，故谓之鳗鲡也。”

其三保留了许多鱼类民间传说故事。如写乌贼（墨鱼）：“乌鲗，一名墨鱼，大者名花枝，形如鞋囊。肉白皮斑，无鳞。八足，前有二须极长，集足在口，缘喙在腹。腹中血及胆正黑，背上有骨洁白，厚三四分，形如布梭，轻虚如通草，可刻镂，以指剔之如粉，名海鳔蛸。医家取以入药。”这些都是科学客观的描述和记载，但是下面笔锋一转，继续写道：“古称是海若白事小吏，一名河伯从事。”这是《酉阳杂俎》里的记载，《太平广记》也予以转录。“乌鲗遇风波，捉石浮身水上，见人及大鱼辄吐墨，方数尺，以混其身，人反以是得之。其墨能已心痛。小鱼虾过其前，辄吐墨涎致之。性嗜乌，每暴水上，乌见以为死，便往喙之，乃卷而食之。”这就具有浓郁的民间传说的味道了。而鱼类的民间传说，正是渔文化的重要组成部分。

## 四、民国时期海洋渔业的衰落

按照一般的发展规律，明清时期就已经进入繁荣期的中国海洋渔业，到了民国后，理应有更好的发展。况且 1917 年才被发现的江苏佘山渔场，小黄鱼资源非常丰富，更有可能促进这种发展。可遗憾的是，除了小黄鱼的捕捞量有了较大程度的提高外，总的来看，由于种种原因，民国时期的海洋渔业，其实是衰落的。渔业的衰落导致渔民生活艰难，渔岛渔村也一片败落，海洋渔文化的建设也遭到了很大的破坏。

首先是国内政治和经济环境十分动荡，经济危机日益严重，宁波、上海等地大批银行钱庄，纷纷宣告破产倒闭。这种情形深刻地影响了海洋渔业的发展。1935 年，舟山各岛各渔户因资金无着，无法出海捕鱼。该年 12 月 29 日《舟报》报道说:“60 万渔货款，经吁请省建设厅与银行界接洽，以期复兴渔业于濒危之际，拯救渔民于水火之中，无如数经协商，若即若离。……结果除中国银行、地方银行两家银行各允拨借五万元外，其余四行，已告拒绝，不允承借。”这对渔业的影响非常大。据浙江省渔业局统计，到了 1937 年，全省出海渔船，就只剩下 10 132 只，比 20 世纪 30 年代初期减少了一半多。

其次是日本侵略对海洋渔业的摧残。1939 年，日本侵略军侵据舟山，时间长达 6 年。导致渔民生命没有保障，舟山渔场陷于停顿，渔业生产遭受严重损失。据浙江省的渔船登记材料统计，到了 1945 年抗战结束时，全省仅剩下渔船 4 447 艘，损失达 60% 以上。六横的佛渡岛，战前曾有渔船 30 条，战后一条都没留下。

再次是民国政府管理无序，各种恶势力盘剥造成渔民纷纷破产。抗战结束后，海洋渔业曾经一度有较快的回升。但是这个时候，海洋渔业生产关系起了新的变化。大量渔行的出现，在方便渔民从事渔业生产的同时，却也增加了渔民受盘剥的程度。这些渔行除了收取高达 20% ~ 30% 的月息和 10% 的佣金外，还用压秤、压价等办法进行剥削。如经过压秤后，每 100 斤[1] 只作 88 斤计算，叫作“八八折扣”；每 100 元只付 95 元，叫作“九五结账”。这还不够，他们还要用“延期付款”“隔风结清”等办法拖延付款日期。付款时，又把一些生产生活资料，以高价强付给渔民折抵。有的甚至在收鱼以后，谎报遇匪，分文不付，叫作“吃倒账”。经过这些层层盘剥，实产百斤鱼，渔行得 60%，渔民只有 40%。所以鱼行又有“四六行”之恶名。

另外“长元”“老板”等占有生产资料的，各种放高利贷的，以及各种各样的涉渔经营者，都要在渔民身上得到利益。

在这样重重盘剥下，渔民的收入非常低廉，连基本的生存都无法维

1　1 斤为 0.5 千克。

大连渔人码头



持。那时的渔业经济，已陷于风雨飘摇的地步了。不少渔村出现了卖儿卖女的现象。据1949年后的调查，在1945—1949年间，仅岱山一地，渔民被迫卖儿卖女的就达千户以上。其中岱山高亭镇附近的8个小渔村，卖儿卖女的就有9户。[1]

1949年以后，党和政府采取了一系列恢复渔业的有效措施，中国海洋渔业迎来了真正的繁荣和发展时期。

## 第四节　中国海洋渔文化的基本特点

文化特征是文化价值的体现。中国海洋渔文化的基本特征，包含了海洋渔文化的文化特质、文化形态和文化精神。它们既是中国传统文化基本特点的一个侧面体现，也是中国海洋文明精神的一个类型化反映。

关于中国海洋渔文化的特点，学界已经有所研讨。有人认为，这种特点主要体现为多样性、典型性、地域性、集体群创性和刚毅性。[2]也有人从广泛性、普遍性和内容的丰富性这三个方面予以概括中国海洋渔文化的

1　赵以忠:《舟山渔业发展史初探》，载《中国社会经济史研究》，1984年第2期。
2　柳和勇:《海岛非物质渔捕文化资源的开发》，载《探索与争鸣》，2008年第4期。

特点。[1]这些观点都非常有道理，基本上都准确地反映出了中国海洋渔文化的面貌。

还有人认为，传统的海洋渔文化包含有现代海洋休闲文化的基因，如海钓中的娱乐性、弄潮儿的“水嬉性”等，也是中国海洋渔文化的特点之一。[2]这种看法是比较敏锐的，这的确是中国海洋渔文化的传统特点，那就是一种职业性的娱乐和幸福感的追求。

其实，我们还可以从更宏观的也就是以文化史发展的角度来概括中国海洋渔文化的特点和精神。

### 1. 中国海洋渔文化是中华文化早期组成部分

有学者认为，“渔业为（中国）原始生业之一。人类在原始时代，陆地则以狩猎为生，沿海……则用木石击鱼，捕而食之。其起源远在农耕之前。”[3]“渔业，是人类最早的生活和生产活动，也是中华民族最早的产业之一。”[4]“渔猎”二字紧密相连，就反映了这一点。对此，辽东半岛大量史前社会海洋贝丘遗存可以证明，学界对于东夷文化的研究成果，也可以证明。东夷人是中国最古老的的海洋人群之一，他们基本的食物来源就是海洋生物。浙江河姆渡文化遗址的发掘同样可以证明，虽然里面有许多水稻谷物的遗存，但是更多的渔猎遗存说明河姆渡人还是以渔猎为主，水稻等食物还处于次要的食物补充地位。

### 2. 中国海洋渔文化与中华文化同步发展

中华文明是一种多元文化的合成体，主要由华夏、东夷、蛮苗和古越等历史文化构成。其中东夷文化和古越文化，都是海洋文明的属性。无论是东夷所在的辽东和山东半岛，还是古越所在的吴越（即江浙）地区，从古至今都是中国海洋渔文化的重要集聚区。东夷地区有大量的贝丘遗迹，江浙一带也有许多贝丘遗迹，众多的古代文献都记载了沿海地区渔文化的种种形态和故事，这些都充分说明，虽然中国的文化，主要是内陆文化，但是沿海地区的海洋渔文化始终没有脱离中华文明蓬勃发展的轨迹，它们

1 郦伟山：《渔文化研究及产业发展探论》，见《2010年首届海洋文化与城市发展国际研讨会论文集》。
2 赵蕾，刘红梅，杨子江：《基于渔文化视角的休闲渔业发展初探》，载《中国海洋大学学报（社会科学版）》，2014年第1期。
3 李士豪，屈若搴：《中国渔业史》，北京：北京商务馆，1998年，第1页。
4 同春芬，刘悦：《渔文化的变迁及其蕴涵的文化价值》，载《泰山学院学报》，2014年第1期。

归港　吴伟峰 摄

的存在和发展不但增加了中华文化的丰富性，同时也保证了中华文化“海陆一体”的完整性。

### 3. 中国海洋渔文化的发展南北步调一致

中国自古就有“四海”之分。这种清晰的海洋地理空间概念，其实也是一种文化空间概念，本书将在有关章节里展开充分的论析。这里主要考察海洋渔文化的发展问题。从文化史的角度来看，“四海”中渔文化发展的步伐，其实是相当一致的。当辽东半岛的先民在以贝类为食的时候，古越族人在东海和南海的海边乃至台湾海峡一带，也开始了以贝为食的历史。新石器时代的海洋贝丘遗存，在中国的东部和南部也有大量的发现。宋元时期，当渤海湾渔场形成时，东海的舟山渔场和南海渔场也开始进入繁荣时期，大量渔民进入海洋捕鱼，并且纷纷在海岛定居，从北到南，这种情况的出现，几乎是不分先后的。

**4. 中国海洋渔文化蕴含了丰富的海洋精神**

许多中国海洋渔文化的发掘、整理和研究者，都注意到了“海洋渔文化的精神”问题。他们总结为“舍己为人的牺牲精神”“企盼吉祥的奉献精神”“奋发向上的进取精神”和“协调相处的和谐精神”。[1] 其实，这些海洋渔文化精神，从本质上来说，与更广义的海洋精神是完全一致的。正如有学者所指出，“渔文化蕴涵着不畏艰险、开拓进取的海洋文化精神。对渔民而言，茫茫无垠的大海……充满了神秘、危险、诱惑和希望。渔民面对大海会有一种渴求生存、鼓起勇气奋勇超过大海的愿望。……渔文化孕育了渔民以水为家，四处漂泊，动荡不安，乐观进取的品质”。[2]

中国象山海岛风光

1 郭旭升，黄荣静，潘开宇:《渔文化漫谈》，载《河南水产》，2017 年第 3 期。
2 同春芬，刘悦:《渔文化的变迁及其蕴涵的文化价值》，载《泰山学院学报》，2014 年第 1 期。

【第二章】

# 中国海洋渔文化的母体、主体和载体

中国海洋渔文化的母体：海洋渔业

中国海洋渔文化的主体：渔民

中国海洋渔文化的载体：海洋渔村

中国传统渔业、渔民和渔村文化的当下转型

中国海洋渔文化是一个体量博大、内容丰富、形态多种的文化系统，它包括母体（海洋渔业）、主体（海洋渔民）和载体（渔村）三大部分。

海洋渔业是中国海洋渔文化的母体。从鱼到渔，不但是一种业态的发展，也是一种文化的积累。从根本上来说，海洋渔文化的所有元素，无论是海洋渔业业态的进步，还是渔场的形成、作业形式的改变、渔船和渔网的变化等，都是从海洋渔业这个母体上滋生和发展的。

但是海洋渔业的任何发展和变化，都离不开渔民这个主体。渔场的寻找离不开渔民，各种作业形式的探索离不开渔民，渔船和渔网的改进更离不开渔民。有渔民才有渔业，才有渔文化的培育、形成和发展。渔民是渔文化的主体。

然而一切海洋渔文化，都不是虚无缥缈的海风，它需要可以深深扎根的土壤，需要得以寄寓和依存的母体，那就是海洋渔村。中国有许多著名和经典的渔村。它们是中国海洋渔文化最丰富的载体。

当然，这里渔文化的母体、主体和载体，是一种相对的说法，要清楚地予以区别是不可能的。因为海洋渔业是一种经济概念，渔民是一个社会阶层概念，渔村渔岛又是社会学概念，所以只能说，渔业、渔民和渔村，是海洋渔文化的三个侧面，它们虽然各有所属，但却紧紧结合在一起，共同构建了海洋渔文化系统。

## 第一节　中国海洋渔文化的母体：海洋渔业

海洋渔业是指通过在海洋中捕捞、采集和养殖水生动植物获得水产品的一种社会性生产活动。在中国，它有漫长的发展史。简而言之，它可以分成这样几个阶段：第一阶段主要为海洋捕捞(包括海贝采集和近海捕捞)；第二阶段是海洋捕捞和海洋养殖相结合；到了第三阶段，也就是现代渔业，除了海洋捕捞和海洋养殖外，还进一步发展为海洋休闲渔业。

海洋渔文化包含在整个海洋渔业发展过程之中。不但如此，在渔业生产工具如渔船、渔具制造和海产品加工、储藏、运输、销售等方面，海洋渔文化几乎无所不在。近年来，海洋休闲渔业发展迅速，已成为海洋渔业经济中的重要组成部分，同时它也标志着中国海洋渔文化发展的新方向。

## 一、海洋渔业作业形式与渔文化

海洋渔业是一种非常专业的生产方式。其专业性体现在对海洋气候的辨识、对海洋潮流规律的把握、对各类鱼类生活规律的认知（渔汛）等，只有在这样的基础上，才能有针对性地采取最恰当的捕捞方式，才能取得最好的渔获成果。

但是对于这些专业知识的获得，并不是短期内可以完成的，而是需要几代人的共同积累。因此海洋渔业作业方式的改变，其实是渔业水平的真实体现。

### 1. 早期的“岸边”作业形态

如果从渔业作业形式的角度去考察《山海经》，那么可以发现，其中

张为民 摄

一些看起来非常古怪的海上活动，其实是一种捕鱼方式。譬如“长臂国”人的“长臂捕鱼”，或许就是一种使用鱼叉的岸边捕鱼方式。又譬如“驩头国”人捕鱼时“有翼”“鸟喙”的奇特打扮，或许也是岸边捕鱼需要的“工具装备”。

古代海洋渔业，最早就是从“岸边”作业开始的。浙江嵊泗黄龙岛是一个历史非常悠久的古老渔村。老人们都说，他们的祖先都是南宋时候开始，分别从温州、台州和宁波镇海一带移民而来。祖先们首先使用的捕鱼工具，都是“捞网”。这种“捞网”的手柄是一根长竹子，竹子尽头装一顶三角形的小网兜。渔民站在礁石边上，手拿竹竿，把三角网兜深放入海中，然后紧靠岩石边缘，从下往上“掏”。由于那时候海洋渔业资源非常丰富，这种简单的捕捞方式，也会捕捞到乌贼等各种喜欢在礁石边生活和繁殖的鱼类。

岸边作业的另外一种方式就是“扳罾”。“掏乌贼”是游动的，“扳罾”则是固定位置的。选择一处鱼类喜欢聚集、水底比较平缓的岸边海域（往往是码头边），把罾网放下去，过几分钟再拉起来，往往也可以网到许多杂鱼。

简单的岸边作业，却有很丰富的渔文化内涵。一方面，岸边作业本身就是一道早期海洋社会的美丽风景线，具有很大的审美价值。另一方面，这种沿着海岸活动的生活方式，具有自由自在、天人合一的文化美质。再者，三角捞网、罾网简单实用，充分反映了早期海洋渔民的聪明才智。

### 2. 近浅海大量应用的张网作业方式

中国的海洋渔业，是从岸边、近浅海再走向深海的。岸边作业需要非常丰富的渔业资源，且难以获取大面积的丰收，往往还会发生作业者掉入海中溺亡的悲剧，所以不能成为有效的捕捞方式。但张网作业则完全不一样了。

张网是一种定置式渔具，它可以几个月几年甚至更久地固定布置在海域中，利用潮流的涨退，迫使鱼类进入网囊。张网作业要求的水域不能太深，海底也不能过于起伏不平，更主要的是，它布置的海域都是鱼类资源非常丰富的地方，加上张网是大数量作业，一个海域可以布置数十乃至数百顶网具，而且能够每天重复使用，所以具有很高的生产效益。

中国沿海地区，尤其是东海地区，海岸线曲折漫长，形成了许多海湾。这些海湾往往比较浅平，潮流迟缓，食料丰富，吸引了大量鱼类觅食，更有很多鱼类把它们当作繁殖的最佳场所，因此非常适合开展渔业活动。而其最简单有效的捕捞方式，便是张网作业。舟山渔场早期的几个渔区，例如大小洋山渔区、滩浒渔区、嵊山枸杞渔区和黄龙港渔区，基本上都是以张网作业为主。其中黄龙、洋山、滩浒至今仍然还有大量的张网作业存在。

张网作业所包含的海洋渔文化因素也非常丰富。其一，它需要多人合作多网，可以形成渔业的人气；其二，它需要清晨收网，渔获一到岸，需要立即进行处理，所以几乎是全家出动，全岛出动，可以形成非常热烈的海洋生产和生活气氛；其三，张网的形式多种多样，舟山群岛的张网有“三角窗”“四角窗”等多种，形式多样而美丽，“窗”的说法也很富有生活情趣。

张网作业在南宋时期就已形成，到了明清时期，已经非常普及。至今东海等浅海区域仍然还有大量存在，说明它是一种简单而实用、成本投入较低而收益却不错的海洋捕捞作业方式。

### 3. 近现代的对船拖网等集团式捕捞方式

近现代的海洋捕捞，快速向多人合作、多船协作的集团化方向发展。1903 年晚清政府成立了商部。商部聘请当时著名的实业家张謇为“商部头等顾问官”。张謇即提出了建立渔业公司的建议。1906 年春，江浙渔业公司首先成立，张謇亲自兼任经理。1908 年广东和山东的渔业公司也先后成立。[1] 这些渔业公司纷纷从国外购进现代化的渔轮，组织渔民进行大规模的海洋捕捞，从而使中国的海洋渔业进入到更高的层次。

普通的渔民虽然无法筹集足够的资金购买渔轮，但是他们纷纷以合股的形式，集众人之力打造大型的拖船进行围网作业，捕捞产量顿时有了大幅度的提高。新的捕捞形式促使了渔民关系的转化，以海岛或家族为主的“集团”开始抱团作业，同时为渔民谋求资金周转和帮助销售渔获的“渔行”等民间组织纷纷涌现。1949 年以后，渔民的组织化程度更高，

1 丛子明，李挺：《中国渔业史》，北京：中国科学技术出版社，1993 年，第 82 页。

渔业合作社和渔村的凝聚力也大大加强了，从而形成了具有新时代气息的海洋渔文化。

## 二、渔场的形成与渔文化

渔场的形成是海洋渔业发展到比较成熟阶段的标志。渔船和渔网的发展，显示着捕捞技术的不断进步。同时它们也是催生、培育海洋渔文化的重要基础。

中国的北海（渤海和黄海）、东海和南海，由于气候、水文资源和人文环境差异较大，所以渔场的形成有先后，规模大小也有很大的差别。

北海的渔场主要集中在辽东湾、渤海湾和莱州湾一带。根据地方志记载，大概形成于明清时期。如明代万历年间的山东即墨的董家湾渔场："董家湾，即墨县南九十里。每三、四月捕鱼时，百筏丛集。"又如清末时期的山东文登五垒岛渔场："五垒岛，离城南六十里，即《齐乘》之五垒山，山西为海口。春夏之交，渔者云集，渔商多泊舟购之。"[1]

东海渔场的形成要早于北海，南宋时期就已经形成了。宋宝庆《四明志》记载："（石首鱼）三四月，业海人每以潮汛竞往采之，曰洋山鱼。"这石首鱼即大黄鱼，大黄鱼渔汛在每年农历的三四月间，嵊泗大小洋山海面已经形成了大规模的渔场，并且竟然也有了"洋山鱼"品牌。

除了洋山渔场，南宋时期的石弄山（即今花鸟岛）渔场也开始形成，而且经济效益非常高，这从当时的渔业税"砂岸海租"的收入中可见一斑。从宋宝庆元年（1225 年）至开庆年（1259 年）的三十多年中，仅仅石弄山砂岸一处，海租收入就从五千多贯猛增到二万六千多贯，整整增加了五倍多。可见这渔场的规模有多大，效益有多高。

南海的渔场形成于明清时期，主要在北部湾和海南岛周围。

进入民国时期后，各渔场已经非常成熟。舟山的岱衢洋渔场主要捕捞大黄鱼，江苏的佘山渔场主要捕捞小黄鱼，嵊山渔场主要捕捞墨鱼和带鱼，都是全国性的著名渔场。

1　杨强：《北海之利——古代渤黄海区域的海洋经济》，南昌：江西高校出版社，2005 年，第 94 页。

## 三、海产品加工、储藏、运输、销售与渔文化

随着大规模渔业经济的形成，海产品的加工、储藏、运输和销售也就成为了海洋渔文化系统的重要环节。

海产品的加工、储藏、运输和销售，需要有一个可以集中经营的场所，渔港和渔镇就这样因势而生了。舟山渔场是中国最大的海洋渔场，因此也诞生了沈家门渔港、嵊山渔港和岱山东沙渔镇这样赫赫有名的海产品加工和贸易场地。它们基本上都形成于清代中叶以后，到了民国时期开始进入繁荣期，1949 年以后得到大规模的发展。这与中国的海洋渔业发展的历史是一致的。

这些渔港和渔镇，集中了大量的渔民、渔商和相关的人员，各种渔业机构丛生，“海腥味”非常浓厚，几乎每一项活动都与鱼和渔业有关，海洋渔文化元素无处不在。

首先，海产品的加工含有浓郁的渔文化。海产品的加工可以分成鲜品

渔家晒鱼鲞 谢定伟 摄

烹饪加工、风干晒干加工、腌制加工等。海鲜烹饪本身就是渔文化的组成部分。风鳗、风带鱼等风干加工体现出鲜明的地方渔文化特色。把海鲜晒干加工成鱼鲞，是传统的海产品加工技艺，其中的黄鱼鲞早在南宋时期就已出现。墨鱼鲞历史上叫“螟蛹鲞”，是宁波一带著名的海产干品。至于腌制加工和保存，更是沿海地区非常传统的海产品加工技艺，具有丰富的民间海洋文化特质。宁波、舟山等地流行的“三抱鳓鱼”、腌海蜇、腌泥螺、辣螺浆等，都是名闻遐迩的海洋腌制名品。

其次，海产品的运输需要有专门的工具。传统上都用自然冰块予以保鲜。舟山等地曾经存在过数百年的冬天挖冰夏天储冰的劳作方式，海边遍布类似小山头但内部挖空的“冰窟”。海上有许多“冰鲜船”跟在渔船后面收购运输。有了冷冻技术后，各种专业性的制冰厂、海鲜运输船和运输车取代了自然“冰鲜”，渔文化的生态开始了新的变化。

另外，海产品的销售也体现出浓郁的海洋渔文化特色。除了渔业公司等比较近现代的渔业组织，民间传统的“渔行”等组织曾经存在了数百上千年。最近几年发现的舟山黄龙岛的“渔行账本”等第一手资料表明，这些渔行在组织渔业生产、帮助渔民生活、协调渔岛各种关系等方面，曾经发挥过非常巨大的作用。

## 四、休闲渔业的出现标志着海洋渔文化发展的新方向

休闲渔业又称娱乐渔业，涵盖观赏渔业与游钓渔业等内容，着重指满足现代人休闲放松需要的渔业形态。19 世纪初美国东部大西洋沿岸，休闲渔业已露端倪。20 世纪 60 年代，休闲渔业诞生在拉丁美洲的加勒比海地区。20 世纪 70—80 年代，盛行于社会经济和渔业发达的国家和地区，如日本、美国、加拿大和欧洲以及我国台湾地区。[1]

自 20 世纪 60 年代以来，海洋休闲渔业在中国沿海地区迅速崛起。它将作为第一产业的海洋渔业和作为第三产业的海洋旅游业紧密结合在一起，有机融合了休闲、娱乐、旅游、服务等符合物质生产和精神需求的各种因素，从而使中国海洋渔业走向一个新的方向。

1　宁波:《试论渔文化、鱼文化与休闲渔业》，载《渔业经济研究》，2010 年第 2 期。

海涂运动会 张为民 摄



进入 21 世纪以后，随着国民生活水平的提高和休闲旅游意识的增强，海洋休闲渔业得到了长足的发展。

秦皇岛地区的渔岛、仙螺岛、黄金海岸等休闲渔业的景区，吸引了大批的游客。呈现出越来越红火的可喜景象。[1]

作为中国海洋渔业重镇的舟山群岛，海洋休闲渔业起步较早，发展较快，并且呈全面开花之势。1999 年，嵊泗县田岙村渔民开始发展“渔家乐”渔业项目，自此，海洋休闲渔业在舟山蔚然成风，逐渐成为渔业经济中的朝阳产业。“十二五”末期，舟山休闲渔业产值突破一亿元，游客人数也突破百万，比“十一五”末期增加 84%。而今舟山市各种形式的休闲渔业基地共有 50 多家，包括 3 家国家级基地，44 家浙江省级基地。另外，还有 31 个浙江省市级渔农家乐特色村，逐步形成由渔家客栈、渔家菜馆、休闲渔船、观光渔业等相结合的多层次经营体系。[2]

海洋休闲渔业甚至已经成为一种“国家行动”。2016 年 10 月 28—30 日，第九届中国（厦门）国际休闲渔业博览会在厦门国际会展中心举办。本届博览会展览面积达 13 000 平方米，标准展位超过 700 个。其中海洋渔文化展位就多达 18 个。

1 杨品贤等：《秦皇岛市海洋休闲渔业可持续发展的分析》，载《科学养鱼》，2018 年第 1 期。
2 张世龙，刘嘉诚：《新时期舟山渔业发展战略取向研究》，载《农村经济与科技》，2018 年第 1 期。

全国首届休闲渔业现场会同时在厦门举行。会议指出，休闲渔业是现代渔业建设的重要内容，是加快渔业转方式调结构的重要抓手，是推进渔业供给侧结构性改革的重要方向，也是渔民就业增收和产业扶贫的重要途径。“十二五”期间，休闲渔业呈现出发展加快、内容丰富、产业融合、领域拓展的良好势头，2015 年全国休闲渔业经营主体达到 3.8 万家，接待人数超过 1.2 亿人次，产值超过 500 亿元。这里的数据虽然包括了淡水休闲渔业的经济效益，但海洋休闲渔业经济则是主要基础。[1]

## 第二节　中国海洋渔文化的主体：渔民

按照马克思主义的观点，文化即“人化”。也就是说，只有人，才能成为文化的主体。同样的道理，只有海洋渔民，才能成为中国海洋渔文化的主体。渔民是海洋渔文化的创造者和培育者，也是海洋渔文化的体现者和传承者。中国海洋渔文化的一切因素都离不开渔民。他们是中国海洋渔文化的真正主体。

人在文化中的主体地位主要是通过劳动来确立的。这种主体性是自然性和社会性的统一、生产性和消费性的统一、创造性和破坏性的统一、自觉性和盲动性的统一以及个体与群体的统一。[2]

中国海洋渔民在海洋渔文化中的主体地位，主要也是通过海洋捕捞等

俞素娟 摄

1　肖乐等：《探索转型升级新思路 推动休闲渔业大发展——2016（首届）中国休闲渔业高峰论坛厦门举行》，载《中国水产》，2016 年第 11 期。
2　周晓阳，管瑛，胡正东：《论文化的主体》，载《南华大学学报（社会科学版）》，2005 年第 6 期。

海上劳动来确立的。它也体现为海洋自然性与海洋社会性、海洋生产性和海洋消费性、海洋创造性和海洋保护性在渔民身上的统一。

## 一、海洋渔文化的自然性与社会性在渔民主体上的统一

渔文化的基础是“鱼”和“渔”。“鱼”是一种自然存在，“渔”是一种生产方式。而从“鱼”到“渔”，根本性的主体因素就是“渔民”。

当“鱼”以自然状态存在时，显示的便是它们的自然性。茫茫大海，是无数生物的摇篮和乐园。海洋鱼类究竟有多少种，至今还是一个谜。

人类食用海鱼的历史极其悠久。而食用的前提是捕捞。1975 年在山东胶州湾畔发掘的古墓证明，远在新石器时代，山东半岛的先人就已经能捕捞和享用鳓鱼、梭鱼、黑鲷、蓝点马鲛等多种海洋鱼类。还有先秦古文献《竹书纪年》所记载夏朝时“东狩于海，获大鱼”，也可以说明捕捞和食用海鱼历史的悠久性。这批山东半岛的先祖和那个捕获海洋大鱼的人，估计就属于中国的第一批海洋渔民。

鱼类在海洋里自由生长，按照一定的季候和自身的繁殖习性，形成规律性的洄游路线。这些都是自然性的体现。但是渔民要去捕捞这些鱼，除了要有一定的捕捞工具和能认识海洋潮流、气候、鱼类活动规律等必要条件外，还必须组成一个团队。单打独斗是无法获得大规模的海洋捕捞效益的。这种团队的组成就是一种社会性的行为。海洋捕捞的集体协作是由其海上活动本身的性质所决定的，所以它的社会性组合也是一种必然的结果。

这种自然性和社会性紧密结合的捕捞活动，在明清时期就已非常普遍。且看明人著作《广志绎》中对舟山渔场捕捞大黄鱼的描述：“浙渔俗傍海网罟，随时弗论，每岁一大鱼汛，在五月石首发时，即今之所称鲞者。宁、台、温人相率以巨舰捕之，其鱼发于苏州之洋山，以下子故浮水面，每岁三水，每水有期，每期鱼如山排列而至，皆有声。渔师则以篙筒下水听之，鱼声向上则下网，下则不，是鱼命司之也。柁师则夜看星斗，日直盘针，平视风涛，俯察礁岛，以避冲就泊，是渔师司鱼命，柁师司人命。长年则为舟主造舟，募工每舟二十余人。惟渔师、柁师与长年同坐食，余则颐使之，犯则棰之，至死不以烦有司，谓之五十日草头天子也。……鱼

至其地，虽联舟下网，有得鱼多反惧没溺而割网以出之者，有空网不得只鳞者。每期下三日网，有无皆回，舟回则抵明之小浙港以卖。港舟舢舻相接，其上盖平驰可十里也。舟每利者，一水可得二三百金，否则贷子母息以归。卖毕，仍去下二水网，三水亦然。获利者，纵金伐鼓，入关为乐，不获者，掩面夜归。然十年不获，间一年获，或偿十年之费。亦有数十年而不得一赏者。故海上人以此致富，亦以此破家。”[1]

这里，每年农历五月石首鱼（即大黄鱼）在洋山海域旺发，是一种自然现象，各地渔民蜂拥而至，也是很自然的事情。但是这种捕捞活动，不是单纯的个体行为，而是船上渔师、柁师等全船二十余人严密合作、产购销一条龙、一水二水三水作业程序完整、各种服务性机构完善的社会性生产活动。

海洋渔文化的自然性和社会性就这样通过“渔民”这个捕捞活动的主体，得到了统一，从而也使“渔民”这个生产群体成为海洋渔文化自己的文化主体。

## 二、海洋渔文化的生产性与消费性在渔民主体上的统一

海洋捕捞是一种生产性活动。渔民精心打造渔船、渔网等渔具，一代一代积累海洋气候、海洋潮流知识以及不断总结生产经验和安全教训，其目的只有一个，就是获取海洋生产的最大效益，所以海洋渔文化的生产性特征是非常明显的。

但是生产本身不是目的，消费（包括从海洋捕捞中获取其他利益）才是海洋捕捞的根本目的。这种消费是多层次的，尤其是在海洋生产的渔获成为商品，进入流通领域后，消费群体就更大更广了。但是无论如何，渔民自己才是海洋捕捞的第一批或者说是直接的消费者。从渔民身上，典型地体现了海洋渔业活动的生产性和消费性的统一。

这种集生产与消费于一体的统一，在捕捞活动还在海上进行时就已经开始了。垂钓是一种古老而又长期被传承的海洋捕捞方式。一直到民国时期，舟山渔场的嵊山和花鸟一带渔场，还普遍流行“拉钓”这种捕鱼方式，

1 转引自孙善根，白斌，丁龙华：《宁波海洋渔业史》，杭州：浙江大学出版社，2015 年，第 26 页。

主要用来钓获白鲨、清鲨、花罗鲨、鳗鱼、带鱼等。[1]而钓鱼所需的饵料，都是现场捕捞的杂鱼。也就是说，当他们获得鱼类的同时，这些鱼类又成为另外一种海洋捕捞作业的原料被消费掉了。这种“即时生产即时消费”的形态，还体现在渔民船上的饮食中。渔民海上捕捞，往往要持续多日，除了一些粮食和有限的蔬菜，绝大部分食材，都是刚捕捞来的新鲜鱼类。

当然，这种“即时生产即时消费”所反映的“集生产与消费于一体的”的渔民渔文化主体因素，还是比较简单和表层的。更深层的表现还在于它其实贯穿于渔民整个生活之中。可以说，渔民的生老病死和家庭所需的一切费用，都来自于海洋渔业生产。“取之于海，用之于家”，就是渔民生存的全部写照。

因此可以说从海洋捕捞形成规模的第一天开始，生产和消费就紧密结合在一起了。这在明清时期就非常突出。譬如每当渔汛来临时期，与渔业活动密切相关的地方，不要说鱼的价格与平时完全不一样，连粮食等物资的价格也会出现很大的波动。清乾隆十四年（1749 年），时任浙江巡抚的方观承在五月初八的奏章中就汇报了地方政府是如何保证渔期用米的：“至渔船来去，所需食米繁多，尤须渔期调剂，立法稽查，始免匮乏透漏之虞。向例由该地方官招商给照，于外江买米，运至临海口岸。责成该处文武员弁，查验人船，按口按日给票，领买食米，毋许溢额。并严禁居民，私卖本地米石，以杜串通透漏之弊。仍多派营船，梭织游巡弹压，俱经臣严饬遵照办理。”[2]

渔民既是生产者，同时又是消费者。渔业活动是生产和消费的整合体，而这整个统一的过程和形式，本身就是丰富的海洋渔文化信息。

## 三、海洋渔文化的创造性与保护性在渔民主体上的统一

海洋捕捞以及海产品保存、运输等，充满了技术含量，渔民们在从事这些活动的实践过程中，不断地体现出创造性。

这在渔具的改进上，体现得最为明显。譬如清末民国初期在东海渔场

1　参阅《嵊山之拉钓作业》和《花鸟的钓鱼业》，见嵊泗海洋文化研究会：《北界村的背影：民国嵊泗文献汇辑》，上海：复旦大学出版社，2016 年，第 249、259 页。

2　转引自孙善根，白斌，丁龙华：《宁波海洋渔业史》，杭州：浙江大学出版社，2015 年，第 28 页。

普遍流行的“血网”，就是一种典型的“民间创造”。尼龙网线出现之前，海洋捕鱼使用的都是用绿麻或苎麻编织的麻线渔网。这种渔网经不起海水长期浸泡，往往用了几次后就发脆而不能使用，渔网上的投入很大。渔民们就发明了栲网技术，让渔网变成了“血网”。这样处理过的渔网结实了许多，可以反复使用。渔民们称它为“栲血网”。

这种栲网的技术，民国时期在嵊山渔港一带非常流行。有人曾经专门做过调查，并写过详细的报告：凡新制渔网，均须先行栲血。其方法是：先用槲皮或栲膏，在捣臼中捣碎，再放入栲陶中，每槲皮一斤，加水二三斤，约煮 10 小时后，将槲汁倒入大锅中，同时将新网投入，一起煮沸，叫“热栲”。然后取出渔网，用力拉其两端，使网结牢固，然后晒干。待干后，再放入已经冷却了的槲汁中浸泡，这叫“冷栲”。如此冷热两次栲网后，再将新鲜的猪血、牛血等动物血，略加水调和后，遍涂在渔网上，然后置在大铁锅上方，烧沸锅里的水，让水蒸气蒸之，若干小时后，取下晾干。然后抬至海里，用海水浸洗，尽力捣甩，晾干，再涂抹猪血等动物血，再蒸，这样经过三次后，就可以使用了。[1]

这是渔民们聪明才智和创造性的体现，虽然他们未必知道用动物的血来煮网，既可以在麻线的表面造成薄膜防止细菌的侵入，又可以使网线纤维收缩硬化，降低吸水量而产生防腐作用这样的科学原理，但是他们通过不断地实践和总结，发明了“血网”这样非常具有海洋捕捞特色的技艺。

渔民们的创造能力是源源不断的，但是一旦当他们发现，他们的某些发明性创造存在对海洋资源等有破坏性后果时，他们就会立即改进甚至放弃。他们热爱海洋，有很强的海洋资源保护意识。“光诱围网捕捞法”曾经在各渔区被大规模推广应用。这也是一项创造性发明，渔民们发现海洋鱼类有趋光的特性，就利用灯光来聚鱼，然后在灯光下张网围捕，产量非常高。但是他们发现，他们围捕上来的鱼，有的非常小，连筷子粗细的、硬币大小的幼鱼，都统统捞了上来。这种唯利是图的做法，是对渔业资源的毁灭性破坏。渔民们开始自觉地进行了抵制。后来改进了

1　民国江苏省立渔业试验场：《嵊山渔村调查》，见嵊泗海洋文化研究会：《北界村的背影：民国嵊泗文献汇辑》，上海：复旦大学出版社，2016 年，第 368 页。

网具，网眼变得很大，小鱼可以钻网而出，又对灯光捕鱼的时间和地点进行了严格的控制，这种“光诱围网捕捞法”才在局部地方存在，再也不进行大规模推广了。

## 第三节　中国海洋渔文化的载体：海洋渔村

“海洋渔村”是构成、传递和发扬海洋渔文化的载体。“海洋渔村是指在地理空间上依靠海洋资源生存的渔民共同体或资源型社区，它拥有独特的海洋生存方式和属于渔民群体的海洋文化，渔民对于渔村和海洋具有强烈的归属感和认同感，渔村是他们获得自我认同和社会认同的物质载体，也是渔民的精神家园。”[1]

这里的“海洋渔村”是一个内涵相对比较广泛的概念，包括渔岛、渔村、渔镇和渔港等与海洋渔业活动密切相关的海洋活动空间。渔岛是海中的渔民家园，渔村是沿海的渔民聚居之所，渔港和渔镇是规模更大、功能更全的渔文化汇集区域。它们既是一个具体的海洋地理概念，也是一个承载渔文化的海洋人文空间。

### 一、渔岛和渔村：因渔而聚的海洋家园

无论是渔岛还是渔村，最初都是荒凉不毛之地，后来因渔业活动，渐渐地从个别渔民季节性的临时住地，变成热闹的人居场所。这在渔岛的形成中体现得最为明显。

渔岛最初一批的先民，基本上都是季节性上岛临时居住的渔民。这些渔民的家都在大陆上。渔汛季节来临时，这些渔民三三两两来到海岛周围捕鱼。他们在岛上搭建临时窝棚（舟山群岛一带叫“厂”，宁波沿海也是如此叫法）。他们白天捕鱼，还把捕到的鱼在岛上的岩石上晒干，制成鱼干保存。晚上就睡在这种简陋的“厂棚”里。等到渔汛结束，他们带着鱼

1　王书明，兰晓婷：《海洋人类学的前沿动态——评〈海洋渔村的“终结”〉》，载《社会性评论》，2013年第5期。

俞素娟 摄

干离岛而去，第二年再来。如果收获较好，第二年来的渔民就会更多，渐渐地开始有人不走了，住下了。后来是更多的人不走了，家属们也都来了。就这样慢慢形成了热闹的渔村渔岛。

嵊泗的黄龙岛，在南宋之前，是一个无人荒岛。从南宋时期开始，渐渐有镇海、台州等地的渔民季节性地上岛从事捕鱼活动。宋乾道《四明图经·昌国》记载它的古地名为“莆岙山”。岛上耆老告知，“莆”其实不是指蒲草，而是指一种张网作业的工具。这种张网工具大多用蒲草或稻草编织而成，主要用来捕捞海蜇。用这种草网来张网的作业方式就叫“下莆”。“莆岙”的地名，与这种“下莆”作业方式有关。也就是说，黄龙岛的人文历史，就是由海洋捕捞的张网作业开始的。

舟山的每一个住人渔岛，基本上都是因“渔”而起。它们的第一批开拓者，都是渔民。著名的东海古渔村小洋山也是如此。民国程梯云在《江苏外海山岛志》里指出：“小羊山又名羊山或洋山。……外海各岛之开辟，居民移植，以此山为最早。”[1] 说明洋山是东海第一批文明进步的岛屿之一。

1 嵊泗海洋文化研究会：《北界村的背影：民国嵊泗文献汇辑》，上海：复旦大学出版社，2016 年，第 278 页。

因为这里是舟山最早的渔场。长江和钱塘江大量水流的涌入，不但带来了丰富的饵料，而且淡化了海水，非常适合鱼类的生长。这里是大黄鱼最早的“故乡”之一，从宋代开始，洋山海域盛产大黄鱼，每年在农历四月初、四月半和五月初这三个大潮汛期间，大黄鱼春汛旺发，江浙沿海七郡渔民竞往洋山采捕，云集的大小渔船据说达万艘规模，时称“打洋山”。在洋山海域捕捉到的大黄鱼，另有“洋山鱼”之称。宋宝庆《四明志》对此有详细的记载：“（石首鱼）三四月，业海人每以潮汛竞往采之，曰洋山鱼。舟人连七郡，出洋取之者多至百万艘。”小洋山因此成为地地道道的渔民家园。

渔岛渔村的生产和生活，全部围绕“渔”而展开。1948 年第 8 期《新渔》杂志上李辉忠《枸杞渔村风光》，为我们提供了一幅民国时期枸杞岛的“海洋渔村风貌”：“岛上居民，都自浙江之宁、台、温属所移来。故……风俗习惯，一似浙江。岛上开发之年代，无法稽考，据各地庙宇建造年月之推考，当在明末清初，已聚众而居。”枸杞岛在东海渔业重镇嵊山岛西面附近。需要指出的是，其开发的历史与嵊山不相上下，也在南宋前后，远远不止明末清初，该文说错了，但是它对于枸杞渔村风情的描述，则是

俞素娟 摄

非常有价值的："岛上无市集，无商铺……民性敦厚，各有其业，诉讼强窃之事，很少发生，际此兵荒马乱，可称世外桃源。"民风淳朴，人情味浓，邻里关系和睦，是渔村渔岛的普遍现象，舟山各岛至今仍有夜不闭户的遗风。"小对渔船为居民捕鱼之工具，船长一丈八尺，阔四尺，载重四十担[1]，备桅一支，帆为软式，有撑竹，橹二支，桨二支，铁锚一头。……墨鱼带鱼为主要渔获物，一年生活费用，均赖于此。……墨鱼带鱼外，少数渔民亦从事捕捞海蜇及大黄鱼、梭子蟹，但渔获不丰。海边岩礁石上渔产淡菜及紫菜，牡蛎。"[2]

## 二、渔港：综合性的渔文化集聚空间

在中国海洋渔文化的发展中，一些重要的渔村渔岛日趋繁荣，逐渐发展为繁华的渔港。仅以浙江沿海而论，就有沈家门、嵊山、石浦等著名渔港。

渔港与渔岛渔村相比，不仅人口规模、渔业经济规模和热闹程度有了大幅度的提高，而且形成了综合性的渔文化集聚空间。

1936年，江苏省有关部门组织了一场非常深入的嵊泗海洋渔业、渔民和渔村调查。因为当时嵊泗归江苏管辖，而且地处东海渔场的中心区，具有典型意义。这次调查获得了一大批成果，其中就有江苏省立渔业试验场撰写的《嵊山渔村调查》一文[3]。文中的嵊山虽然还被称为"渔村"，其实无论是从人口和渔业经济规模，还是从海洋渔业中的地位和影响上看，嵊山已经是一个地地道道的重要渔港。因此这篇调查报告，内容非常丰富，构成了对一个渔港的立体性描述。

其一，渔港的选定，并不是随意的，而是有深厚的地理和人文背景因素的。嵊山"为苏、浙、闽三省渔船集中之区"，这就突出了嵊山在整个东海渔场中的中心地位。"嵊山别名甚多，曰陈钱山，曰神前山，又曰尽山"。这些旧名产生于南宋时期，说明嵊山历史悠久，暗示陈、钱二姓是

1 担，古代重量单位。
2 嵊泗海洋文化研究会：《北界村的背影：民国嵊泗文献汇辑》，上海：复旦大学出版社，2016年，第597页。
3 同上书，第339-379页。

嵊山始祖。“尽山”之名显示它还是东海诸岛的尽头。

其二，渔港的形成，有清晰的历史轨迹。嵊山“四十年前，原为海盗盘踞之所”。本文写于1936年，“四十年前”即为清末时期，那时候还未形成渔港，但是已经是非常热闹繁荣的渔村了。“曩昔苏松镇红单船（清水师巡逻船）于巡洋期内（墨鱼汛）到嵊时，则盗引去，离嵊时，则盗又来。当时奉化帮之拉钓船一百二十只，镇海帮之张网船最多时五十三只，宁波帮之大捕船五十七只，来嵊附近采捕鱼类，做厂（搭棚临时住家）于山上，均视红单船之来去以定去留。其后做厂者日多，迁入者亦年有增加。清季南通张季直先生创办江浙渔业公司，经福海渔轮在佘山洋面发现小黄鱼渔场，出渔多满载而归，乃引导各帮渔船前去采捕，均以本岛为根据地，居民因以日增。”这段记载非常重要，它说明是渔民的大量涌入，引来了政府派人保护，因而驱逐了海盗，形成了渔岛。进而各地渔船纷纷以嵊山作为根据地，前去佘山渔场捕捞小黄鱼，这就形成了渔港。

其三，各种机构纷纷成立，构成了渔港的综合性功能。随着嵊山渔港初具规模，各种相应机构随即纷纷成立。1914年，政府的水警就开始进驻嵊山，以维护渔港治安。1918年，政府就开始在嵊山开办水产学校等渔业研究机构。自那以后，一个渔港所需要的警务、管理、培训、学校、日常物质供应、海产品收购及销售等与渔港有关的机构大量设立，渔港的综合性建构终于完成。

其四，渔业是渔港的最主要产业。虽然渔港是一个庞大而又系统化的人居和经济单元，各行各业的分工很细，但是海洋渔业仍然是它最主要的产业。嵊山渔港形成的早期，所依托的是墨鱼、带鱼和大小黄鱼渔业。墨鱼需要依靠礁石繁殖，嵊山周围小岛众多，是墨鱼天然的繁殖场所，所以从清末开始，就成了东海著名的墨鱼渔场。嵊山捕捞墨鱼，有专门的墨鱼船和捕捞墨鱼的小拖网。还有比较专业的捕捞技法：二人摇橹，一人立船中央，向前方投网。投网的时候，先将底部扔向海面，船只逆水而行。每约20分钟起网。后来墨鱼资源渐渐减少，渔民们开始转捕带鱼、大小黄鱼等。

其五，渔港有自己特色化的渔文化民俗。嵊山渔港的居民“多早婚”。聘礼“极丰”，婚礼场面很大。“赘婿再醮之风极盛，嗣续观念颇深。尤喜养女找婿，盖添一壮丁，即多一生产者”。另外，由于“渔民寄迹于孤岛，谋生于洋面，每遇天灾人祸，无法可想，唯有委之天命，祈求神佑，故迷信神权之习甚深”。

总之。渔港是一个综合性的渔文化载体，以渔业为主，涉及管理、生活、服务等各个方面。它进一步发展，便是渔镇了。

## 三、中心渔港：承载更多功能的渔业重地

从季节性暂时栖身的“厂棚”，渐渐发展到定居的渔村渔岛，再发展到人口众多、百船汇集的渔港，海洋渔文化载体在不断扩大，各种功能在不断完善。如果在这个基础上，得到进一步的发展，那么，规模更大、功能更全的中心渔港就诞生了。全国著名的渔港有浙江沈家门、浙江石浦、江苏吕四、广东闸坡、福建三沙、山东石岛、广东碣石、广东博贺、山东蓬莱、福建沙埕等，号称中国十大中心渔港。

其中沈家门和石浦中心渔港，都在浙江境内。

沈家门位于舟山本岛的东南部，是我国最大的渔港和海水产品的集散地，向有“渔都”之称。也是中国最大的天然渔港，世界三大渔港之一。

北宋徐兢《宣和奉使高丽图经》就已经有沈家门的记载：“渔人樵客丛居十数家，就其中以大姓名之。”可见那时候的沈家门仅仅只有十来户渔民居住。但是它的发展很迅速。到了清末光绪年间，停泊的渔船越来越多，渔业初具规模，商业渐盛，渐渐形成了渔港的格局。光绪三十三年（1907 年）编成的沈家门地方文献《定海乡土教科书》描述说，沈家门“市肆骈列，逼临港口，最便运输。交冬令，闽舟之捕带鱼者，栖泊于此。海物错杂，贩客麇至，更为繁盛。港之南，障以卢家峙，为寄碇胜地”。民间甚至把沈家门称作“活水码头”。到了 20 世纪初，沈家门已作为专业性渔港著称中外。民国 21 年（1932 年）开始升格为一个镇的建制。民国 25 年（1936 年）3 月 9 日《申报》称：“浙江定海渔业，冠于全国，而沈家门地方，尤为渔民荟萃之区。每届冬汛，有大对船一千二百余对，放洋采捕。”

1949 年以后，沈家门日趋繁华，每逢渔汛，沿海各省市的十数万渔民云集港内，桅樯林立，鱼山虾海，很多省市还纷纷在沈家门建立渔业指挥所。而今沈家门中心渔港的地位，得到了进一步的提升。著名的沈家门夜

排档名闻遐迩，海洋渔文化无处不在。

除了这些至今仍然生机勃勃的中心渔港，其实还有另外一些渔港，虽然现在已经成了“古镇”，渐渐被人遗忘，但是历史上却有非常显赫的地位。譬如岱山的东沙渔镇，旧称东沙角。位于岱山岛西北端，北濒岱衢洋。而岱衢洋是捕捞大黄鱼的主要渔场。自清康熙年间开始，每逢渔汛，浙江、福建、山东等地渔船聚集东沙，船以千计，人达数万。遂以渔兴市，以市兴镇，成为中国东部沿海著名的渔业商埠。

当时横街鱼市的繁华景象，清朝文人王希程曾这样描述：“海滨生长足生涯，出水鲜鳞处处皆，才见喧闹朝市散，晚潮争集又横街。”可见横街摊位上海鲜产品之多，鱼货买卖之活跃。据民国 22 年（1933 年）《申报》记载：“东沙角一隅，居民三千，大小店铺四百余号，其商业密度实为罕见”。与鱼货交易伴随的一批“老字号”商铺也随之兴起，诸如严永顺米店、三阳泰南货、鼎和园香干、聚泰祥布庄、王茂兴老酒等。悠久的历史、繁荣的商贸，积淀成东沙独特的文化底蕴和人文内涵。

规模巨大的渔镇，需要政府机构的大力管理。民国《岱山镇志》记载说：“渔汛之际，东沙角新道头两处人民骤增，至两万余名。期间，五方杂处，良莠不齐”，因此政府派出专门人士进行管理，而且海面上还有“兵轮往来游弋”，最终得以“匪类潜踪，居民高枕矣”。

东沙渔镇因大黄鱼而盛，也因大黄鱼而衰。自 20 世纪 60 年代开始，大黄鱼资源衰退，东沙渔镇也迅速衰落，而今作为一种海洋渔文化的遗存而存在。镇内建有“渔业博物馆”，里面保存的捕捞渔具和加工器具，默默诉说着曾经的辉煌。

## 第四节　中国传统渔业、渔民和渔村文化的当下转型

中国海洋渔文化寄寓于传统的海洋渔业、渔民和渔村，但是由于受海洋渔业资源枯竭、渔民后代外迁、渔村经济衰落等因素的影响，中国海洋渔业、渔民、渔村文化正处于转型的裂变和沉痛中。

俞素娟 摄

## 一、海洋“三渔”转型的政府行为

海洋“三渔”的转型是一种自主转型和被迫转型的结合。从自主转型的角度而言，一些渔民对职业的选择出现了新的追求。尤其是改革开放以来，有更多的职业和前景诱惑着渔民（特别是青年渔民）放弃海洋捕捞的传统职业，离开渔村渔岛，进入城市和内陆，变成了新的职业工作者。但是还有渔民，由于种种原因，不想离开渔村，不想放弃祖传的海洋捕捞职业，但是渔业资源的衰退、捕捞成本的提高和至今仍然存在的海洋作业的高风险，且随着《中日渔业协定》《中韩渔业协定》和《中越北部湾渔业协定》的签署和相继生效，中国沿海渔场大幅度收缩，大批渔船因此撤出传统作业渔场，迫使他们不得不考虑转型问题；或者虽然他们还没有离开渔村，还在从事捕捞作业，但是与祖辈的“三渔”已经有了很大的不同，事实上他们也开始了一定程度的转型。

这期间，政府也一直在推动着海洋“三渔”的转型。

早在 2002 年，国家农业部就已经决定对沿海渔民实施转产转业政策。当时提出的目标是力争 5 年内实现 30 万海洋渔民转产转业。但是具体的措施并没有跟上，该项任务艰难，一直没有取得预期的效果。

2012 年，随着中共十八大胜利召开，中国开始进入新的发展时期，海洋“三渔”的转型问题再次提到了工作日程之中。2013年《国务院关于促进海洋渔业持续健康发展的若干意见》（以下简称《意见》）发布。这标志着为了推动海洋渔业持续健康发展，在中国全部海域内，全面推进海洋“三渔”转型已经成为一项基本国策。

《意见》指出，“三渔”转型的根本目标是，在渔业问题上，“坚持生态优先、养捕结合和控制近海、拓展外海、发展远洋”；在渔民和渔村问题上，“着力加强渔村建设和优化渔民就业结构，切实保障和改善民生。”

这里，包含着“三渔”文化转型的所有信息。

其一，要从滥捕转向生态保护前提下的有序捕捞。海洋渔业中的狂捕滥捕现象曾经非常严重，尤其是利用鱼类的趋光特性，使用细眼网具进行灯光诱捕，各种大小鱼类被一网打尽，渔业资源遭到了极大的破坏。另外，以前由于过于强调捕捞产量，也在一定程度上刺激了狂捕滥捕现象的蔓延。现在政府明确要求进行有序捕捞，保护海洋资源生态的稳定。

其二，要从只捕不养或少养转向养捕结合。海洋养殖有悠久的传统，可是由于海洋养殖技术要求高，效益不如直接捕捞来得快，所以一直没有受到应有的重视。现在政府明确提出要“养捕结合”，这是中国海洋渔业未来的发展方向。

其三，要从近海为主转向外海和远洋。这与国家的整个海洋战略趋势是一致的。中国正从“黄色海洋”走向“蓝色海洋”，进而走向“深蓝海洋”。远洋捕捞必将成为中国海洋捕捞的重要部分。浙江舟山已经建立的远洋渔业基地，正是这一要求的具体落实之举。

其四，要从渔村渔岛自然的发展转型成为有规划的建设。渔村渔岛散落在茫茫大海上，一副天高皇帝远的“自然”形态。这种自生自灭的状态不利于中国海洋渔业的有序发展，因此需要把渔村渔岛的建设纳入到整个国家的建设当中。

其五，要从放任渔民自我谋生转向为主动为渔民谋划生路、保障和改善渔民民生。这是小康社会的共同要求，渔民世界自然不能被忽视。

总而言之，在海洋渔业转型上，《意见》要求加强渔业资源和生态的保护；要合理调整海洋渔业生产结构和布局，科学发展海水养殖；积极稳妥发展外海和远洋渔业；大力发展海水产品的加工和流通；加快提高海洋渔业设施和装备水平；加强渔业装备研发。

具体来说，在渔村、渔港建设上，《意见》要求加强渔港建设和管理。科学规划、合理利用岸线资源，完善渔港布局，加快建设进度，尽快形成以中心渔港、一级渔港为龙头，以二、三级渔港和避风锚地为支撑的渔港防灾减灾体系；积极推进渔村建设。统筹规划，合理布局，以渔港建设带动渔区小城镇和渔村的发展。开展渔区村庄整治，加强渔区基础设施建设，重点解决饮水、用电、道路等问题。完善社会保障制度，促进渔区教育、文化、卫生、养老等社会事业全面发展。落实扶持政策，实施“以船为家渔民上岸安居工程”。

在关心渔民问题上，《意见》要求切实促进捕捞渔民转产转业。编制捕捞渔民转产转业规划，加大转产转业政策扶持力度，调动渔民减船转产积极性。支持发展海水养殖、海水产品加工和休闲渔业，延长产业链，提高渔业效益，拓宽渔民转产转业和增收渠道。落实相关就业创业扶持政策，加强渔民职业技能培训，鼓励用人单位积极吸纳渔民就业。

## 二、“三渔”转型的路径和实践

《意见》发布四年以来，在中国沿海各地，得到了切实有效的落实，探索出了许多富有成果的路径。主要的有以下几个方面。

一是大力发展休闲渔业，加速海洋渔业与旅游业的跨界融合。休闲渔业是规划利用渔村实体景观（渔业场地、设备、产品及自然环境）和渔村社会文化景观（生产活动、民俗及传说等），以发挥渔业与渔村旅游功能，促进渔业、渔民和渔村可持续发展。休闲渔业分为游览观光、渔家风情体验、饮食购物、文化节庆等，它是海洋渔业转型路径中产业高度化阶段，符合产业周期的进程。

二是采用新技术提高海洋渔业资源的利用水平与利用收益，重点发展海洋牧场、水产品深加工等。有的实行海洋捕捞向海洋养殖转型、粗放型渔业向生态型渔业转型、传统渔业向现代休闲渔业转型；有的还稳妥发展远洋渔业、生态型集约化规模化养殖业，因地制宜发展休闲渔业等。

三是探索蓝色牧场、远洋渔业、近岸集约增殖养殖等模式，促进渔业资源保育、海产品深加工与海岸带地区新兴产业的融合，尤其需要关注边

张为民 摄

远海岛渔业资源的保护与捕捞管控。首要议题是推进海洋渔业新兴模式的资源库建设技术、近岸渔业生态环境修复技术、近岸海洋渔业综合管理政策体系等；其次要以案例研究为突破点，解析边远岛屿（无人岛）渔业资源管控之于国家海洋经济示范区的实践作用，探索海岛、海域的使用权、开发模式与管制政策优化，促进海洋三渔转型与海岸带新兴产业一体化均衡发展，同时持续实施沿海地区岛陆连接工程，促进岛屿经济发展和渔民福祉提升。[1]

四是与美丽海岛建设紧密相连，提升渔村渔岛的品质内涵。这在浙江体现得尤为显著。美丽海岛建设是美丽乡村建设的有机组成，在浙江已经推行了十多年。嵊泗在这方面已经取得了丰硕的成果。他们坚持美丽海岛“一岛一景、逐岛推进”和“一村一品、连线成片”建设思路，在美丽岛屿建设上，以 A 级景区标准推进全域建设，嵊山、枸杞、花鸟等岛屿已成

1 吴丹丹等：《中国沿海渔业、渔民、渔村转型研究进展》，载《世界科技研究与发展》，2016 年第 6 期。

为长三角蓝海旅游休闲岛。在美丽渔农村建设上，通过村落环境整治、主题景观打造、美丽庭院创建、休闲业态引导、文化礼堂建设等，与周边景区景点巧妙契合，形成了一批主题鲜明、人居优美的主题村落新景点。比如“东海五渔村”的打造，坚持以整合下的提升发展为原则，选取田岙村、黄沙村、边礁村、会城村和峙岙村五个地理位置相近、发展基础较好、资源环境优越、渔村风情浓郁的渔村组成“东海五渔村”，以连村成片、资源整合、理念认同的模式，实现了以点带面、连线成景的倍增效应。[1]

## 三、“三渔”转型与中国海洋渔文化建设的新方向

中国海洋渔文化既是一种历史的积累，也是一种当下的创造和培育。随着“三渔”转型的稳步推进，海洋渔文化的内涵和形态也在逐步发生变化，显示出一种新的发展方向。

一是海洋渔文化成为海洋旅游的重要因素。海洋旅游是当下旅游的热点。除了欣赏海洋自然风光之外，下海体验海洋捕捞、品尝海洋美味、了解渔村民风民俗等都是海洋旅游的重要组成部分。因此，许多海洋旅游的

渔文化共享伞发布会　张煜　摄

1 《精心打造特色“美丽海岛”》，载《浙江日报》，2016 年 6 月 27 日。

热点胜地，都大力打造海洋渔文化元素。如浙江嵊泗的田岙渔村，号称“东海渔村”，其最大的特色是大型渔民露天壁画。几乎家家户户房屋的外墙上，都有色彩斑斓、情趣盎然的渔民画。正是这个特色，加上村子前面的天然沙滩和海湾以及鱼味十足的夜排挡，每天都吸引了大量的游客，成为著名的渔村旅游区。

二是美丽渔村海岛成为养生休闲的重要场所。随着生活水平的提高和文明意识的增强，现代人的养生和休闲活动日益普及。拥有海洋、阳光、沙滩（即一般所说的“3S”）等自然因素的海岛渔村，成了许多人进行养生和休闲体验的优先选择。为了适应这一需求，浙江很多渔村海岛的居民，纷纷开设“渔家客栈”等民宿。远离尘世，空气新鲜，视野辽阔，开窗就是海，出门就有海鲜可品尝，海岛渔村特有的优势，正在吸引越来越多的人上岛休养。

三是海洋渔文化逐步成为“亲海近海”教育的重要内容。在国家海洋战略的推动下，一股全国性的“亲海近海”教育活动正在形成。要开展“亲海近海”教育，就要深入海洋，深入海岛渔村。许多海洋教育夏令营纷纷成立，而海洋渔文化是海洋教育必不可少的内容。

四是各种海洋渔文化衍生产品日益走进千家万户。这是与海洋旅游、海洋休闲养生和海洋教育活动密切相关的。大量的游客进入海洋，在呼吸新鲜空气和品尝海洋美味之余，具有海洋特色的海洋旅游纪念品，也成了他们的最爱。这种旅游纪念品，有许多都是海洋渔文化的衍生产品，如印有各种渔文化和海洋剪纸图案的T恤、休闲装、丝巾、电脑饰品等，越来越受游客们的欢迎。

象山渔民自发定休渔期

【第三章】

# 中国海洋渔文化的物质和非物质文化形态

中国海洋渔文化的物质文化形态

中国海洋渔文化的非物质文化形态

非物质文化遗产保护名录中的海洋渔文化项目

人类文明的呈现形态千姿百态，但是都可以归为物质和非物质两种文化形态。所谓物质文化，又称有形的物质文化，是指为了满足人类生存和发展需要所创造的物质产品，包括建筑、交通、生产工具以及乡村、城市等。通俗地讲，就是“看得见、摸得着”的东西；所谓非物质文化，又称无形的物质文化，是指人类在社会历史实践过程中所创造的非物质形态的精神文化，包括习俗、文学艺术、信仰等。

中国海洋渔文化也呈现为物质文化和非物质文化两种形态。就物质文化形态而言，凡是与海洋渔业有关的一切工具和固定在渔村渔港等渔文化集聚区的各类建筑、雕塑等，都属于物质文化。而与渔业、渔民和渔村有关的宗教习俗、生活习俗、民间传说、鱼类故事和渔谚等，都在非物质文化形态的范畴之内。

## 第一节　中国海洋渔文化的物质文化形态

海洋物质文化，是中国海洋渔文化的实体性形态，也是渔民们以及有关人员世世代代努力奋斗所得的物质财富。它的体现非常广泛，从海洋渔文化的角度来说，主要包括渔船渔网等生产工具、渔用码头、渔港建筑、渔村生活和生产建筑等实体性存在遗迹遗址。

### 一、渔船渔网等生产工具

海洋渔船是海洋渔文化的实体存在。从渔船的发展来看，经历了独木舟、木帆船、机帆船和钢质渔轮时代。在海洋渔业的远古时代，还没有造船技术诞生，古人就利用浮力，将大木头挖空，做成独木舟，在海边和近

海处，从事简单的捕捞活动。后来船体逐渐使用拼木合成技术，再加以简陋的风帆和橹，就有了木帆船的雏形，开始进入木帆船时代。这个时代非常漫长，从先秦到明清，数千年里都使用这种木帆船进行海上捕捞作业。如果有什么变化，也无非是船体、风帆和木橹变得越来越大，但是风帆和人摇动力这个因素没有根本性改变。

蒸汽机的广泛应用，使中国的渔船进入机帆船时代。1949 年以后，渔民们开始在渔船上安装内燃机作为动力。在机帆船时代的初期，是内燃机和风帆配合使用，“机帆船”之名因此而产生。后来不再使用帆，以内燃机为唯一动力，渔船吨位和主机功率不断加大，船体结构有了明显的改进。后期，船首由“V”字头改尖头形，尾部去掉一字梁，建起了驾驶台，船底配装舭龙骨，配机械舵和罗盘，有的还装定位仪，进入了真正的机船时代。在 20 世纪 80 年代前，机帆船是中国海洋捕捞的主力，曾经创造了中国渔业的辉煌。20 世纪 90 年代后，渔船开始进入钢质渔轮时代。这一方面是由于科学技术的发展，另一方面也是为了适应远洋捕捞的需要。[1]

舟山渔场是中国最大的海洋渔场，拥有沈家门、嵊山等著名渔港，经常汇集全国沿海各种形状的渔船，如尖头阔尾的网梭船，平底阔头的沙飞船，八闽的大福船，东莞的广船等，形状各异，各有特点。但基本上都是帆动力渔船。

舟山本地的传统渔船，很有地方特色，叫作“带角船”。渔船的船头有两个翘起的角，叫木龙角，角端尖锋。船角内部和船角横档处，俗称“鼻头梁”。带角显得威武，正如渔民在家庭生活中的地位，高高在上。更显现了舟山渔民闯荡四海、开拓海洋，非凡的勇气和魄力。[2]

由于捕捞对象和方法的不同，渔船有许多类型，如张网船、拖网船、大对船、小对船、大捕船、小捕船、背对船、钓船等以及小舢板、冰鲜船等配套的和辅助性的船，它们共同构成了庞大而丰富的船文化队伍。

渔网是海洋捕捞的第二大主力工具。渔网质量的好坏与材质有直接的关系。在浙江沿海地区，曾经使用过用稻草编织的渔网，专门用来捕捞海

---

1 殷文伟，季超:《舟山群岛 · 渔船文化》，杭州：杭州出版社，2009 年，第 9 页。
2 同上书，第 15 页。

渔家网赛　谢定伟 摄

蜇。由于稻草容易腐烂，所以一般只能捕捞一次废弃一次。在尼龙线发明之前，传统的渔网都是麻线网。虽然渔民们发明了“血网”煮栲技术，大大延长了麻线网的使用寿命，但毕竟与后来的尼龙线渔网无法相比。

现在的渔网都是用尼龙线编织的。渔民们主要使用拖网、围网和流刺网等网具进行作业，以捕捞不同的鱼类。

拖网是目前海洋捕捞中的“主力军”。它是一种移动过滤性的网具，依靠渔船以一定的航速拖拽网具，迫使捕捞对象由于速度慢于船速或体力不支而被收入网内。由于拖网作业灵活性高，适应性强，在各种水层、海区、深度均能作业，所以生产效率较高，使用范围也较广。但是，拖网经常是大鱼小鱼一网打尽，所以现在对于网眼大小设置等都有所限制。

围网是一种将捕捞对象包围起来并封闭底部网口，使鱼群不能从水平和垂直两方向逃逸，从而达到捕捞的目的。相比于拖网，围网比较科学、高效，破坏性也较低。

流刺网是捕捞网渔具中结构最为简单的一种，它使用均匀的长带形

网衣，其上下纲分别装配浮子与沉子，当鱼类游来碰撞到网衣时，自身鳍棘或鳞片很容易缠绕在网衣上，从而达到捕获的目的。流刺网不受渔场水深等条件的限制，自由流动作业，作业范围广，运作灵活，操作简便，设备简单，节省人力、物力，渔获物鲜活质优，生产效益较好，又利于资源保护。但也有可能会缠住并困死过往的海龟、海豹和海豚等，因此要多检查。另外，流刺网还可能会造成海上航行障碍，因此禁止在主航道上布网。[1]

渔船和渔网都是渔村渔港独特的风景。当归港的渔船停满了海湾，渔嫂们在路边飞快地织补渔网时，她们所展现出来的海洋渔文化韵味，都会深深吸引游客们的眼光。

## 二、渔用码头和渔港建筑

在中国沿海，几乎每一个渔村渔岛，都有自己的码头。较大的渔村渔镇，则配置有防浪堤的内湖式渔港，专门用来停泊各种渔船。

一般情况下，渔村需要有南北两个码头，用来避开冬季的北风和夏季的台风。渔港由于有长长的防浪堤和较深的内港，北风、台风都可以避开，所以不需要用南北两个码头。

无论是码头还是渔港，以前都是由石块砌成。石块的大小和码头的结实与否反映出渔村的经济实力。1949 年以前，建造码头和渔港所需的经费，都由渔民自己凑集。一些规模较小的渔村，由于经费有限，无法从岛外采购大量石料，渔民只好就地取材。如果岛上岩石有限，或者缺乏采石师傅，那么建造码头用的石块，往往都是体积很小的碎石。这样建成的码头，经不起大的风浪冲击，经常倒塌。现在舟山很多小渔村，现代化的码头旁边，往往有废弃的旧码头存在。这些旧码头绝大部分都倒塌无法使用了，裸露出许多小石头，正是这种情形的体现。

人口较多、规模较大的渔镇，除了渔民出钱外，一些渔行等业主，也会捐钱，因此码头就比较气派，也比较牢固。

1949 年以后，人民政府投入大量资金，修建渔村码头。这些都是水

1 刘元林：《水产世界（水产卷）》，济南：山东科学技术出版社，2007 年，第 215–217 页。

泥钢筋的现代化码头，非常坚固，有力地提升了渔村硬件条件。如嵊泗滩浒岛，位于江浙交界的海域，地方虽然不大，但是却有南、西和北三座码头，南码头位于滩浒岛南端，坐向北偏西，总投资 200 万元，于 1995 年始建，为客货两用码头。西山庄码头，位处滩浒岛最西面，投资 80 万元左右，于2000年始建，为滩浒货运的主要码头。北码头，也就是防浪堤(滩浒海塘）一带，位于滩浒北岙东北侧，工程等级为四级，块石结构，单向堤。1958 年在该处建造船埠头，1963 年从船埠头向西延伸造堤，长 80 米，称里海塘。1974 年从里海塘再向外延长 50 米，叫外海塘。抗风力 8 级，可泊船只 25 艘，是滩浒岛的主要码头。这三座码头都是政府投资兴建的，充分体现了党和政府对渔民的关怀。

渔村的码头和渔港，是独特的海洋人文风景，见证了渔民世界很多的辛酸苦辣。以前这里是亲人盼望渔船平安归来的瞭望台。那时候下海捕鱼，绝对是风险极高的职业，所以家人送到码头，目送父亲、丈夫或儿子驾船远去，往往会泪如雨下。归港之时，亲人们聚集在码头，如果见不到自己

渔山　杨忠华 摄

亲人的船，知道出了海难事故，便会放声大哭。码头会哭声连天，非常悲凉。如今这一幕已一去不复返了。而今的渔村码头，成为大家纳凉聊天的好地方。码头的水泥柱桩，深深地切入海涂中，海水荡漾，柱桩上会生长很多藤壶等贝类，还有许多杂鱼会在码头附近游弋觅食，因此这里又往往成了垂钓和摸螺敲藤壶的地方。

## 三、渔村的生活和生产建筑

渔村渔岛的建筑，是一道非常迷人的海洋风景。墙壁上有渔民画，屋顶上有渔网加固，院子里晒着鱼干，真是处处可见渔文化元素。

中国有许多渔村，房屋建筑非常有特色。由于海岛基本上没有平地，渔民房子都是依山而建，从码头到半山腰，一层一层上去，错落有致，很有层次感。到了夜里，家家户户亮起了电灯，从海面上眺望，犹如布达拉宫，所以很多渔岛，都有“海上布达拉宫”的美誉。

由于海风大，这经常有台风光临，所以渔村的房子需要造得特别结实。在水泥钢筋缺乏的时代，渔民就大量采用石料，于是又出现了海岛风光特异的“石屋村”。嵊泗的黄龙岛就是如此。石屋是黄龙岛的一绝，其中峙岙的石屋最为集中，最具有代表性。老人们说，它们大多建造于20世纪七八十年代，“都是温岭钓浜师父造的”。钓浜是温岭石塘镇的一个海边村子，石匠手艺高超。黄龙有丰富的花岗岩资源，适合开采。在水泥钢筋奇缺的年代，它们就是最好的建筑材料。峙岙的很多石屋，没有一根木料、一颗钉子、一张瓦片，四壁的墙、门框，甚至屋顶，全都由石头、石条、石板砌成的。有的人家，还在外墙的石头上雕刻上各种精美的图案。如今几十年过去了，它们不但稳如泰山，而且已经成为峙岙乃至整个黄龙岛的一道风景。

除了人居的房子，渔村渔岛还有许多与渔文化有关的渔业生产建筑。譬如现代化的冷库和制冰厂房。传统的渔业配套用房当属网具仓库了。几乎所有的渔村，在码头附近，都建有相对简陋的小房子，那是堆放渔网等捕鱼工具用的。在嵊泗大洋岛、黄龙岛和滩浒岛等传统的张网作业区，码头附近还有许多堆放毛竹等张网器材的毡棚。在普陀的蚂蚁岛等米虾捕捞区和嵊泗枸杞、壁下岛等淡菜生产区，还有许多加工米虾和淡菜的灶台等建筑。它们都构成了海岛渔文化的绚丽风景。

还有一种海洋物质文化，虽然不是码头、建筑等固定性物件，但也是海洋捕捞不可或缺的，那就是渔船上必备的锚。在嵊泗黄龙，当人们刚踏上码头，一眼就可以望见码头港湾海水里那一排排昂首而立的铁锚。它们坚强而独立，极富有象征意义和美学价值。

## 第二节　中国海洋渔文化的非物质文化形态

中国海洋渔文化的非物质文化存在是非常丰富的。上千年的海洋渔业活动，造就了丰厚的海洋民间宗教信仰习俗、海洋渔民生活习俗、与渔文化有关的海洋民间传说和大量的海洋鱼类故事以及包含丰富渔业活动经验的渔谚等。

### 一、海洋渔民的造船习俗

海洋民俗是海洋社会在长期的生产和生活中所形成的风俗习惯的综合。在世世代代的海上劳作和繁衍的历史里，海洋社会逐渐形成了自己独特的民风民俗体系，它体现在生产、生活以及信仰性禁忌习俗等各个方面。它们是古老而又鲜活的海洋文化元素，它们与海洋社会的生活联系非常密切。

众多的海洋渔民生活习俗，都与渔文化密切相关。其中以造船最为突出。

渔民都称船为“木龙”。因为在渔民的传统意识里，龙是海洋的主人。而把船称为“木龙”，说明在渔民看来，船是他们的“主”。因此建造新船，传统上有一套非常讲究的程序，其中许多习俗，至今还在沿用。

首先是“选地”。要选一个没有邪气的“吉地”作为工地。对此，船东自己是不敢做主的，要请懂阴阳八卦的“算命先生”和庙宇里的出家人。船东会备上香火和礼品，恭请他们给出一个最佳的造船吉地。

其次是“择日”。吉地选定后，接下来就是选定开工的吉日了。在渔民们看来，这一天复一天的日期，里面包含着极其复杂的奥妙，凶吉与否

都与日期紧密相连，所以船东们更不敢自己做主，再次把选择的权利交给那些通阴阳、懂得避凶趋利的“高人”。他们在经过一番“计算”和“推演”后，最终会选定一个阴阳平和的良日，作为动工的“好日脚”。

再次是庄严的动工仪式。渔船动工建造的时候，绝对不能随便，先要恭祭天地神祇。这里的神祇，主要是龙王。龙王是渔民主要信仰之一。所以在浙江的一些渔区，渔民们直接把这种祭祀仪式叫作“祭龙王”。祭祀的时间要合着龙时（即辰时，为上午七点至九点），其他时间都不能祭祀。祭祀开始的时候，在造船工地上摆上一张八仙桌（其他桌子不行），桌子上供着祭祀龙王的“三牲福礼”、六盘素菜、六盘糕点、两盘馒头、两支蜡烛、三支清香、十二支酒杯（不放筷子，因为神灵是不用筷的）。这时，沐浴净身，穿戴一新的船东出场了，他点香、烧烛、敬酒，并跪地祈求龙王在将来新船出海时能进行庇护，不要加以伤害。经过这一整套烦琐而规范的程序后，点放鞭炮，表示祭祀结束。

接着就是造船的主角即木工大师傅上场了。新船要在木工大师傅的领导下完成，木工大师傅对于新船的态度会直接影响到船的质量，所以船东要向大师傅表示很高的礼遇：首先是敬酒，再送上“红包钿”，然后鞭炮齐放，宣告整个开工仪式结束，接下来的事情，就属于木工大师傅了。

其四是“龙骨定位”。龙骨是渔船最核心的部位。如果说船是一条木质的龙，那么龙骨就是龙的脊梁骨，除了要摆放得非常端正，不能有任何偏差外，浙江的渔民还赋予“龙骨定位”许多规矩，使这个工序显得非常严谨和规范。

传统的做法是这样的：在定位时要给龙骨挂红披彩；另外在水舱和梁头（即龙骨的头部）的合龙处，还要嵌上银元。如果船东经济情况一般，拿不出银元，就嵌上银角子。而且这种银元或银角子，一定要有正规的皇朝“通宝”字样，而不能随便使用民间私铸的含量不足的土银元。然后用银钉或铜钉（不会使用普通铁钉）把它钉在合拢处，渔民们称呼它为“船魂灵”。意思是说，龙骨正，梁头有银，这条船，或者说这条木龙，已经开始有自己的灵魂了，尽管它还远远没有造好。对于一条船而言，船头是“船魂灵”常驻的地方，所以渔民对它特别重视。在象山石浦渔村，在新船船壳初步完成后，要在船头两侧贴“龙头生金角，虎口出银牙”对联。

之所以要贴在船头两侧，正是出于对于船头的尊重。

其五是置“圣安舱”。龙骨正位后，接下来的重要工作，并不是造船体，而是建置“圣安舱”。这里的“圣”，指的是渔船的保护神。“圣安舱”就是用来供奉保护神的神龛。在浙江一带，主要是请“船关老爷”即关公。在渔船建造的时候，渔民们会专门在渔船的后舱位置，精心建置一个神龛。渔民们恭恭敬敬地把“船关老爷”请进神龛，在以后渔船出海的日子里每天定时进行烧香供奉。

接着还要为新船进行精心的装饰。船首和橹前橹后，要漆成朱红色，因为船首是一条船的形象所在，橹是一条船的动力所在，所以要漆成大吉大利的红色；船体后部和中舱部位，是船的重心所在，要漆成稳重沉静的黑色；船体的罩角部位，要漆成黄丹；船体内部和甲板，都为红色；船舷两旁，上半部漆成绿色，下半部漆成白色；船舷下面的四周船体，漆成黑色；船尾部分，四周先用白漆勾勒成一圈，圈内则用黄丹漆装饰。

总结一句，整条船的装饰，实际上就是一条龙的颜色。渔民们是真的把新船当成龙来精心地打扮了。

在完成了上述五彩缤纷的装饰后，渔民们还要在后栏板上的彩色油漆之间，写上“海不扬波”等字样，以表达今后在此船航行时能够平风息浪一路顺利的愿望。

其六是一道庄严的工序，安装渔船的“龙眼睛”。建造船眼睛的木材非常讲究，一般都用高质量的硬木。把硬木制成一对半圆形“眼球”，分别安装在船头的两侧，呈凸出形状。周边用白漆涂上底色，中间用黑漆涂成眼珠样子，眼底衬入银元。

安装“船眼睛”的时候，有一套代代相传的“规矩”。首先要依据金木水火土“五行”学说，用五色彩条扎于银钉上，并用红布蒙住船眼睛，这叫“定彩”，是安装“船眼睛”非常重要的一道工序。其次安装时间也会精心选择，一定要选一个与船主的生辰八字相合而不相冲的日子。日子选定后，还要选这一天里特定的一个时辰，即必须是上午辰时（七点到九点），或者是开始涨潮的时刻。坐头把椅的造船师傅，才有资格用银钉将船眼睛钉在船头两侧。要钉得不高也不低，不前也不后，两边对称。据说一只眼睛紧紧关注着天，能知风云变幻；另一只眼睛紧紧关注着海，能知浪涛变化和海里鱼群动向。渔船一钉上眼睛后，立刻变得富有灵气，这一过程称作“定彩”。

“定彩”之后是“封眼”。“封眼”较简单，用红布或红纸把船眼睛蒙上。

最后就是揭去红布的程序了。一定要在渔船竣工可以下水那一刻才可以揭去红布。揭红布的时候要点放鞭炮，还要敲锣打鼓，在这种喜庆热闹的气氛中，由船主亲手掀去红布，这叫“启眼”。当然“启眼”前，还要完成对船体的装饰。只有待这一切都完成后，新船才可以下海。

在上述的种种工序都完成之后，新船就可以在一个选定的吉日里下水了。下水仪式非常隆重，整个场面相当热闹。要找几十个身强力壮的帮工一起进行。先要给船身披红挂绿，接着敲锣打鼓，鞭炮齐鸣，一派喜庆。就在这喜庆的气氛中，大家齐心合力把渔船缓缓推入海中，这叫“赴水”。这“赴水”二字，一方面是说新船入水了，另外一方面其实还有暗示“富庶”（在舟山等浙江沿海许多地区，“水”与“庶”的方言读音是一样的）的含义。在新船“赴水”的过程中，船主（或船老大）要站在船头，先向造船的木工师傅赠送馒头表示谢意，接着要将其余馒头雨点般地抛向在场的人们，这叫“新船下水抛馒头”，是浙江沿海造船习俗中非常有意思的一个组成部分。

在新船下海的时候，船主站在船头，一边抛馒头，一边要高声吟唱“木龙”祝辞：

新造木龙闯大海，八路神仙护航来。
寅时开船卯时发，一网装重双满载。
一双馒头抛过来，东边二条活蛟龙。
青龙随船保太平，黄龙护船多顺风。

## 二、海洋民间宗教信仰习俗

海洋民间宗教信仰习俗，有许多都与海洋渔文化有关。如海洋渔业保护神信仰、海洋社会民间禁忌等。

在海洋社会尤其是渔民社会里，妈祖是他们所信奉的海洋保护神。这是一个由人到神的海洋信仰现象。妈祖姓林名默，又称林默娘，宋建隆元

年（960 年）三月廿三出生于莆田湄洲；宋太宗雍熙四年（987 年）九月初九，林默在湄洲岛海域救助遇险渔船时献出生命，年仅 28 岁。当地百姓为纪念和推崇这位大善大爱的女子，开始流传种种关于她的美丽动人的传说，并在传说中不断神化，如出生时遍地红光、少年时得到高人传授秘法、能呼风唤雨、能神槎渡人、能驾铁马渡海、能收服妖魔鬼怪、能预知祸福风浪、能起死回生救治病人等。这些传说既源于生活，又充满神奇色彩，在广大的妈祖信仰者中得到认同，并从莆田向全国、从民间向朝廷广泛传播。历代朝廷对妈祖的褒封多达 37 个，包括女神、天妃直至天后、天上圣母等。

妈祖信仰主要通过福建渔民的活动传播。从前福建渔民的渔船到了哪里，他们就把妈祖神像供奉到哪里。舟山群岛是福建渔民的主要捕鱼场所，所以舟山各岛普遍建有妈祖庙。

在浙江的温州洞头，还形成了被列入政府非物质文化保护名录的“洞头妈祖祭典”项目。洞头县位于浙江省温州市瓯江口外，由 103 个岛屿组成，与台湾、福建相邻，洞头是传统渔业重地，居民世世代代以渔业生产为主。明末清初，福建莆田渔民来洞头捕捞生产，带来“妈祖”信俗。东沙“妈祖宫”（省级文保单位）就建于清乾隆年间，是浙江省尚存规模最大、构建最完整的妈祖庙，有近 300 年历史。后来，各渔村分别陆续建庙祭拜。目前，全县 6 个乡镇建有“妈祖宫”11 座。由于民间传说妈祖来源有姓陈、姓林两种说法，所以陈、林娘娘同庙供奉的寺庙也有十余座。现今每年农历三月廿三与九月初九（传说是妈祖的诞辰和忌日），各庙宇都要举行隆重的祭祀仪式，开展“迎火鼎”等民俗文化活动，参与信众遍及全县 93 个渔村，为洞头渔区信俗活动的最大盛典。

海南省海口市也很流行“天后祀奉”习俗活动。这一习俗自元代传袭至今。除日常祭拜外，每年农历三月廿三和九月初九，海口各天后宫（庙）便举行隆重的祭祀天后活动。

如果说妈祖信仰，已经从民间信仰发展为一种宗教信仰的话，那么龙王信仰和关老爷信仰，仍然是比较民间化的海洋渔业保护神信仰文化。龙王信仰自古就有。渔民们始终认为，龙王掌控着海洋鱼类，还掌控着风暴和潮汛，因此渔民的捕捞成效和生命保障，都与海龙王息息相关。因此对

于龙王异常敬畏。每次渔汛前后，都要举行隆重的祭龙王活动。而今著名的象山开渔节和岱山谢洋节，其实都是祭祀海龙王习俗的传承。

关老爷信仰在舟山群岛非常普及。渔民们视关老爷为渔业保护神，几乎每条渔船上都安置有专门的关老爷神龛。每天都要上香供奉。出海捕鱼第一网中最大的那条鱼，一般都用来供奉关老爷。

除了上述宗教信仰外，渔民世界的许多生活禁忌，其实也有信仰的成分。

渔家禁忌首先体现在“吃鱼”上。渔家视渔船有神灵，也视鱼儿有神灵。正因为敬仰鱼神，所以不敢造次。在沈家门渔港等浙江海域渔区，家里开春煮熟的第一碗大鱼，要先供神灵。供祭之后，一家人才可以坐下来吃鱼。吃鱼要从头吃到尾，当吃完上一面，不可把鱼翻转身，要连头带刺用筷挟去后，再吃下一面。这是有深刻含义的：因为“鱼翻”意为“船翻”，示为不吉。吃剩的鱼（还包括其他吃剩的菜肴）不能倒到海里去，如果没有地方处理一定要倒到海里，也不能叫“倒掉”，要说“卖掉”或“过鲜”。这里同样是有说法：因为“倒掉”会让人想到“翻船”。在舟山群岛方言里，船“翻”了，就叫船“倒”了。

海上作业的最大威胁是船翻，所以渔民们海上作业小心翼翼，连吃鱼也小心翼翼！

渔家禁忌还体现在海上航行中，有“十不许”：

一不许双脚悬于船外，以免引来“水鬼拖脚”；

二不许坐在船上的时候头搁膝盖，手捧双脚，因为这种姿势像哭，很不吉利；

三不许在船上吹口哨，以免“招风引浪”；

四不许在捕鱼船上拍手，因为拍手意味着“两手空空，捕不到鱼”；

五不许在船靠岸时喊“到了”“来了”，以免把野鬼引上船；

六不许在船头解手，渔家视船为木龙，船头是龙头所在，是最尊贵的地方，绝对不能亵渎，大小便一律到后八尺的“三品口”解决；

七不许家有红白事的人上船，传统上这里的“红事”指妇女生产未满月、“白事”指丧葬，因为在以前的渔家看来，这些都是不吉利的；

八不许提着猪肉上船，因为猪肉会让人联想到浮在海上的人的尸体；

九不许妇女上渔船，尤其忌讳妇女跨过龙头，因为传统上渔家认为妇女与船神是相冲的；

十不许七男一女同船，因为七男一女意味着八仙，而八仙是要闹海的，如果真的出现这种情况，船家会故意说“今天船上有9个人”，这第九个人是指船神关老爷。

在海上作业时，浙江渔家也有许多信仰性规矩。

在渔汛季节，如果在从一个渔场向另外一个渔场转移的途中遇到恶浪（渔民称之为“肮脏浪”），渔民便会向海里撒下大把的米，因为他们认为，海掀恶浪，是“海开口，鬼讨食”，撒米后，鬼吃饱了，就可以息浪。

如果船舵的舵牙以外脱落了，看见的人不能当场点破，要暗示。甚至什么时候船能够到达码头，也不能问老大，因为从前渔民都认为帆船出海，时间和方向都由神做主，询问到达的时间，会得罪神灵。

还有在海上作业的浙江渔民，睡觉的时候只脱外衣，其他衣服都要穿着，俗称“保险衣”，这样一旦有事，就可以立即起床办事干活了。

## 三、趣味盎然的海洋鱼类故事

海洋鱼类故事属于民间文学的范畴，它是海洋渔文化最具有文学色彩的组成。几乎每一个海域都有这类故事代代传播。

海洋鱼类色泽、形状不一，为什么会这样呢？就有故事说，从前有一天龙王召集会议，百鱼奉命汇集龙宫。龙王说今天要提拔几个当将军，但首先要看看你们的游泳本事，谁游得快，就封它当将军！结果黄鱼得了头一名，带鱼第二，鲻鱼第三，接下去是鳓鱼、鳗鱼……龙王也不管三七二十一，就定了名次：赏给黄鱼一套金袍，封为金甲将军；赏给带鱼一套银袍，封为银甲将军；鲻鱼封为铜甲将军。

还有墨鱼为什么叫乌贼？故事说，墨鱼本没有墨囊袋，是它乘章鱼睡熟时偷来的。由于做贼心虚，又怕章鱼的追赶，准备使用墨囊袋保护自己，但是它不知道该喷射多少，结果喷得太多了，海水都黑了，它一头撞在礁石上，十条触须断了八条，只剩下两旁触须还是完整的。墨鱼痛得直跳，心一急，含在口中的墨囊袋就一下滑到肚子里，再也取不出了。

东海里还有广为流传的“虾蛄和龙头鱼打架”的故事。故事说它们本是要好的邻居，虾蛄学武，龙头鱼学文，没有冲突，和谐相处。有一天，龙宫选拔文武状元，虾蛄得了武状元，龙头鱼得了文状元。但是龙头鱼得病未能去领奖，就让虾蛄代领。谁知虾蛄独吞两顶头冠，偷偷逃走了。龙头鱼自然非常生气。从此它们只要碰见，就会打在一起。

诸如此类的故事很多，几乎每一种富有特色的鱼，都有一个予以“解释”的故事。有人就把它们搜集起来，编成了专门的海洋鱼类故事。浙江温州市洞头县从 1979 年开始采集海洋动物（鱼类）故事，至 1987 年，共采集 200 多篇，属特定含义的海洋动物故事近百篇，整理成文的 80 余篇。这些故事发表后，反响极大。全国民间文学界专家学者赞扬“为我国民间故事开辟了新的领域”“对于民间故事研究极为珍贵”。其专集《东海鱼类故事》，获全国首届（1972—1982 年）民间文学作品二等奖。而今“洞头海洋动物故事”还被列入了省级非物质文化遗产代表性项目名录。

## 四、包含丰富渔业活动经验的渔谚

渔谚是经典的海洋民俗文化，是无数代渔民在长期的生产实践中积累的生产经验和生活感悟。茫茫大海，鱼藏何处？变幻天空，风暴如何预知？在没有探鱼仪、没有科学天气预报的时代，无数的生命教训积累成珍贵的渔谚。

舟山是东海渔场的核心区域，渔业谚语尤为丰富。

1. 海洋渔业气候谚语

海洋捕捞与海洋气候关系非常密切，因此有许多谚语都与气候有关。如“蜻蜓成群绕天空，勿过三日雨蒙蒙”“蜜蜂出巢天放晴，鸡不入窝雨来临”“缸爿（海鸥）飞进岙，大水漫上灶”“缸穿裙、雨来临”“东边日出西边雨”等。

2. 海洋航路谚语

海洋暗流汹涌，暗礁密布，渔民捕鱼一不当心，渔船就会被卷进暗流、撞上礁石，导致船破身亡。于是就有航海航路的谚语产生和流传。如“北洋潮急，南洋礁多”“老大好做，西堠门难过”“浪叫有礁，鸟叫山到”等。

3. 渔汛渔谚

各种海洋鱼类，都有自己的生理和活动规律，因此就形成了各种各样的鱼类洄游规律。探索并掌握这些规律，进行有针对性的捕捞，就是渔汛。许多海洋渔谚，反映的就是这种渔汛信息。如“春分起叫攻南头”“清明叫，谷雨跳”“正月抲鱼闹花灯，二月抲鱼步步紧，三月抲鱼迎旺风”“岸上桃花开，南洋旺风动”“癞司（蛤蟆）跳，黄鱼叫”“夜里田坂叫（指青蛙叫），日里洋地闹”等。这种渔谚内容非常丰富，是海洋渔谚的主要组成。

4. 反映渔场渔汛的谚语

渔场是海洋捕捞的主要场所。一个渔场的发现和持续生产，是无数渔民探索和积累的结果，这在渔谚上也有多方面的反映。舟山的嵊山渔场，是清末民初时的著名渔场，许多渔谚民谣都是反映它的渔业生产情况的。如捕捞乌贼（墨鱼）渔谚：“四月乌贼发近洋，火照乌贼到滩湾，满滩乌贼满晒场，家家叠满螟蜅鲞。”短短四句话，就写出了墨鱼渔汛的季节，墨鱼活动的场所，捕捞墨鱼的丰收和渔民们的喜悦。

嵊山渔场盛产墨鱼，所以这方面的渔谚特别多，如“嵊山会一会，花鸟戳一戳”“嵊山乌贼喂喂响，勿如绿华（花鸟）夜东涨”等，都是捕捞墨鱼的生动写照。

带鱼也是嵊山渔场的主要捕捞对象，因此也有许多捕捞带鱼的渔谚产生，如“带鱼过嵊山，抲得满舱板；要想再高产，浪岗到甩山”“浪岗西嘴头，一网两船头”“嵊山鳗嘴头，一网双满载”“抲蚤勿离纽攀，抲带鱼勿

离甩山”等，把带鱼汛期、渔场、渔获等都描述得生动又具体，渔文化信息非常丰富。

海洋渔谚在中国各海洋渔文化聚集区的遗存非常丰富。如福建就有大量的渔谚存在。有观察鱼群信息的渔谚：“冬看芦苇，春看鸟迹。”冬季将到，带鱼从渤海湾南下，因沿路海边多芦苇，只要看到海面上有芦苇絮漂来，就可知道捕捞带鱼的时节来临了。春流水清，岛儿飞逐，觅食上层鱼，所以从海鸟的行踪可知渔汛活动。还有“春水南流、鱿鱼（这里指乌贼）上礁”“东南又西北（风），鱿鱼在内角”“雷打秋，焦虾往外溜”等，都是渔民多年捕捞经验的总结。渔谚，反映和描述的是福建渔民的捕捞技术，如“饵随月色变，产量钓头见”“大小潮，长短钓”等。“早出晚归，迎鱼头追鱼尾”“捕鱼要见两个月亮，不要找两个太阳”，这是渔业捕捞的经验总结，渔民捕鱼多在夜里进行。[1]

## 第三节　非物质文化遗产保护名录中的海洋渔文化项目

“中国海洋非物质文化遗产”是整个中国非物质文化遗产的有机组成部分。据《保护非物质文化遗产公约》对于“非物质文化遗产”的定义，可以引申出“中国海洋非物质文化遗产”的如下定义：

“中国海洋非物质文化遗产，是指存在于中国海洋社会中，被各群体、团体、有时为个人所视为其文化遗产的各种实践、表演、表现形式、知识体系和技能及其有关的工具、实物、工艺品和文化场所。”

中国海洋非物质文化遗产的类型，与整个中国非物质文化遗产的类型基本一致，即民间文学、民间音乐、民间舞蹈、传统戏剧、曲艺、杂技与竞技、民间美术、传统手工技艺、传统医药、民俗。这里除了“传统医药”外，其他类型在海洋社会中都有广泛存在。因此中国海洋非物质文化遗产的类型，定为九类。其中许多海洋非物质文化遗产保护名录，都与海洋渔文化有关。

1　李苏民：《福建渔谚》，载《中国水产》，1959 年第 18 期。

## 一、民间文学保护名录中的海洋渔文化民间传说

民间文学是中国十大非物质文化遗产保护名录的第一类。海洋非物质文化遗产项目中有许多属于民间文学类。譬如海南省级非物质文化遗产代表性项目《海螺姑娘传说》就是如此。

海螺姑娘传说主要流传于海南地区，在中国其他沿海地区也有类似故事。作为非物质文化遗产保护项目，它现在的传承地是三亚市吉阳区南边海村和崖州区港门村，2009 年入选第三批海南省级非物质文化遗产代表性项目名录。

在传说故事中，海螺姑娘是海里仙女的化身，她温柔、贤惠、美丽。一天她偶遇在海上捕鱼的渔民小伙，两人相爱了。海螺姑娘的母亲海神娘娘发现了他们的恋情，狠心阻拦。但是他们毫不退缩，坚持抗争，感动了海神娘娘，两人终成眷属。

这是一则主题健康、情节曲折、结局美好的故事。与许多仙女与凡人相恋最终悲剧结束的故事不同，这则故事终成眷属的团圆结尾，深刻体现了渔民世界对于美好爱情的向往。

福建沿海闽东宁德一带也有海螺姑娘传说，情节似乎要比三亚的海螺姑娘的故事来得更加复杂。传说很久以前，有一天闽东海域的白龙子发威，掀起狂风巨浪，打翻了海中捕鱼的无数渔船。小斗帽家的渔船也被打翻了，他的父母都被巨浪吞噬。小斗帽死死抱住折断的桅杆，在海上漂荡了几天几夜，最终被刮到了一座无名岛上。这座无名岛荒无人烟，但鸟语花香，非常秀丽。小斗帽暂时压住失去父母的悲痛，向岛上走去。夜幕渐渐降临，他在岛上过了一夜。第二天，他想方设法用山上的树木和芦苇在岩洞前盖了一座小屋。又历尽千辛万苦，做了一条简陋的小渔船。从此，他靠打鱼为生，在荒岛上住了下来。

小岛的外面就是官井洋。洋中有一个修炼千年的海螺精。她被小斗帽坚韧不拔的意志和勤劳所感动，常常乘小斗帽出海时，变成一个姑娘上岸，帮小斗帽洗衣烧饭，煮很多好吃的东西放在锅里，等小斗帽的船快到岸了再偷偷溜回海里。



这个故事与大陆上流传的田螺姑娘的故事很是相似，或者说是一个翻

版。但是接下来的发展和结局，则很不一样。这天傍晚，海螺姑娘帮小伙子煮完饭正准备回去。突然，海面上刮起了狂风暴雨，看不到一条回归的渔船，这可把海螺姑娘担心死了。过了一个时辰，风雨停了，可天黑得伸手不见五指，在四处漆黑的海面上小斗帽的船怎能找回家呢？海螺姑娘急了，只见她奋不顾身地摸黑爬上山顶，从口中吐出夜明珠，把夜明珠高高托起。顿时，官井洋海面一片光明。此时的小斗帽正因躲避风暴误了时辰，回来的路上天黑得辨不着东西南北，正在喊天天不应叫地地不灵的困境下，突然看见无名岛方向一片光明，小伙子眼前一亮，奋力划桨飞去，终于安全地回到了岛上。

最终的结局是非常美好的。他们以大海为证，苍天作媒，拜了天地，从此成了恩爱夫妻。海螺姑娘将外壳脱去，穿上村姑的衣服，和小斗帽在半山岩洞小屋组建了美满幸福的家庭。

从此，海螺姑娘就永远留在无名岛的海边，每当夜晚时常还能看到无名岛山顶上的亮光。当地渔民如果黑夜在海上辨不清方向，就朝天大喊三声："海螺姑娘快显灵，驱除黑暗放光明。"无名岛山顶上就会出现亮光，官井洋上的渔船就能朝着亮光的方向回航了。后来，当地人就把无名岛命名为斗帽岛，也有人称为螺壳岛。

在海洋灯塔出现之前，海洋航海的人们渴望能有一盏指路的神灯，指引他们安全回家。这个海螺姑娘的故事把爱情故事和神灯故事以及地名解释完美地糅合在一起，具有多方面的文化含义。但是其基本内涵，还是渔民的故事，所以这是一则与海洋渔文化有紧密关系的民间传说。

## 二、传统音乐保护名录中的海洋渔文化项目

传统民间音乐也是中国非物质文化遗产的重要组成部分。海洋非物质文化遗产中的民间音乐，有许多都与海洋渔文化有关，其中最有代表性的是"渔民号子"。目前成为国家级、省级非物质文化遗产保护项目的有山东渔民号子、浙江玉环渔民号子、浙江舟山渔民号子和浙江象山渔民号子等。

山东的渔民号子主要诞生在蓬莱、莱州、日照、荣成、长岛、威海、乳山、昌邑、即墨、寿光等地，其中最负盛名的是位于胶东半岛的蓬莱、莱州、日照、荣成、长岛五地。民间流传着渔民的谚语"没有哑巴船，只

要船一动，号子嘴上吭”，可见渔民号子在这些地方曾经非常流行。2006年，长岛渔民号子和岚山渔民号子被列入山东省首批省级非物质文化遗产代表性项目名录。2009年荣成渔民号子也列入该批名录扩展项目中。

浙江的玉环渔民号子、舟山渔民号子和象山渔民号子，也都列入浙江省级政府非物质文化遗产保护项目。

渔民号子诞生于海洋捕捞等劳作之中，渔民在海上作业，劳动强度大，风险亦大。为确保生产安全，取得渔业丰收，必须召唤船员同舟共济，统一步调，一起使劲，协同作业。这时，渔民号子就起到了传达号令和凝聚力量的作用。

作为一种海洋民间音乐，虽然各地的渔民号子在节奏上有细微差别，但是总体风格都是差不多的。一般有强号与轻号之分。在大海中遇到风浪或捕鱼上网时，出海拉船、拉帆时，则多唱旋律短促，力度强的较快速的强号；在岸上整网或回港时，多唱速度较慢，起伏不大的慢速的轻号。无论是山东还是浙江的渔民号子，大都由一人领唱，众人应和。

渔民号子一般都用方言演唱，旋律粗犷雄壮，易学易唱，海洋文化个性鲜明独特，有无穷的魅力，闪耀着夺目的光彩。

除了渔民号子外，还有一些海洋民间项目，如列入广东省级非物质文化遗产名录的“咸水歌”。它是广东渔民操广州方言演唱的一种渔歌，称“白话渔歌”，主要流传于珠三角地区。由于这是渔民长期同大海打交道的渔歌，故又称“咸水歌”，有独唱、对唱等形式。海珠区滨江街是水上居民的发祥地之一，在广州地区素有“咸水歌之乡”之称。1966年滨江街2 600多户水上居民全部迁到陆上新居，也将咸水歌带到了陆地。

## 三、传统手工技能保护名录中的海洋渔文化项目

海洋渔业是一项技能要求很高的劳作活动。这种技能体现在航路认知、造船驾船、织网补网、海产品加工等各个方面。

要捕捞就要出海，要出海就要认识海路，海路的安全与否直接关系到渔民的生命安全，因此各地的渔民都非常注意积累这方面的经验，其中一些就升华为非物质文化遗产。海南的“南海航道更路经”便是如此。

“南海航道更路经”是海南渔民将千百年来航行于我国南海等海域

所积累，并世代相传的关于南海地理、洋流、天象、航线、岛礁、捕捞等各种知识、经验，其流传形式有口口相传的“更路传”和手抄本“更路簿”等。

“更路经”证明了西沙、南沙、中沙群岛是我国最早发现、最早开发和最早管辖的区域，为西沙、南沙和中沙群岛属于我国领土领海提供了有效实证。“南海更路经”又有“南海水路经”“南海定时经针位”“顺风得利”“注明东、北海更路簿”“去西、南沙的水路簿”等名称。“更”是我国古代计算航程的单位，一更等于 30 千米；“路”是指航行的路线图；“簿”就是本子。“更路簿”指航行路线图的手抄册子，“更路传”指口传的航行路线经验。不同的名称是不同的手抄（或口述记录）本。

渔船是海洋捕捞最主要的工具，世世代代的渔民不断总结造船技术，最终也成了非物质文化遗产保护项目。浙江省级非物质文化遗产保护名录中有舟山的“传统木船制造技艺”。舟山的造船工艺，具有鲜明的海洋文化特征和手工技艺特点。其传承基地为创建于 1900 年的岑氏木船作坊。岑氏木船作坊不但拥有中国古代传统的造船工艺，还融合了西方木船制作技术，造船的工艺技术水平相当成熟。造船工艺中，讲究曲直木料区别选用，斧、刨等手工具灵活兼施，木料榫、搭对接因地制宜，钩子、穿钉、螺栓配套安排合理，油灰捻缝细致到位等，这些数百年传承下来的手工技艺，具有历史研究价值。船体细部如船尾、船头、船甲板（碧壳）等处，都装饰有传统而精细的木雕工艺和民间绘画，具有文化艺术价值。

渔网的打结也是一种非物质文化遗产传承。在嵊泗黄龙文化礼堂的渔绳结陈列室，墙上挂满了各种花样的渔绳结。渔绳结是渔民在长期渔船作业、网具制作及日常生活中广泛运用的绳结。它产生于海岛的特殊环境和劳动生产条件，世代以口述心传的方式流传于海岛民间，并在流传的过程中不断创新。在嵊泗流传的渔绳结，最多时可达上百种。2007 年，渔用绳索结编织技艺被列入浙江省第二批非物质文化遗产代表性项目名录。

至于海产品加工，也有非物质文化遗产价值的技能传承。例如舟山群岛，民间流传风制、干制、腌制、糟制、呛制、醉制、矾制以及新鲜加工等八大技艺，构成了“舟山海产传统加工技艺”的市级非物质文化遗产保护项目。

今天都触网　肖冯斌 摄

“风制法”就是用风干的方法加工海产品。此法最早起源于海上作业的渔船。渔民出海打鱼，往往以“一风”（渔船出港到归港的时间，往往是数天乃至十多天）作为作业时间单位。在没有冰冻设备、自带的冰块也不多的年代，渔民们为了保持渔获的鲜活程度，往往采用风干保存的方法。挖去鱼的内脏，把它们挂晒在渔船的背阴处，利用海风，把它们吹得半干，但又没有很干，这就是“风制品”了。后来发现这种方法不但简单易用，而且风制的鱼味道特别鲜美，很受欢迎，就很快在岛上流行开来。此法加工的鱼类主要是带鱼和鳗鱼，产品就叫作“风带”（吊带）和“风鳗”。

“干制法”就是利用太阳光进行暴晒，制成鱼鲞。此法历史悠久。元大德《昌国州图志》记载说：“附海之民，岁造鱼鲞。”说明至少元代开始就流行此法了。清康熙《定海县志》说：渔汛时期，舟山各地，渔船“停泊晒鲞，殆无虚地”。东海渔场最有名的产品是大黄鱼鲞和墨鱼鲞。根据《吴郡志》的说法，大黄鱼鲞在吴越争霸时期就已出现。“大黄鱼淡鲞”和“无头大黄鱼鲞”名闻遐迩。墨鱼鲞史称“螟蛹鲞”，是宁波一带的传统海产名品。

“腌制法”是用盐对海鲜进行腌制保存。这是非常传统的海产品加工技法。最初也源自渔船。古代在无法制冰的年代，渔船出海，会携带很多大木桶。捕上来的鱼，分类放置桶中，撒上大把的盐，由于盐具有防腐保质作用，海鲜得以较长时间保存。后来此法移植到岸上，成为风、晒之后的第三种重要加工技法。舟山一带用此法生产的名产品有三鲍鳓鱼、咸带

鱼、咸泥螺等。

“糟制法”就是用酒糟对新鲜海产品进行加工，制成糟鱼。“呛制法”主要用来加工蟛蟹，其名品就是“呛蟹”，用盐多少、呛制时间长短等非常讲究。“醉制法”是用白酒来泡制海鲜，舟山土话称其产品为“醉瓜”，家庭也经常用此法制成醉虾。“矾制法”主要指用明矾和盐来加工海蜇。

这八大技法，无一不是海洋渔文化的体现。而且在加工的时候，还需要专门的工具，如剖鱼制鲞，需要专门的“鲞刀”。加工海蜇，需要专门的“海蜇刀”。还有大木桶、落地桶、荷包桶、打卤桶、鲞箉等，也都是海洋渔文化的体现。

## 四、传统生活习俗保护名录中的海洋渔文化项目

习俗是历史的积累。许多海洋习俗包含有丰富的海洋渔文化信息。这在渔业社会的服饰方面体现得尤为明显。舟山群岛有名的民谣“青浜庙子湖，菩萨穿笼裤”，说的就是渔民的特殊服装笼裤。它用比较耐磨的粗布制成，裤脚肥大，成直筒形；裤腰宽松并左右开衩，前后褶皱成纹。在裤腰开衩的地方，缝有四条带子，穿上后便于缚系。整条裤子都不用任何纽扣。这种渔民服饰有特别的功效：一是保暖，在冬天的海上，把棉背心往裤腰里一塞，四条裤袋一束，两只裤脚绑紧，一丝风也进不去；二是干活方便，笼裤裤裆宽大，方便渔民在船上放网、拉网、蹲踞拣鱼等各种作业；三是可以当救生衣用，笼裤里面都是棉花，吃水慢，又扎紧穿在身上，落水后，笼裤遇水鼓起，胀呼呼的有一定的浮力，可以让落水者有较长时间浮在水面上，大大增加了得救和自救的机会。

山东蓬莱一带的渔家服饰，也很富有渔文化特色。渔民海上作业时，一般穿用桐油涂抹过的油衣，既防水，又御寒。秋冬季节，渔民出海需质地厚实耐穿的大襟衣服，且宽大松肥，裤腰宽松，直筒大裤脚，易穿易脱，一方面御寒能力强，便于海上捕捞，适应劳动习惯；另一方面，一旦落水能尽快脱掉衣服，摆脱负重，以利逃生。所以用棕绳拦腰扎好，打活结，不使用纽扣，都是渔民祖祖辈辈与海洋打交道总结出来的经验。[1]

1 朱龙：《山东蓬莱海洋民俗研究》，载《东方博物》，2006 年第 3 期。

惠安女

由此可见，渔家服饰是活脱脱的海洋渔文化的写照。所以渔民服饰有很强的文化价值，它们中的一些服饰传统，甚至也都成为了非物质文化遗产保护对象。

国家级非物质文化遗产代表性项目“浔埔女习俗”，就是这样一种非物质文化遗存。它主要传承于福建泉州丰泽浔埔村一带。泉州丰泽浔埔村以渔为业，妇女的服饰、头饰因劳动所需美观而实用，其上衣为粗布斜襟、宽袖、右衽，俗称“大裾裙”，颜色以青色和浅蓝为主，下着宽黑布裤；浔埔女喜戴花，豆蔻之年便将长发梳绾成大盘圆髻，用时令鲜花串成“簪花围”戴在髻四周，再横穿一根骨簪。这一美丽讲究的头饰、服饰世代相传。据说其文化源头始于东晋时期，可见已是一种历史非常悠久的渔家服饰传统了。

福建沿海地区的渔家服饰文化遗存非常丰富。除了泉州丰泽浔埔村的渔家服饰外，还有名扬天下的福建“惠安女服饰”。它也是国家级非物质文化遗产代表性项目。惠安女服饰流行于泉州惠安的崇武、山霞、小岞、净峰一带。其历史源头已不可考，但是在唐代的时候，就已经基本定型了。它的标志性形态为黄斗笠、花头巾、蓝上衣、黑宽裤、银裤链的组合，堪称奇而不俗、艳而有韵。

石浦富冈如意信俗

【第四章】

# 中国海洋渔文化的区域文化形态

北海区域的渔文化形态

东海区域的渔文化形态

南海区域的渔文化形态

东海、南海渔文化交汇处的福建海域渔文化

区域既是一种地理概念，也是一种文化概念。中国的海洋区域也是如此。现今中国海域划分为渤海、黄海、东海和南海四大区域。但是从海洋文化的角度论，历史上形成了北海（渤海、黄海）、东海和南海三大文化圈。这三大海域的海洋文明史、海洋开发的侧重点都有所不同，因此形成了比较鲜明的中国海洋区域文化。作为海洋文化一个分支的中国海洋渔文化，也呈现为北海、东海和南海三大区域文化形态。

中国三大海域的渔文化资源都极其丰富，一时无法详尽地予以梳理和介绍。本章遵循突出重点和特点的原则，着重描述和介绍三大海域最富有特色的渔文化。

## 第一节　北海区域的渔文化形态

“北海”是一个古老的地理概念。它最早出现在先秦典籍《左传》中。《左传》记齐桓公去伐楚国，楚王派人对他说：“君处北海，寡人处南海，唯是风马牛不相及也；不虞君之涉吾地也。”齐国在今山东半岛一带，它旁边的海叫“北海”，也就是现在的渤海湾和辽东半岛一带。

“北海”既是海域地理概念，也是海洋人文概念。这或许与庄子有关。庄子在他的《秋水》里说，“秋水时至，百川灌河；泾流之大，两涘渚崖之间不辨牛马。于是焉河伯欣然自喜，以天下之美为尽在已。顺流而东行，至于北海。”他碰到了北海海神若，与若展开了一番对话。这番对话充满了海洋人文意识，“北海”也因此从一个纯粹的海洋地理概念，发展为一个海洋人文意象。

北海有两个特殊的海洋人文特点。一是它的政治文化特质。与东海、南海等海域相比，北海紧邻中国政治中心“北方”。因此无论是秦始皇巡海，还是曹操的“观沧海”，都有很强的政治意味。二是悠久的海洋仙语思想，海洋仙岛、海洋不死之药等思想，主要发源于北海。

本节主要考察北海的渔文化，所以它的政治因素暂不予以考虑。渔文化是北海整个海洋人文思想的一个重要组成部分。当我们考察它的海洋渔文化形态时，除了要注意上述的这两大特点外，还有两个与渔文化有密切关系的因素值得注意。一是它有冰冻期，二是它遭遇过较长时期日本渔业的侵扰。这种特殊的海洋气候现象和历史因素，是东海和南海所没有或者不突出的。

## 一、北海渔文化中的仙语因素

北海地区有浓郁的海洋仙语文化传统。这是一种历史文化的积累。

《列子·汤问第五》记载说：“渤海之东不知几亿万里……有五山（岛）焉：一曰岱舆，二曰员峤，三曰方壶，四曰瀛洲，五曰蓬莱。其山高下周旋三万里，其顶平处九千里。山之中间相去七万里，以为邻居焉。其上台观皆金玉，其上禽兽皆纯缟。珠玕之树皆丛生，华实皆有滋味，食之皆不老不死。所居之人皆仙圣之种；一日一夕飞相往来者，不可数焉。”

这是关于著名的海上神仙岛的记载。根据《列子》的描述，这五座神

渔夫

仙岛都在渤海的东面。可见北海地区是中国海洋仙语文化的滥觞之地。

西汉东方朔《海内十洲记》强化了北海的仙语文化:“玄洲在北海之中，戌亥之地，方七千二百里，去南岸三十六万里，上有太玄都，仙伯真公所治。多丘山，又有风山，声响如雷电。”“沧海岛在北海中，地方三千里，去岸二十一万里。海四面绕岛，各广五千里，水皆苍色，仙人谓之沧海也。岛上俱是大山，积石至多。石象八石，石脑石桂，英流丹黄子石胆之辈百余种，皆生于岛。石服之神仙长生。岛中有紫石宫室，九老仙都所治，仙官数万人居焉。”

在东方朔的笔下，海洋十座神仙岛，有三岛坐落于北海一带。上面全是宝贝和不死之药，有许多神仙住在上面。如果拂去所谓神仙的外衣，我们也可以理解为，在上古时代，渤海一带的岛上，就已经有生灵居住了。

另外，因蓬莱外的海面经常出现“海市蜃楼”奇观，故有“人间仙境”的美誉。这也在一定程度上促进了北海地区仙语文化的发展。

但是仙语文化是一种历史文化，它与道教中的方士文化紧密结合，构成了北海海洋文化中的仙语成分。这种仙语因素还深刻地影响到了北海的海洋渔文化，使得北海渔文化的有关记载，带有浓郁的神奇色彩。

西汉东方朔《神异经》中的《北荒经》有这样一条记载:“北海有大鸟，其高千尺，头文曰天，胸文曰候，左翼文曰鹭，右翼文曰勒。头向东，正海中央捕鱼。或时举翼而飞，其羽相切如风雷也。”这段记载的核心，其实是一种“捕鱼”行为的描述。“正海中央捕鱼”，说明是在远离海岸的海中捕捞。这本是一种常态化的海洋渔猎活动，但是晋人张华却对它进行超现实化处理:捕鱼的不是渔民，而是一只硕大得不得了的海鸟。可是这又不是生物学意义上的海鸟，而是一种文化符号，“头文曰天，胸文曰候，左翼文曰鹭，右翼文曰勒”。显然，这种神鸟的捕鱼活动，是仙语文化的一种遗存。

晋崔豹《古今注》也有一段仙语化处理的记载:“乌贼鱼，一名河伯度事小吏。《本草》作由事小吏。”[1] 乌贼即墨鱼，本是普通的海洋鱼类，可是在本故事中，却与河伯联系在一起。河伯是黄河河神，在庄子的《秋水》

1 （晋）崔豹:《古今注》，见《汉魏六朝笔记小说大观》，上海:上海古籍出版社，1999年，第242页。

中，与北海海神若有过一次哲学层次上的探讨，所以本故事与河伯联系在一起，实际上又是与北海海神联系在一起了。

连张华《博物志》的一段看起来很世俗化的记载，其实也包含着一种变形的仙语文化因素：“毌丘俭遣王颀追高句丽王宫，尽沃沮东界，问其耆老，言国人常乘船捕鱼，遭风吹，数十日，东得一岛，上有人，言语不相晓。其俗常以七夕取童女沉海。”[1] 这“高句丽”的位置就在渤海湾地区（主要为朝鲜半岛），因此这也是一则“北海”的故事。这个渤海湾东面的无名岛，已经有人居住。他们不是神仙，而是靠捕鱼为生的渔民。他们那“七夕取童女沉海”的民俗，看起来残酷而无理性，实际上可以理解为一种宗教信仰式祭祀。把女孩沉于海中，显然是去供奉海洋神灵的。这种海洋神灵带有恶的成分，但是在文化渊源上，又是可以与海上神仙的传说联系在一起的，它是海上神仙思想往恶的方向发展的一种变形。

## 二、北海渔文化中的渔贝文化特色

从文化考古的成果来看，北海渔文化的第一笔是由贝类写就的。中国的贝丘文化遗址，虽然遍布从北到南的沿海地区，但是最集中、规模最大的贝丘遗址，基本上都在渤海湾和胶东半岛（辽东半岛）这样的北海地区。1994 年，中国社会科学院考古研究所组成胶东半岛贝丘遗址研究课题组，赴烟台、威海、青岛三市开展工作，对分布于胶东半岛的贝丘遗址进行了非常仔细扎实的调查。共发现了 10 处贝丘遗址。其中有 8 处分布在胶东半岛北岸东端，2 处分布在胶东半岛南岸。据暴露的贝壳分析，这 10 处遗址可分为 4 种类型：第一类以牡蛎为主；第二类以蚬为主；第三类以蛤仔为主，这一类规模最大；第四类以泥蚶为主。这充分说明远古时代这里有过集中性的大量食用贝类的历史阶段。这个历史时期大约在距今 7 000～5 000 年。“胶东半岛南北两岸的遗址绝大多数是贝丘遗址……这一时期胶东半岛的史前文化是自成体系的，有其独特的渊源和发展脉络，构成了一个独立的考古学文化实体。”[2]

1 （晋）张华：《博物志》，见《汉魏六朝笔记小说大观》，上海：上海古籍出版社，1999 年，第 187 页。
2 中国社会科学院考古研究所胶东半岛贝丘遗址研究课题组：《山东省蓬莱、烟台、威海、荣成市贝丘遗址调查简报》，载《考古》，1997 年第 5 期。

因此可以说，渔贝文化是北海渔文化的历史传统。这一传统现今仍然在继承和发扬光大。这从下面的事实中也可以得到验证。

一是胶东半岛上的青岛，建有独具特色的“贝壳博物馆”，它坐落于青岛市西海岸新区唐岛湾畔，是以贝壳为主题，集贝壳研究、收藏、科普教育、文化旅游为一体的私人贝壳博物馆，面积约 2 600 平方米，收集有 4 260 余种贝壳（海螺）标本。

二是北海地区食用贝类蔚然成风。这在当地的新闻媒体上常有反映。如 2016 年 9 月 24 日，《半岛都市报》以《青岛吃货福利来了　扇贝生猛来袭新货不断》为题报道说：“‘老青岛’都知道，每年的 4—6 月是扇贝大批量上市的时间，而这个规律或将被打破。9 月 23 日记者跟随扇贝养殖企业出海，从海底打桩到看护船看护，海上‘种’扇贝还真是新鲜……据悉，今年沙子口扇贝的产量是 1 900 吨，而明年在今年成功的基础上产量会更高。”2017 年 2 月 27 日《半岛都市报》又有《青岛各种海鲜开始集中上市　贝类海鲜唱主角》的报道，说“开春后，岛城各种海鲜开始集中上市，除了开凌梭外，还有八带、海螺、海虹、海蛎子等多个品种的小海鲜，其中贝类海鲜唱主角，比如十元三斤的新鲜海虹，价格甚至比蔬菜还要便宜”。连“网易”这样的网站也有北海人吃贝类的报道。如 2017 年 2 月 27 日有《吃贝类你得学着点，青岛人都这么吃》一文，介绍说：“每到春天的二三月份，正是吃贝类海鲜的好时候。蛤蜊，别名嘎啦、蛤。青岛的蛤蜊可谓是远近闻名，出了名的鲜美，蛤蜊的盛产季一般是六到八月。一般的蛤蜊可以辣炒，但是青岛的蛤蜊清蒸最好，那叫一个鲜美。”这充分说明，渔贝文化仍然是北海渔文化的显著特色和重要组成部分。

北海的贝类渔文化还体现在“海碰子”形象上。“海碰子”指的是潜水挖海参的特殊人员。山东作家邓刚的小说《迷人的海》里有生动细腻的描写。这也是北海特有的渔文化现象。

## 三、北海渔文化中的冰封因素

北海地区属于中国的北方。进入冬季后，渤海湾一带的海水会凝结成冰。2010 年 1 月 21 日，《南方日报》以《冰封渤海》为题报道说，海冰有多厚？可达 60 厘米。冻得多结实？从岸边往海里走 20 千米，都不会掉

水里。冰山有多高？“营口市以南的西崴子村沿海，甚至看到冰面上堆积着 1.5 ~ 3 米高的‘冰山’。”古代的气温要比现在低许多，所以在古代，北海的冰封现象也许更严重。

“海冰是渤海和黄海海区特有的海洋水文现象。”这个因素是非常重要的。因为“海水水温的分布规律，对于海洋生物、矿产资源的生长和形成有重要的意义，它是制约渔盐经济发展的因素之一。”[1]

冰封对于北海的渔猎活动有多方面的影响，因而也就造就了北海特有的冰封季节的海洋渔文化。

《冰封渤海》中有一段小标题为“一位渔民的异常冬天”的文字，它可以说是古今北海冰封时期渔文化的一个缩影。

首先，由于冰封海面，不能出海捕鱼了。渔民开始在岸上修建渔船。一个叫郭英顺的渔民准备用 140 万元为 37 岁的女儿造一条新船。这是全家的积蓄，也是他当了 17 年船老大的所有收入的结余。而在东海和南海，冬汛是主要的捕捞季节，但是在北海，这个季节渔民没有任何收入。

其次，冰封也把海水养殖的鱼都冻死了。几个月前有些渔民还想着承包几亩鱼塘转作养殖。然而寒潮再一次让他们的愿望落空。村里的鱼塘都被冻得严严实实，鱼虾都快成琥珀标本了！究竟有多少损失，得等开春后，冰雪消融，那时候死了的鱼苗和虾苗才会浮出水面。另据 2010 年 1 月 28 日《中国食品报》报道，这年山东全省受损海水养殖面积 125 464 公顷，损失水产品 100 873 吨，其中浅海滩涂贝类冰封 9 万公顷，滩涂虾池养殖冰封 5 000 公顷，浅海筏式养殖扇贝冰封 500 公顷，海水养殖大棚受损 100 多个。大连的情况也类似。大连杏树国家级中心渔港有 300 艘渔船被冰封在海港内，港区内近海养殖的海蛎子等水产品，很多被冻在冰层中。深海养殖的水产品不少也被断裂的冰排冲走，养殖户受损严重。

海洋捕捞和浅水养殖，是渤海湾渔民世世代代的生存之道。由于冰封的存在，他们的收入严重减少。

再次，冰封把许多渔船都毁坏了。报道说“渔船出海，被冰块撞坏，有的渔船在海上被冻住，动弹不得”。这在古代，由于没有天气预报，渔

1 杨强：《北洋之利——古代渤黄海区域的海洋经济》，南昌：江西高校出版社，2005 年，第 13 页。

船的速度又慢，如遇寒潮突然来临，那么这种被冰块撞坏和被冻住的渔船肯定会更多，渔民不但损失惨重，而且还有生命危险。唯一的办法就是早早收网回港，早早上岸过冬。这又会使渔民的收入大幅度减少。

总之，由于冰封季节的存在，北海渔猎时间要比东海和南海短许多，这就造就了北海的渔文化活动主要集中在夏、春、秋三季。尤其是夏季，海产品丰富，气候适宜，是北海真正的黄金季节。

## 四、北海渔文化中的“域外渔业”因素

渤海、黄海地区毗邻朝鲜半岛和日本，各种鱼类经常沿着朝鲜半岛和日本海洄游，渔民追踪鱼类，经常要到外海捕捞。朝鲜半岛和日本的渔民也是如此。所以北海海域的海洋渔文化，就有“域外渔业”的因素。从历史的角度来看，这种“域外渔业”因素至少在两个方面，深刻地影响了北海的渔文化生态。

一是日本渔业的“侵扰”因素。东三省曾经长期受日本的占领，山东的青岛、烟台等沿海地区，日本势力也曾非常嚣张。在这种政治和军事背景下，日本的渔业力量也曾肆意侵扰北海渔场。这在民国时期特别突出。

有学者经过长期研究后指出，民国时期给辽宁和山东沿海渔民带来损失最为惨重的外来侵略势力当数日本，以旧式帆船为主的中国渔业一直受日本机械渔轮的压迫。日本渔民依仗日本势力，在疯狂掠夺渔业资源的同时，又向中国倾销渔业产品，严重扰乱了中国的渔业市场，给中国渔业经济造成重大冲击。当时正值邻国日本完成初步工业化，先进的制造业基础，让其在渔业轮船制造方面远远领先于中国。再加上其侵略中国的野心日益膨胀，对中国领域的侵扰日益加剧。而山东渤海、黄海渔场与日本临近，日本人经常到我国内海私自捕捞，严重影响了渔民的收益。

当时，日本人所用渔船几乎全部为机船，网为钢丝网。而当时的山东渔民所用之渔船 80% 以上为风船及帆船，所用的网也为线网，在渔业工具方面大大落后于日本渔民。所以，当时的山东渔船在渔捞时，其网具往往被日本渔船撞破，甚至径直被日本渔船拖刮拉走，损失惨重。而且日本轮船捕鱼多在深海，我国渔民之帆船到达不了深海作业，远洋鱼群被日本渔轮隔断不能来至浅海，造成山东渔民收获之效率日益减低。

正因为如此，山东等地的渔民，对去北海捕鱼心存畏惧。但是为了生存，却又不得不去，以致流传下来这样一首民谣，它是北海渔民凄苦心情的真实写照：“宁到南山去当驴，不到北海去打鱼，不上北海去打鱼，舍不那一口干饭两口鱼，深思深思还得去打鱼。”[1]

二是中日、中韩渔业协定的因素。20 世纪 50 年代之后《中日渔业协定》《中韩渔业协定》的签署和相继生效，中国沿海渔场大幅度收缩，大批渔船因此不得不撤出传统作业渔场。这对辽宁和山东渔民的影响更为深远。由于渤海、黄海近海渔业资源衰退严重，而传统的靠近朝鲜半岛和日本的渔场又不能再去捕鱼，北海地区的渔民只好转向海水养殖，这又在相当程度上改变了北海渔文化的发展态势。

## 第二节　东海区域的渔文化形态

古代“东海”的范围一度比较广泛，山东半岛东南方向的海域，也曾被称为“东海”。秦朝统一后，在东部设东海郡（今江苏大部分地区），在南方设南海郡（今广东东部）；秦始皇还在东海郡朐县（今江苏连云港市南）立石以为秦东门。[2] 可见到了秦代，东海的范围与现今已经差不多了，那就是以江浙为中心的沿海地区和海域。

东海是中国最重要的鱼舱。东海渔场形成于南宋时期，繁荣于明清，渔文化资源和文化遗存都非常丰富。

### 一、“任公子海钓”中的东海历史渔文化

东海人文历史非常悠久。东海渔文化也体现出丰厚的历史底蕴。

《庄子·外物》里有一则“任公子海钓”的故事：“任公子为大钩巨缁，五十犗以为饵，蹲乎会稽，投竿东海，旦旦而钓，期年不得鱼。已而大鱼食之，牵巨钩，陷没而下，骛扬而奋鬐，白波若山，海水震荡，声侔鬼

1　高晓东：《民国时期的山东渔民生活》，载《春秋》，2017 年第 1 期。
2　牛敬飞：《论先秦以来官方祭祀中的海与四海》，载《宗教学研究》，2016 年第 3 期。

神，惮赫千里。任公子得若鱼，离而腊之，自制河以东，苍梧已（以）北，莫不厌若鱼者。”[1]

意思是说，以前有一位任公子，蹲坐在绍兴会稽山顶，以巨大的钓钩和钓线为工具，用五十头牛作钓饵，投钓于东海。就这样天天钓，整整钓了一年，也没有鱼上钩。但是他仍然不放弃。终于有一天，有大鱼上钩了。这条大鱼拖着鱼钩鱼线，拼命挣扎，海水震荡，白波如山，连千里之外的人都可以听到大鱼挣扎的声音。但是最终还是被拖上了岸。任公子把大鱼割碎，用海盐腌，堆成肉山。从制河（今浙江）流域到苍梧（今位于广西）以北，家家户户饱吃腌鱼肉都吃不完。

在《庄子》的话语里，体现了一个哲学寓言。但是以海洋渔文化的角度而论，它却是一个异常精彩的远古时代的海钓故事。这个“任公子”为何许人无关紧要，只要明白他是一个海钓者就可以了。故事有两点值得注意，一是垂钓的地方是“会稽”，这可不是一般的地方。东方朔《海内十洲记》：“瀛洲在东海中，地方四千里，大抵是对会稽。……洲上多仙家，风俗似吴人，山川如中国也。”秦朝建有会稽郡，秦始皇曾经在会稽郡“望祭南海”。[2] 这里的“会稽”“会稽郡”的核心，指的是吴地即苏州一带。可是故事中说的是“会稽山顶”，所以也可能是指浙江绍兴一带。无论如何，其地都在江浙地区，那肯定是不会错的。二是加工方法是“离而腊之”，即切割鱼肉进行腌制处理。这说明腌制法是一种历史非常悠久的海产品加工技术。

除了“任公子海钓”外，东海的历史渔文化还体现在晋人张华的《博物志》中。《博物志》卷之三“异鱼”条下的三条记载都与海洋渔文化有关。

其一是：“东海有牛体鱼，其形状如牛，剥其皮悬之，潮水至则毛起，潮去则毛伏。”这“牛体鱼”不知是什么鱼，也许是海牛、海豹、海狮之类的海洋生物。但是海牛一般生活在大西洋，东海不会有海牛；另外海牛等都没有毛，光溜溜的只有皮，不符合“潮水至则毛起，潮去则毛伏”；更主要的是故事明确说是“牛体鱼”，是鱼而不是牛。估计是一种传说或

1 《庄子》，北京：中华书局，2010 年，第 458–459 页。
2 牛敬飞：《论先秦以来官方祭祀中的海与四海》，载《宗教学研究》，2016 年第 3 期。

想象中的鱼类。它的出现丰富了古代海洋渔文化。

其二是："东海鲛（鲳）鱼，生子，子惊，还入母肠，寻复出。"这是一种鱼类繁殖现象的记载和描述。这种鱼的幼鱼一直紧随母鱼活动，稍受惊就躲入母鱼口腔躲藏。说明古人很早就观察到了这种鱼类的特性。

其三是："东海有物，状如凝血，从广数尺，方员（圆），名曰鲊鱼，无头目处所，内无藏，众虾附之，随其东西。人煮食之。"从描述来看，这里说的鲊鱼，其实很可能是指海蜇。舟山有谚语："海蜇行走虾当眼。"其中还有一则民间故事呢。据说很久以前，有一对小白虾举行婚礼。各种各样的鱼都来贺喜。海蜇是婚礼主持人。正当婚礼举行得热闹的时候，乌贼竟然来抢亲了。海蜇姑娘勇敢地冲上去保护小白虾，不幸眼睛被乌贼喷出的墨汁击中，从此失明了。小白虾感激海蜇的保护，就世世代代为它当眼睛，这就形成了"海蜇行走虾当眼"的奇特现象。[1] 从张华《博物志》的记载来看，这个海洋生物现象，还是具有历史底蕴的。

## 二、独特的东海海涂渔文化

东海的西边海岸线紧靠长江三角洲地区、杭嘉湖平湖和宁绍平原等，伸入海洋的大陆架相对比较平缓，因此在沿海地区形成了大面积的海洋滩涂。尤其是江苏省沿海更为突出。

江苏是全国海岸滩涂资源最丰富的省份，占全国海岸滩涂总面积的1/4左右。最新的对于从1127年到2011年约900年间江苏海岸滩涂围垦成陆面积的研究结果表明，江苏海洋滩涂成陆面积合计达21 137平方千米，相当于现在江苏陆地面积的1/5。也就是说，江苏约1/5的陆地面积是过去近900年间由海岸滩涂转变而来的。[2] 不过虽然有那么多的海涂已经转化为陆地，江苏沿海仍然还有大量的滩涂和浅海存在。

浙江的滩涂资源也非常丰富。与江苏交界的大小洋山海域都比较浅；著名的杭州湾、三门湾和象山港海湾，都是滩涂资源富饶之地。这些海域盛产各种贝类和浅海鱼类，从而形成了丰富的海洋滩涂渔文化。主要体现

1　姚定一，于海辰：《海蜇行走虾当眼》，载《民间文学》，1980年第9期。
2　蒋廷玉：《江苏滩涂面积占全国1/4》，载《新华日报》，2014年4月15日。

在以下几个方面。

其一，各具特色的渔贝文化。江苏启东一带海域盛产毛蚶。舟山的洋山一带滩涂盛产海瓜子。台州的三门湾盛产青蟹。宁海的长街一带海涂盛产蛏子。至于泥螺等滩涂生物，更是爬遍了各个海涂区。这些地区的渔贝文化就比较发达，往往可以看见许多人在滩涂上挖蚶挖蛏摸青蟹。象山港里的西沪港，曾经盛产望潮，望潮躲在泥涂的洞里，需要有一套专业性的技术才能抓到。这也成了滩涂渔文化的一部分。

其二，传统的推网、围栏和浅海张网作业形式。海涂和浅海，往往是涨潮时被海水覆盖，退潮后裸露海床。这就构成了适合很多鱼类和贝类、蟹类繁殖和生活的良好环境，因而也就产生了很多相对应的捕捞方式。例如，人可以站在海里推着走的推网作业，利用竹片、木头枝条等简易材料与渔网一起组成的围栏作业，还有相对比较简单的浅海张网等。它们都是海洋滩涂上的特异风景。

其三，特异的滩涂甩钓作业。海水退去了，许多小蟛蟹、弹涂鱼等在海涂上爬来爬去，这就产生了独特的滩涂甩钓作业形式，有的地方甚至已

围渔　何将常 摄

经升格为非物质文化遗产。譬如舟山的洋山岛，就经常有甩钓弹涂鱼的表演。表演者手拿一根钓竿，竿梢上绑缚一根鱼线。鱼线的下端是一只三角钩子，不需要任何饵料，对着弹涂鱼甩出去，然后一拉，就可以把弹涂鱼钩上来。这种作业类似于内陆的甩钓甲鱼，讲究准、狠和快，非常具有技术性，也非常具有可观性。

其四，滩涂休闲活动。这是近几年开始风行的一种海洋活动。舟山岱山的秀山岛，还有象山的一些地方，都有泥涂体验活动。体验者把自己想象成类似弹涂鱼这样的滩涂生物，在泥涂里爬行打滚，进行健身休闲娱乐活动，实际上也可以看作是一种海洋滩涂渔文化的演化。

## 三、舟山渔场：中国海洋渔文化繁荣集大成者

舟山渔场是中国最大的渔场。舟山海域各类鱼、虾、蟹、贝种类非常多。根据不完全的统计，其中鱼类有 365 种，虾类有 60 种，贝类有 134 种。正因为资源丰富，舟山海域的捕获量也非常巨大。根据《舟山市志》的记载，仅以 1967 年为例，江苏全省的海洋捕获量为 9 055 吨，福建全省的海洋捕捞产量为 59 315 吨，而舟山一个地区，捕获量竟然达到了 15 万吨，是江苏省的 15 倍、福建省的 2.5 倍多。

诸多因素决定了舟山海域是许多海洋鱼类喜爱的家园。长江、钱塘江和甬江大量淡水的注入，不但降低了海水的盐度（渤海、黄海为 3 ~ 3.2，南海为 3.2 ~ 3.4，而舟山海域只有 2），而且还带来了大量的饵料。相对较浅的海深，使一年四季的海水温度比较适合海洋生物的生长。更为主要的是，这片海域岛屿林立，礁石众多，非常适合鱼类的繁殖。还有一个重要原因，那就是舟山海域是南北海流交汇的地方，各种鱼类洄游的必经之处。

所以自古以来，舟山群岛就是天然的鱼舱，是中国渔业发展最早、收获最大的渔场，也是海洋渔文化异常丰富的地方。甚至还可以说，舟山群岛是中国海洋渔文化的集大成者。

首先，舟山群岛的渔文化历史，是整个中国海洋发展史的一个缩影。舟山海洋渔文化的发轫，也是从渔贝开始的。自 1964 年开始，先后在巨山岛的桂花，本岛的马岙、小契、茅岭、老契、岑港、紫微和外岛的金

塘、朱家尖等20多个地方，陆续有秦汉以前古文化遗址被发现。这些地方都有大量的海洋滩涂，可见海涂是那时候的人们进行渔业生产的主要场所，也是获得食物的重要基地。宋室南渡以后，大量人口涌入舟山各岛，促进了近浅海捕捞作业的发展。洋山渔场、花鸟山渔场、黄龙岛一带以及岱山海域，都成了重要的捕捞基地。清康熙《定海县志》说岱山“以渔盐为业，宋时称盛”。其实不仅是岱山，整个舟山渔业，在南宋时期都开始发展。到了明清和民国时期，舟山渔场已经名闻天下。有学者总结性地描述了这种繁荣的基本形态：

一是随着作业渔场的不断扩展，捕捞品种大为增加，舟山渔场上现在捕捞的各主要品种，当时都已被开发利用。

二是出渔船只，如果按每船迫令买盐一引（计200千克）计算，渔汛时期舟山至少有800艘渔船在海上生产。“附海之民，岁造鱼卷”，已成为普遍现象。

三是加工用盐量以25%计，800引鱼盐可加工鱼65万千克，加上一部分用来鲜销和自食的，以及有些渔船逃避购买的，年产量至少有150万千克以上。

四是用渔船到近海进行生产的近海作业，已成为当时生产的主要部分，所以官府摊销渔盐，也以渔船作为唯一对象，把船只的大小，作为摊买多少的计算标准。

五是因为渔业生产相当兴旺，官府已把它看成是一个敛财之道。盐局迫令买渔盐，税局要当地用鲨鱼皮（可作鱼翅）、鱼膘等高档产品作为课征物品了。[1]

其次，舟山渔村渔港文化非常发达。舟山有上百个住人岛。几乎每一个岛都与海洋渔业有关。更有嵊山、枸杞、黄龙、虾峙这样纯粹的渔村渔岛。这些渔村渔岛都有自己的海洋移民历史，如定海、岱山和嵊泗的许多渔村，先祖大多从宁波奉化、镇海、慈溪等地移民而来。而普陀各岛和嵊泗花鸟、壁下、野猫洞岛一带的先民，则以温州、台州的移民为主。各个渔岛，也都有自己比较固定和传统的海洋捕捞作业形式。如洋山、滩浒、

1　赵以忠:《舟山渔业发展史初探》，载《中国社会经济史研究》，1984年第2期。

黄龙诸岛，以张网作业为主，虾峙岛的渔民以拖网作业为主。有些岛屿彼此很近，但是作业方式并不一样。譬如嵊泗黄龙岛和五龙渔村，仅仅相隔一条黄龙港，黄龙人世世代代从事张网作业，但是五龙人从不张网，而是以拖网、围网作业为主。

各渔村渔岛还有丰富的渔俗文化，这包括生产习俗、生活习俗、宗教信仰等。总的来看，舟山各岛的渔俗文化基本上都差不多，这显示出了比较统一的地域性，但是也有特异现象存在。譬如嵊泗滩浒岛的宗教信仰，就只有基督教一种，形成全岛性的信仰同质。而各主要渔村渔岛，妈祖信仰就特别浓厚。

再次，舟山是中国各地海洋渔民聚集的大都会。早在清末时期，舟山本岛的沈家门就有“闽会馆”的出现。后来各地渔民纷纷在舟山建立起自己的会所。1949 年以后，几乎中国所有的沿海省份，都在舟山（主要是沈家门和嵊山渔港）建有自己的“渔业指挥所”。这种渔业大都会的地位是由舟山渔场的中心地位所决定的。

其四，舟山渔业等文化的发展，代表着整个中国渔文化的未来走向。舟山的远洋渔业发展是比较早的。早在 20 世纪八九十年代，舟山渔民就开始远赴太平洋从事钓鱿作业。后来在国家有关政策的扶持下，远洋捕捞逐渐占据舟山渔业的重要地位。2015 年，还成立了国家级的“国家远洋渔业基地”。到了 2017 年，远洋基地已经有专门从事远洋捕捞作业的龙头企业 20 余家入驻，远洋捕捞船只发展到 538 艘，2017 年 1—11 月的远洋捕捞产量达 35.88 万吨，同比增长 50.63%，全年产量突破 40 万吨，再创历史新高。

## 四、海洋渔文化氛围浓郁的温、台地区

位于瓯江口的温州和台州地区，介于浙江和福建之间，在吴越文化和闽南文化的交融中，形成了比较独特的地域性海洋渔文化。

明人章潢《图书编》卷三八有“温州俗尚”一文：“温州府，其形胜城当斗口，钜海重山。其俗勤纺绩，尚歌舞，习尚竞渡，乡会以齿。”[1]意思是说温州人奋发向上的进取精神，与其“形胜城当斗口，钜海重山”的海滨环境有内在的联系。这是很有见地的。

清人纳兰常安也看到了这一点。他在《受宜堂宦游笔记》中说：“温限山阻海，土地不宜粟、麦，而事鱼、盐，务桑、麻，织席贩木，得利颇饶，地称殷富焉。”[2]他认为温州的富裕、热闹和豪华，都与海洋环境有关。

海洋给温州人带来了财富，但是也有贫困现象存在，这又反映出温州海洋人文另外的一面。明人陆容《菽园杂记》卷十一中有一则记载：“温州乐清县近海有村落，曰三山黄渡，其民兄弟共娶一妻。无兄弟者，女家多不乐与，以其孤立，恐不能养也。既娶后，兄弟各以手巾为记。日暮，兄

1　陈瑞赞：《东瓯逸事汇录》，上海：上海社会科学院出版社，2006 年，第 28 页。
2　同上。

先悬巾，则弟不敢入；或弟先悬之，则兄不入。故又名曰其地为手巾嶴。成化间，台州府开设太平县，割其地属焉。予初闻此风，未信。后按行太平，访之，果然。盖岛夷之俗，自前代以来因袭久矣。弘治四年，予始陈言于朝，请禁之。有弗悛者，徙诸化外。法司议，拟先令所司出榜禁约，后有犯者，论如奸兄弟之妻者律。上可之，有例见行。”[1] 这种“兄弟共妻”现象是海洋苦难生活的折射，反映出海洋渔文化沉痛和苦难的一面。

如果以比较纯粹的海洋渔文化角度而言，那么就不得不提明清时期由永嘉诸生李朝贤著述的《瓯江食物志》一书。该书记载了大量的海洋鱼类，主要有黄鱼、鲨鱼、带鱼、鲳鱼等数十种，描写它们的形状和烹饪技法非常详尽，如“梅鱼，则石首之小者也，终其身为三寸”“银鱼，细白鲜美，以绿豆粉调羹为上”；有的则包含有人文信息，如“妖孽鱼，每从海提之而上，其光如灯，遂名鬼灯鱼”。它说的可能是海洋磷光现象，但是当地人却认为其是妖孽鱼。[2]

清郭钟岳《瓯江小记》也有许多海洋鱼类的记载，但是作者往往赋予它许多海洋渔文化信息，如“带鱼，玉环洋面所产，渔民冬时之一大出产也。鱼信好，则如获丰年；恶，则如逢歉岁。年丰则温饱而安居，岁歉则饥寒而为盗。闽、浙接壤之民多赖此生活，共渔于玉环之坎门。冬钓关一年之收获，所谓鱼盐之利，鱼之重亦若是哉！”[3] 把带鱼与渔民的生存联系在一起进行介绍，是非常有价值的。

## 第三节　南海区域的渔文化形态

南海的文明历史，并不如一般人所想象的那样，认为要迟于北海和东海。中国各海域的文明史，其实是一致的。早在《山海经》里，就有南海海神的记载。《庄子》也有“南海之帝为儵”的说法。西汉东方朔撰《海内十洲记》，把“炎洲”归于南海中。秦始皇统一全国后设立南海郡（今

1 （明）陆容：《菽园杂记》，北京：中华书局，1985 年，第 129–130 页。
2 陈瑞赞：《东瓯逸事汇录》，上海：上海社会科学院出版社，2006 年，第 80 页。
3 同上书，第 83 页。

广东东部），进一步明确了“南海”的概念。晋人张华的《博物志》，“南越之国，与楚为邻。五岭已前至于南海，负海之邦，交趾之土，谓之南裔”，把“南海”说得不但非常现实化，而且非常具体化了。

南海的渔文化也历史悠久。张华《博物志》记载：“南海有鳄鱼，状似鼍，斩其头而干之，去齿而更生，如此者三乃止。”这条记载虽然有些怪异，但的确与海洋渔文化有关。《博物志》的另外一条记载：“南海外有鲛人，水居如鱼，不废织绩，其眼能泣珠。”则更是将渔文化提高到海洋人文的高度了。而五代王仁裕《开元天宝遗事》有关“南海鱼油”的记载，则标志南海渔文化的现实主义发展趋势。

由于地理和人文环境的因素，南海的海洋渔文化显示出相当的独特性。这种独特性，在明代黄衷的《海语》和清初屈大钧的《广东新语》中有非常显著的体现，对此，前面相关章节中已经有比较详尽的论述。本节主要从南海“海路”、北部湾京族渔文化和海南一带的疍民渔文化几个角度，描述南海区域的渔文化形态。

## 一、南海的渔业“海路”文化

海路是渔民往返渔场和渔港的通道。北海和东海，由于渔场和渔港之间距离较近，暗礁和暗流相对较少，渔民对海况比较熟悉，所以海路问题并不突出。但是南海的渔民，大多前去西沙群岛、南沙群岛一带捕鱼，渔场遥远，途中暗礁丛生，海流很不规则，险象环生，所以海路问题，一直是渔民需要格外谨慎的生死途径。

南海的海路，体现为充满危险的“畏途”和相对比较熟悉和安全的“针路”。

明人黄衷的《海语》专列有“畏涂”一卷，详细记述了崐埨山、分水诸岛的位置，还有千里石塘这样的明屿暗礁，以及万里长沙和铁板沙等流沙浅滩。凡是这些，有的形成海门激流，有的是暗藏杀机的暗礁，还有一些是看起来平和实际上时刻变化的流沙浅滩，都是海客和渔民们存有生命之虞的凶险之处。所以《海语》突出的就是一个未知的“畏”字。文中所记的崐埨山，虽然目前还不能确定具体所指究竟为何处岛礁，但是它们构成了众多的海门，使得这些陌生的海路，水下暗礁林立，十分凶险。“船

欲樵苏，非百人不敢即往。”“分水”海道在海南岛外侧，“东注为诸番之路，西注为朱崖（琼州）、儋耳（儋州）之路”。这条海道本已经“天地设险”，又加之“海中潮汐之变”，所以“惟老于操舟者乃能察而慎之”。万里石塘也是如此，“舵师脱小失势，误落石汊，数百躯皆鬼录矣”。万里长沙也是风险重重，“船误冲其际，即胶不可脱”。漫漫“畏途”，是无数的生命铺就。[1]

南海的“畏途”给南海渔民和航海者带来了巨大的风险，但是南海人并没有因此而却步，他们在不断探索更多熟悉的“针路”。

“针路”指的是渔民海上航行的“海道针经”，借用的是福建泉州渔民“针路簿”中的说法。在南海地区，主要体现在海南渔民世代积累并保存的《更路簿》中。如前所述，《更路簿》有多种名称。其“更”为距离单位（古代传统的计程方法将一天一夜分为十更，一更等于 2.4 小时，一更为 30 千米），“路”指航向，“簿”为手册，反映了海南渔民的记载以航线和目的地为主要内容，体现了简单、易记和实用的原则。海南保存至今的至少有 15 本《更路簿》，皆是清代至民国时期的手抄本，都是海南文昌市、琼海市渔民到西沙和南沙群岛海域捕鱼时所使用的航海指南。据渔民介绍，过去，渔民每家每户都有一本《更路簿》，驶向南海时，每艘船上也至少有一本。

《更路簿》是海南渔民的航海针经，记载了渔民出海捕鱼的始发港、途中海路、到达渔场的路程、航行的方向、航线上的方位和角度、南海诸岛的名称等，内容非常丰富，极具海洋渔文化价值。[2]

## 二、北部湾京族的海洋渔文化

北部湾位于南海的西北部，是南海渔民近海捕捞绯鲤、红笛鲷、金线鱼、蓝圆鲹等鱼类的传统渔场。

生活在北部湾一带的渔民，有许多是少数民族，其中以京族人为代表。他们主要聚居在防城港市所属的东兴市江平镇的沥尾、山心、巫头三个海岛上，因此这三座岛屿素有“京族三岛”之称。

1 倪浓水：《〈海语〉：“南海”书写中海洋人文思想的立体性构建》，载《南海学刊》，2017 年第 4 期。
2 阎根齐：《论海南渔民的〈更路簿〉》，载《南海学刊》，2015 年第 3 期。

岛上的京族人世世代代以捕鱼为生。由于附近的海域海床较浅，京族人主要运用拉网、渔箔、塞网、沙鱼网、鲎网、螺扒、南虾笼等简陋工具从事海上捕捞作业。1949年以后，“京族三岛”的渔民在政府的关心和支持下，先后添置了机帆渔船、风帆灯光渔船和灯光网具、探器等，生产效益有了大幅度的提高。同时他们还充分利用北部湾的水质和地形优势，在积极开展天然珍珠养殖的同时，建立人工珍珠养殖场，大力发展人工养殖。

“京族三岛”有浓郁的海洋渔文化传承。除了上述的海洋生产习俗外，“京族三岛”人的生活习俗更具有渔文化特色。譬如他们在过传统的唱哈节等节日时，所准备的各类物品和祭品，都离不开鱼类和鱼制品。每年农历腊月二十至廿八，渔业互相组织的“网头”率领“网丁”们拜神，做“年晚福”仪式，祈求海公海婆保佑来年海上平安，生产丰收顺利。

京族传统服饰蕴含着大海的强烈气息。京族妇女一般身穿菱形遮胸布，着窄袖紧身对襟无领的短上衣，长而宽的黑色或褐色裤子，都用细薄布料制成，这是因为出海时经常被海水、雨水浸湿，薄料服饰被浸湿后容易风干。另外她们的裤子宽而长，也是为了便于海上作业，紧身衣裤是很不方便的。

“京族三岛”的人们，在长期的海上作业和岸上活动中，还创造了大量的海洋音乐、海洋民歌（礼俗歌、海歌、情歌、生产劳动歌）等海洋民间文化，如《挖沙虫》：“做完农工做海工，潮退落滩挖沙虫。……沙虫满莞蟹满篮，浪伴歌声乐融融。”都具有鲜明的海洋渔文化印记。[1]

沙虫（有些地方叫海蚯蚓）是南海人喜爱的海洋食品，生活在海涂中，海水退去后露出海泥，沙虫就出洞觅食，形成明显的痕迹。挖沙虫与东海滩涂上钓弹涂鱼、筢海瓜子等滩涂作业一样，具有独特的滩涂渔文化气息。

## 三、特殊的海洋渔文化主体：“蛋户”

蛋户，也称疍户、蛋家，是南海地区最早的海洋居民之一。宋代周去

1　任才茂：《试论京族三岛的海洋民俗》，载《钦州学院学报》，2012年第1期。

非《岭外代答》中就有记载:“以舟为室，视水如陆，浮生江海者，蜑也。钦之蜑有三：一为鱼蜑，善举网垂；二为蚝蜑，善没海取蚝；三为木蜑，善伐山取材。”这里除了“木蜑”，其他两类“鱼蜑”和“蚝蜑”都生活在海洋中。清代的钱以垲《岭海见闻》也记载:“疍家捕鱼为业，舟楫为家，故曰疍家。或编蓬濒水而居，谓之水栏。”

历史上的疍民，曾经广泛分布于我国东南沿海地区，但是以福建、广东、广西三省沿海及江河港市最为集中。现在意义上的疍民，主要指南海北岸地区，即今广东、广西和海南的疍民。[1]

疍民的形成，学术界有多种说法，但这不在本文的论述范围之内，本文主要考察疍民的海洋渔文化特色。对此，清初屈大均的《广东新语》中写有一篇《蛋家艇》，对疍户渔民作过生动的记述。

“诸蛋以艇为家，是曰蛋家。”疍家人以船为家，祖祖辈辈生活在海水里，这在中国的海洋社会里，是独一无二的现象。

“其有男未聘，则置盆草于梢。女未受聘，则置盆花于梢。以致媒妁。婚时以蛮歌相迎，男歌胜则夺女过舟。其女大者曰鱼姊，小曰蚬妹。鱼大而蚬小，故姊曰鱼而妹曰蚬云。”这展示的是疍家非常独特的渔家风俗。首先，是奇特的取名方式。姐姐叫“鱼”，妹妹叫“蚬”。“蚬”是一种海洋贝类，它与鱼一样都是海洋世界的生物，这样的命名具有非常浓郁的海洋味道。其次，是奇特的男女信息交流方式。在古代，海洋渔区里的男女婚配，基本上都是父母之命媒妁之言，但是蛋家人以“盆草”和“盆花”为号，发出的婚配信息，则隐隐然有一定程度的“自择”成分，“婚时以蛮歌相迎，男歌胜则夺女过舟”的形式，表面上是一种暴力“抢婚”，但由于是“以歌决胜负”，其实它也属于一种特殊的自由婚配形态。

“蛋人善没水，每持刀槊水二中与巨鱼斗。见大鱼在岩穴中，或与之嬉戏，抚摩鳞鬣，俟大鱼口张，以长绳系钩，钩两腮，牵之而出。”这里展示的渔文化形态是非常强悍而又有诗意的。这是真正的“大海之子”！但也充满了风险。“大鱼还穴，横塞穴口，已在穴中不能出而死者。”这样的海洋惨剧，构成了中国海洋渔文化的悲剧因素。

1　阎根齐:《论南海早期疍民的起源与文化特征》，载《南海学刊》，2015年第1期。

“或数十人张罛，则数人下水，诱引大鱼入罛；罛举，人随之而上。亦尝有被大鱼吞啖者。”这里展示的或许是一种“张网”作业形式，但是赶鱼入网的举动和被大鱼所吞噬的惨剧，其本质与上面所说的与岩穴中大鱼搏斗一样，都是一种海洋悲剧。

“蛋妇女皆嗜生鱼，能泅泭，昔时称为龙户者，以其入水辄绣面文身，以象蛟龙之子，行水中三四十里，不遭物害。……名曰獭家。”这更是蛋家渔文化壮美的体现。男人入海与大鱼搏斗，妇女也不遑多让，绣面文身、行水中三四十里如同水獭，简直美极了！

对于蛋家疍民，还有一点值得一说，那就是他们的海洋民间信仰性习俗，与舟山群岛等海洋社会非常相似。如在吃饭时，碗、盘、勺等餐具忌颠倒放置；吃鱼是不能将鱼身翻过来，只能把鱼上的刺拿掉；忌说与“沉”字同音的方言；忌女人跨过船头最前端的“龙头”；忌分娩后未满一个月的产妇过船或碰到自己的船只；忌死尸从船头上经过，怕污染龙头，产生不利；忌在船头解手；忌妇人跨过渔网，怕渔网沾上晦气而捕不到鱼虾等。这说明渔民习俗等渔文化因素，既有地域性，也有共同性。

## 第四节　东海、南海渔文化交汇处的福建海域渔文化

福建古称“瓯”或“闽”。《山海经》里有明确记载：“瓯居海中。闽在海中。”这句记载昭示了福建海洋文明在中国海洋文明史中的历史地位。

福建位于东海和南海两大海洋区域文化的交汇处。又有闽地海洋历史文明自身的文化支撑。因此，海洋渔俗文化积累不但丰富，而且很具特色。其中福建“三大渔女”服饰更是名闻天下。

### 一、“向海发展”的闽越传统

福建沿海地区，高山绵绵，土地资源非常稀少，东面却是茫茫大海。因此自古以来就有向海洋发展的传统。闽地的先民是百越民族的一支。闽越族，人善用舟楫。《越绝书》记载说，他们“以船为舟，以楫为马，往若飘风，去则难从。”

“向海发展”必须有舟船。福建有悠久的造船历史，其船政文化源远流长。周朝时，福建闽越族生活在沿海各地，多以渔猎经济为主，造船成为其主要的生产活动。三国时，孙吴在福州设置唯一专事造船的官职“典船校尉”。宋代时，福州的造船工业又有所提高和发展。明代是福州造船史上的黄金时代，当时福州所造的“福船”首屈一指。[1]

“向海发展”促进了闽地海洋经济的大发展。宋、元时期，福建南部的泉州已成为世界性的名港。到了明中叶时期，福建漳州湾月港，也成为海洋贸易的繁荣之地。特别是通往太平洋航路开辟以后，漳州月港更进入了前所未有的发展时期。太平洋航路是指从西班牙殖民地墨西哥的阿卡普鲁科港至马尼拉，再从马尼拉到中国漳州月港与广州港的航路。这正是所谓的“大帆船贸易时期”。福建闽南人及时地参与了这个时期的海洋贸易活动，成为中国参与太平洋航路贸易活动的主力军。据张燮《东西洋考》记载，月港鼎盛时期往外通商达 40 多个国家和地区。到了清代，福建的厦门港得到了蓬勃的发展，又成为我国海洋贸易的一个著名的港口。[2]

闽南人“向海发展”还带来了另外一种结果，那就是大批闽南人移居海外地区。与此同时，也有大批的外国商人来到泉州和厦门等闽南地区定居和经商。这就大大增进了福建与海外的联系。

总之，“向海发展”促进了福建的繁荣，从而使海洋渔文化的发展有了扎实的基础。

## 二、浓郁的闽地海洋信仰文化

成百上千年来“向海发展”的探索，形成了闽地丰厚而独特的海洋渔文化。这其中海洋渔业保护神文化显得尤为突出。其最典型的体现便是诞生了影响深远的妈祖信仰。

妈祖信仰起源于闽南莆田，经历了渔民儿女原型、海洋民间造神、朝廷册封这样几个过程。而今的妈祖信仰，不但是中国海洋社会（尤其是海

1 刘锡涛：《福船文化：福州独特的海洋文化因子》，载《中国海洋大学学报（社会科学版）》，2009 年第 4 期。
2 曾少聪：《闽南地区的海洋民俗》，载《中国社会经济史研究》，1999 年第 4 期。

洋渔业和海洋运输业）的保护神，而且还具有世界性影响力。

福建沿海地区的妈祖文化遗存无处不在。它已经成为国家级的非物质文化遗产保护项目。

流行于闽南厦门一带的“水长上帝”，也属于海洋保护神信仰文化。早期厦门岛的居民，大多从事海上捕捞等渔业生产和海上贸易活动。《鹭江志》记载了乾隆三十一年（1766 年）七月，莫风翔撰记的厦门（水仙宫）的碑文：“鹭门田少海多，居民以海为田，恭逢通洋驰禁，夷夏梯航，云屯雾集。鱼盐蛤之利，上供国课，下裕民生。”由于向海洋发展，厦门人则崇信水长上帝。“上帝庙，在草仔，背山面海，祀元（玄）武帝，称曰：水长上帝。盖人析（祈）祷于潮生时即应，退则否，亦奇事也。”

除了妈祖和“水长上帝”这样的海洋保护神信仰，闽人还非常重视“送船科仪”。送船科仪是闽南地区道士使用的一种抄本，它记载了清代的“东、西洋针路”，也就是海上航路。经厦门大学杨国祯教授考证，它们是闽南海澄县（今属龙海市）、漳浦县民间道士曾经使用的。在这抄本里，记载有往东、西洋的航路，也就是闽人闯荡东南亚所走的航线，也是闽人“灵魂”归乡的航路。闽南人到海外谋生，却有强烈的落叶归根观念。如果不幸客死他乡，其在故土的亲人必须将其灵魂引渡回来，这就产生了闽南特有的一种“引水魂”习俗，这又需要道士来操作，因而就有了“送船科仪”的产生。

这种由“送船科仪”而形成的“引水魂”习俗，后来发展成为福建沿海普遍性的“海醮”渔俗文化。福建沿海各渔村，每隔若干年都要做一次“海醮”，以祭祀海难中丧生的渔民及其他人。“海醮”，一般为期三天，届时要演戏酬神，家家户户要“犒兵”，又要备筵设敬，既庄重又热闹。

## 三、包含海洋世情沧桑的家庭婚姻习俗

与其他海洋地区相比，福建闽南一带有非常奇特的婚姻家庭习俗。

一是“双边家庭”。所谓“双边家庭”是指很多闽南人到海外谋生，他们在故乡有一个家庭，在移居地又成立一个家庭。发妻在家乡服侍公婆，养育子女，为事实的家长。丈夫寄钱回家，赡养父母和妻子儿女。汇款通常是由水客带回，清代后期菲律宾成立了信局，也有的通过信局汇钱

回家。汇钱的时间为每月或数月汇一次不等，在家乡的家庭主要靠侨汇生活。丈夫通常在间隔两三年或几年的时间回家一趟，与结发妻子和儿女团聚。这种双边家庭，表面上似乎“春风得意”，其实却是海洋谋生人特有的一种家庭分离，充满了生活的苦涩。

二是奇特的“抱养子”习俗。闽南沿海地区海上贸易发达。“漳、泉滨海居民，鲜有可耕之地，航海商渔乃其生业，往往多至越贩诸番，市易诸夷。”在厦门，“服贾者以贩海为利数，视汪洋巨浸如枉席，北至宁波、上海、天津、锦州；南至粤东；对渡台湾。一岁往来数次。外至吕宋、苏禄、实力、噶喇巴，冬去夏回，一年一次。初则获利数倍至数十倍不等，故有倾产造船者”。为了发展海上贸易，漳、泉地区还出现了抱养男孩去从事海上贸易活动的现象。《福建通志》载：“海澄有番舶之饶，行者人海，居者附货，或得篓子、弃儿，抚如已出，长使通夷，其存亡无所患苦。”又据漳州《龙溪县志·风俗略》的记载：“生女有不举者，间或假他人子为子，不以窜宗为嫌。其在商贾之家，则使之挟货四方，往来冒霜露，或出没巨浸与风涛，争顷刻之生，而己子安享其利焉。”由此可见，最初抱养养子，一种情况是自己没有儿子，抱养子续香火；另一种情况是自己有儿子，抱养子在海外拼生死，让自己的亲生骨肉在家安享其利；或者等到养子在海外获得成功时，养子再把其养父母生的儿子带到海外。抱养养子从事海上贸易与海上移民，尤以泉州为甚，例如菲律宾著名的华商李清泉、邱允衡等都是抱养的养子。[1]

## 四、“三大渔女”服饰：福建渔文化的经典体现

福建惠安女、浔埔女和湄洲女一起被称为福建“三大渔女”。她们的服饰和独特的发型与发饰名扬天下。其中惠安女和浔埔女的服饰还是国家级和省级非物质文化遗产代表性项目。其实这三大渔女服饰的基本内涵，都是海洋渔文化元素。

“湄洲女”是指生活在福建莆田湄洲岛上的女子，是湄洲岛籍女子的

1　本节有关福建海洋渔文化的内容，除了已经注明的以外，主要参考曾少聪：《闽南地区的海洋民俗》，载《中国社会经济史研究》，1999 年第 4 期。

统称，当地流传民谣“帆船头、大海衫、红黑裤子保平安”，就是形容湄洲女的穿戴，也正因有此特殊的穿戴习俗而被人们列入福建三大渔女。

“帆船头”指的是湄洲女的“船帆髻”，其形状很像早期渔船上的船帆。湄洲岛是妈祖信仰的诞生地。据说这种“船帆髻”传承自妈祖原型林默娘在世时的发型，所以又称“妈祖髻”。

传承至今的湄洲女“船帆髻”，整个发型由前后两部分组成，额前不留刘海，前半部分头发在头顶上盘一个圆形摞髻，从形状上看，酷似船上的方向盘，盘在发髻里的红头绳被喻为船上的缆绳，圆圈形的摞髻上横插上一根大银针，寓意船上的桅杆；后半部分头发在头的后中部梳成一个高出七八厘米、呈半弧形竖起的类似船帆的发髻，用几个大黑夹子别起来，高高耸起的发束像是升起的船帆，两边各有一根银色的波浪形发卡，代表船上摇橹的船桨，整个发饰代表着一艘帆船，寓意一帆风顺，湄洲女这创意“船帆髻”梳理好后，还要在“船帆”和“船舵”之间插上各种红色绢花，寓意着吉祥如意。[1] 可以说“船帆髻”，再加上身上穿的象征海水颜色的“大海衫”，整个湄洲女浑身上下都是海洋渔文化符号。

如果说湄洲女的海洋渔文化符号主要集中在“船帆髻”上的话，那么惠安女身上的渔文化元素则更多体现在服饰打扮上。“轻宽黄头笠、披肩花头巾，暴露肚脐腰部的斜蓝短衫，宽如灯笼的黑绸大折筒裤，彩色化纤腰带系着银裤链。”这首惠安当地流传的民谣，是惠安女服饰的生动写照。

惠安是福建南部的一个半岛，岛上的人世世代代以打鱼为生。他们对海洋和渔业劳作很有感情。岛上渔民至今还很喜欢在家门口挂这样一副对联：“船是木龙游天下，家居水面乐如仙。”这里的“木龙”，是渔民对于渔船的尊称和爱称，“乐如仙”表明他们对于搏击风浪捕鱼海上有一种自豪感和幸福感，这是非常可贵的海洋意识。

正因为如此，惠安女的服饰打扮，既体现为一种渔业活动所需要的服饰，又体现为一种审美的需要。“轻宽黄头笠”和“披肩花头巾”是为了遮阳和挡风挡沙。位于海边的惠安，日照强烈，又经常刮风，空中多风沙，

1　黄成，卢新燕：《福建莆田湄洲女发型“船帆髻”海洋文化符号解读》，载《贵州大学学报（艺术版）》，2014年第3期。

惠安女



斗笠和披肩就显得很有必要。暴露肚脐的“斜蓝短衫”和宽松的“大折筒裤”，是为了适应劳动的需要。以前惠安男子外出捕鱼，惠安女不得不总揽各种活儿，甚至还要到海边迎接捕捞归来的船队、挑鱼、织网等，这么多的活儿需要便于劳作的穿着。但是当她们戴上斗笠，披上披肩，扭动露出肚皮的身腰，长裤管飘飘，走动在岛上小路的时候，却是那么健美又飘逸。加上她们不断地在服饰的颜色和饰品上加以改进，惠安女服饰就渐渐成了一种渔家女美丽的标志。正如有人在实地调查后所发现的那样，“她们都随身携带小圆镜和小梳子，在紧张的劳作之余，她们会对镜窥视一下自己，既把外表妆理一番，也在寻找心灵的秘密；她们随时都将自己打扮得漂漂亮亮、纤尘不沾、端端正正、一丝不乱，可以想象美在其心中的分量。”[1]

浔埔女是指生活于闽南泉州浔埔渔村的女子。她们具有独特的发型和发饰，叫作“簪花围”，清一色象牙筷盘头，一轮一轮的鲜花簪在头上，无论少女老妇，全年个个沁香满头、鲜艳妩媚。被誉为“头上的花园”“行走的花园”。

有意思的是，这种独特的发型，在当地土话中被称为“粗脚头”。因

1 周仕平，林联华：《大岞村惠安女服饰探源》，载《黎明职业大学学报》，2006 年第 4 期。

为古代的浔埔女从来不缠脚，故有“粗脚氏”之称。浔埔村的男人都从事出海捕鱼或从事海上运输工作，家里所有的活儿都留给了浔埔女。另外她们还有下海抓鱼虾，上滩涂敲贝，挑海味贩卖等体力劳动，这就需要一双健康“粗脚”来支撑。

她们在海边劳作的时候，经常要低下头来捡海蛎，弯下腰来撒渔网，头发不仅容易浸到海水里，而且发梢上的饰品还容易挂破渔网，于是她们就把头发全部盘在脑后，随手插上筷子或者光滑的树枝、鱼骨，这样显得干净利落又方便劳作。[1]因此可以说，浔埔女的独特发型，本身就是一种渔文化的产品。

象山渔民号子

1 童友军，卢新燕:《福建三大渔女之——浔埔女头饰文化的解读》，载《贵州大学学报（艺术版）》，2011年第2期。

【第五章】

# 中国海洋渔文化的保护性传承与象山的探索性实践

海洋渔文化的保护性传承

海洋渔文化的创新性传承

象山海洋渔文化保护传承的探索性实践

任何文化的传承都是一个系统工程，“要通过研究阐发、保护整合、教育引导、文化传播、制度保障等方式进行统筹建设，使之内化于心、外化于形、实化于行、固化于制”，[1] 涉及和牵动到各个方面。

中国海洋文化是中国优秀文化的有机组成部分。它的传承问题也引起了社会各界的高度重视。正如有人所指出，“伴随着沿海地区发展而进行的海洋开发活动，也导致一些问题，如自然岸线不断缩短，滨海湿地不断减少等。亿万年自然形成的原始状态被人为地改变了，取而代之的是钢筋水泥的壁坝、围堤和残垣断壁的基岸。那些因海而生、依岸而兴的古城、古镇、古街、名人名居，被涂抹上陆地文化的色彩而被迫卷进旅游大潮，昔日的一些古街被开发成大排档和商业风情街。而这些遗存，正是海洋文化缘起之地！……我们是否恰恰忽略了那些与沧海桑田相伴相生的古街、古渔村、古城，与浪迹天涯的闯海人相关的衣、食、住、行等人文遗存？这些才是海洋文化之本源和精华所在”。[2]

作为海洋文化核心内容之一的海洋渔文化，同样存在着保护和传承问题，而且还显得很紧迫。因为传统渔业的转型、传统渔村渔港的改造和渔民队伍的转型分化，使这些渔文化的基础和环境都在发生急剧的变化，从而造成了传统海洋渔文化的传承面临断层、新的海洋渔文化的培育还未成型这样的局面。

正是在这样的背景下，浙江象山渔文化的探索性实践，显得尤为可贵。他们立足于象山半岛，放眼于整个中国海洋渔文化的传承和建设。他们以传统渔村渔港保护为基础、以“开渔节”为渔文化传承抓手，以海洋

1 李先明，成积春:《中华优秀传统文化传承体系的构建: 理论、实践与路径》，载《南京社会科学》，2016 年第 11 期。

2 李明春:《重视沿海地区海洋文化传承》，载《中国海洋报》，2016 年 6 月 1 日理论版。

渔文化生态保护区建设为战略布局，以渔文化带动整个象山文化建设的全局，以及通过传承基地让渔文化走进千家万户和下一代的措施，探索出了一整套海洋渔文化保护性传承和开拓性探索相结合的实践模式。正如有学者所指出，象山已成为中国海洋渔文化的一个“标本”。

## 第一节　海洋渔文化的保护性传承

文化传承是历史自然传承和社会有意识传承的结合。所谓自然传承主要体现为文脉的客观化继承，譬如家族文化的代代相传，地域文化的自然累积，建筑、桥梁等固体物质在自然状态下的自动延续等。但是从社会发展的角度来看，文化的传承更多体现为人类选择性的培育和继承。这种选择是基于社会政治、经济、人文等各方面的需要而进行的，具有很强的主观能动性。

人类社会对于文化传统有意识地传承，体现在物质文化和非物质文化两个方面。而“传承”的路径和方式，又主要体现为保护性传承和创新性传承两个维度。

保护性传承指的是对传统的海洋渔文化进行原生态的保护，在保持原有渔文化面貌的前提下进行传承。在渔文化的物质文化层面，主要是保护那些具有文化价值的渔村渔港和与渔文化有关的一些建筑、工具、设备等。在渔文化的非物质文化层面，主要体现为一种“活态性传承保护”，这在列入非物质文化遗产代表性项目名录的海洋渔文化方面，尤其如此。

### 一、海洋物质层面渔文化的保护性传承

海洋物质层面的渔文化，主要体现在渔船、渔网等捕捞工具，渔村、渔港的各种渔业建筑和渔民住宅以及港口设施和道路，冷库以及鱼类加工和储存场所等。对于它们的传承，主要体现为以维持原貌为主、适当进行改造的保护性传承。

海洋物质层面渔文化的保护性传承，有多种途径。从社会实践的结果来看，主要有以下几个方面。

### 1. 通过专业化渔业博物馆进行保护性传承

博物馆式保护传承，是目前世界普通使用的保护方法。许多专业化博物馆的主要功能和责任，就是为了加强对于该类物质的集中和高质量的保护。渔船、渔网是最重要的海洋渔业生产工具，具有数千年的传承史。这些实物保存的最佳途径是建立专业化渔业博物馆。岱山东沙镇就建有这样的博物馆。里面保存了许多渔船模型和渔网、腌制鱼的大木桶等实物。还有大量的图片、图形和文献资料等。青岛的贝壳博物馆也是一家专业化博物馆，专门用来搜集、存放海洋贝类，对于传承贝类文化，具有巨大的意义。虽然到目前为止，中国建立的这类渔文化专业博物馆，数量少，规模有限，保存和展出的品种也不多，但是它们代表了一种方向，非常值得重视。

### 2. 渔村、渔港整体性保护传承

渔村、渔港是海洋渔文化的集聚区，是千百年海洋渔文化历史的培植地和寄寓体。很多渔村、渔港本身就是一座活态的海洋渔文化的历史博物馆。随着国家渔业政策的调整和大批渔民的转业转岗，中国沿海都出现了许多被废弃的渔村和小型的渔港。舟山群岛在这方面显得尤为突出。像嵊泗的东库岛、嵊山的后头湾等，都曾经是著名的渔村，后来原有的渔民纷纷搬迁到大岛或城镇，现在荒无人烟，传统的渔村变成了被遗弃的“古迹”。但是它们的渔文化遗存仍然存在，作为一个渔村的集体记忆仍然存在，而且许多还有开发利用的潜在价值，因此也需要整体性保护，决不能一“弃”了之。

### 3. 衰落性古渔镇的保护性传承

渔镇是扩大了的渔村和渔港。在渔业资源非常丰富的古代，一些大渔场周围形成了许多著名的渔镇。但是后来由于渔业资源的急剧衰退，这种功能单一、对产业过于依赖的渔镇就逐渐失去了活力，最终变成了被废弃的古渔镇。浙江岱山的东沙古镇，就是一个典型的例子。东沙渔镇紧邻盛产大黄鱼的岱衢洋。清康熙年间“海禁”结束后，山东、江苏、福建和浙江本地的渔船云集于此，很快便形成了东沙渔港，并成为大黄鱼加工和营销基地。但是进入 20 世纪 60 年代后，大黄鱼资源急剧衰退，至 70 年代基本告竭，失去了大黄鱼资源的东沙渔镇，很快就船去人散，变成了一座空城。但是作为海洋物质性渔文化的重要基地，东沙古镇得到了很好的保护，所有建筑都维持了原样。

### 4. 古海塘、古码头、渔民信仰性古庙的保护性传承

在千百年来向海而生的奋斗中，海洋人民以极大的毅力和勇气，建造了许多海塘、民间小码头和渔民信仰性的古庙小寺。它们承担了不同的功能，但都是海洋渔文化的某个方面的体现。海塘保护了渔村，小码头是渔民出海和归来的情感地，供奉有各种海洋民间信仰的小庙小寺，是渔民和他们家属精神寄托的地方。虽然随着社会大环境的变化和生活、生产水平的大幅度提高，这些古海塘、古码头和古庙基本上都成了一些文化遗迹。但是它们包含的都是渔文化的历史，具有很大的价值。譬如象山石浦港边上的山腰处，有一座鱼师庙。虽然它的建立，依据的是一个勇士惩罚海洋恶怪的故事，其本体类似于一个海洋保护神，但是寺庙却以“鱼师”为名，很是意味深长。它是渔民人伦理念、人格追求的体现，非常值得保护。

## 二、海洋非物质层面渔文化的保护性传承

从海洋渔文化的遗存内容和遗存规模来看，非物质层面的海洋渔文化要比物质层面的渔文化来得更加丰富，因而保护性传承的任务也显得更加迫切和繁重，但与此同时，其保护、传承的路径和方法，也显得更加丰富和多样。

### 1. 通过地名使渔文化成为永久性记忆

地名不仅仅是一个地区的称谓，更是一个地区历史、文化、经济和民俗等综合性的载体。中国沿海地区的许多地名，保留了大量海洋渔文化的元素。地名成了传承和保护渔文化的一个重要途径。如嵊泗菜园镇内有寄寓渔业丰收的“丰渔弄”，菜园东部山坡有早期渔民搭厂（棚）居住痕迹的“高厂弄”，郊区高场湾村有曾经用于织、补渔网的“挈网坑”，与鱼筐有关的“天箩岗”等地名，都与渔业和渔民生活密切相关。还有岱山的“上船跳”（地名），此处在古代曾经是渔船靠岸的简易码头，渔民归家心切，从船上一跃而下；或者为了赶渔汛，来不及搭木板，就一跳而上，非常具有渔文化意味。这些地名形象生动，可以代代相传，从而使渔文化成为永久性记忆。

### 2. 通过整理出版海洋民间渔文化书籍进行传承

海洋村落故事，海洋岛礁形成传说，海洋鱼类故事，海洋渔谚民谣等，都是海洋渔文化的重要组成。1949 年以后，政府文化部门先后多次组织人员进行采风整理工作，形成了大量的成果。目前已经出版的有王洁、周华斌编的《中国海洋民间故事》（海洋出版社，1987 年）、青岛市崂山区文化局主编的《青岛海洋民间故事》（青岛出版社，2007 年）、童裳亮编著的《海洋生物趣谈》（科学出版社，1982 年）、《中国民间故事丛书（浙江宁波象山卷）》（知识产权出版社，2015 年）等。这些研究成果，对于传承海洋渔文化具有重大的意义。如象山民间鱼类故事《虾蛄弹拜堂》非常有趣。故事说虾蛄弹的公子帽戴在屁股头；梅子鳄的头统是洞；水鳙脱落下巴；黄鲫全身扁扁的；红朱笔（红色如圆珠笔大小的鱼）全身血血红。传说，这些奇巧古怪的样子，统是虾蛄弹同红朱笔拜堂这一天变成的。虾蛄弹这日要同红朱笔拜堂，高兴极了，想戴顶公子帽打扮打扮。一高兴，糊里糊涂地把帽戴到屁股头去了。梅子鱼同红朱笔老早订过婚，想勿到自己的情人现在同虾蛄弹拜堂。心里一气，一头撞在岩石上想寻死，结果头顶碰了许多洞，所以现在梅子鱼的头顶有许多细洞。这时，虾潺、黄鲫一起进来。一看虾蛄弹屁股上戴帽，梅子的“情人”嫁了虾蛄弹，头又撞得七洞八洞，都忍不住笑了。虾潺一笑，脱落了下巴，嘴巴再也闭勿回去了，变成了龙头鱼；黄鲫笑得跳蹦跳蹦，一蹦蹦到岩头缝里，全身扁了。红朱笔鱼呢，看到自家老公虾蛄弹在这许多人前面出了洋相。又气又难为情，全身涨得血血红了。[1]

这种故事通过书籍广泛传播，并且可以代代相传，起到了很好的保护性传承作用。

### 3. 通过收集整理渔民家谱、渔行账本对民间文献进行传承

中国海岛居民的原住民极少。尤其是浙江沿海和岛屿的居民，由于明清时期进行过多次异常严厉的海禁，能够世世代代长住岛上的人极少，绝大部分都是海禁解除后，从大陆移民而来。因此许多渔民家的家谱记载，对于研究海洋渔民移民史和渔村的文化史，都具有很大的价值。

---

1 罗杨：《中国民间故事丛书（浙江宁波象山卷）》，北京：知识产权出版社，2015 年，第 276 页。

在渔业经济比较发达的渔镇、渔港，自古以来就有渔行等机构的大量存在。它们留存下来的账本等原始文献，详细记载了渔民的人际组织、渔船的合作关系、渔获的产量和海产品的价格等种种海洋渔文化的资讯。它们是研究中国海洋渔业史和渔文化史的第一手资料，非常珍贵，亟须进行整理和保存。

### 4. 通过文化礼堂传承渔文化

浙江的渔农村文化礼堂建设已经取得了很好的成绩，目前已经在全国进行推广。沿海地区的文化礼堂，保留有大量的海洋渔文化元素。尤其是一些渔村渔岛的习俗和民谣渔谚以及民间故事，都得到了很好的保存。如嵊泗黄龙的文化礼堂还保留有许多渔家实物和民间故事、渔谚民谣等，几乎成了一个渔文化博物馆。嵊泗田岙村的文化礼堂甚至还有海洋渔民画体验室。

## 三、海洋非物质文化遗产代表性名录的保护性传承

海洋是与大陆并重的人居空间，其非物质文化遗产不但非常丰富，而且都很有保护价值。经过多年的整理和整合，它们中有许多代表性项目已经被列入政府的非物质文化遗产代表性名录，进入“政府性”保护传承。因此从非物质文化遗产保护的角度来保护和传承海洋渔文化，是一种非常稳妥可靠又很有效的途径。

被列入政府各级非物质文化遗产代表性名录的渔文化项目很多，分布在民间文学、民意音乐、传统习俗和传统技艺等各个方面。它们是中国非物质文化遗产的重要组成部分。

海洋非物质文化遗产层面的渔文化的传承，主要通过非物质文化遗产传承人用文字、音像、视频的方式加以记录保存的“活态传承”形式进行。

渔民号子是海洋渔文化的重要代表，2008 年，浙江“舟山渔民号子”和山东“长岛渔号”都被列入第二批国家级非物质文化遗产代表性项目“传统音乐——海洋号子”名录。这种渔民号子的保护，就体现出通过非物质文化遗产传承人进行“活态传承”的实践。

舟山渔民号子有三个传承人，分别是嵊泗周文利、岱山方正法和普陀的叶宽兴。他们都很早接触和学习渔民号子了。

嵊泗周文利16岁就随父亲下海，起初是在船上听别人吼唱，耳濡目染，渐渐地也就学会了渔民号子。由于在船上做过各种不同的工作，他学会的号子种类也就很多。在做了一阵子的伙房之后，他开始摇橹，所以摇橹号子较早学会，后来又做拔篷，于是又学会了唱拔篷号子。再后来做了船副老大，学会的号子也就更多了。这样几年下来，几乎所有的号子都学会了。

岱山的传承人方正法也是这样。他14岁下海捕鱼，最先开始的也是烧饭。到后来，随着年龄和经验的增长，逐渐从伙头变为一个捕捞者。他说那个时候，每次出海捕鱼，船就要拔篷起锚，年长的主祭就会唱起号子，带动大家的节奏，一天的捕鱼作业就开始了。一开始他们跟着唱的是小号，等需要加大力气了就转变成了大号。他说没有人专门教他，他的渔民号子就是在这种大环境自学成的。起初喊号子时他只是个陪唱，即有个领头的喊起来后跟着一起吼唱。比如说，要起锚了，等大家都准备好后，主唱就会先喊起来："也啰阿来"，接着其他人就会跟着一起大声喊"呀啦嗨"。这是一个协同工作，大家都做好了本分工作，那么起航、捕鱼就变得顺利多了。所以只有当大家一起齐心协力在劳动时，一起奋力喊着，才能真真切切地感受到来自大伙儿身体里的那份由涌动着的号子带来的激情。

普陀叶宽兴学渔民号子的时候也只有15岁左右。他说当时唱渔民号子的人比较多，他们每次出海都会唱，就好像向大海致敬一样，祈求吉祥、平安。所以渔民号子多方面功能，不仅是为了协调劳动，也是调剂心理的需要。叶宽兴说，他一下海，就开始跟着父亲学了。他觉得很有意思，唱得非常投入，调子高昂，充满激情。

从这三个传承人学习渔民号子的经历可知，传统上渔民号子的传承是在劳动中完成的。它成了海上劳动的技能传承之一。但是随着渔船的机械化、海洋捕捞技术的大幅度提高，渔民号子失去了它存在的环境和原来所承担的功能，变成了一种海洋渔文化遗存。现在他们都成了非物质文化遗产传承人。通过他们的传、帮、带，海洋渔民号子才得以很好地传承下去。

"活态"传承是非物质文化遗产主要的保护和传承手法，也是海洋渔文化保存和传承的科学途径。"活态"传承的核心基础是"传承人"，但由于年龄、文化意识等种种因素的影响，“合格”的非物质文化遗产传承人弥足珍贵，新的传承接班人的培养至关重要。

## 第二节 海洋渔文化的创新性传承

作为一种文化遗存，中国海洋渔文化的保护性传承是非常必要的。若干年后，其中的一些物质性文化遗存，还很有可能具有文物的价值，因此这种保护性传承就显得意义更为重大。

但是文化是一种发展的动态流。海洋渔文化虽然面临存在的艰难，但是它仍然在发展，并不是凝固更不是死亡的东西。当然这种发展，遵循的可能不是原来的轨迹，而是一种开拓性、创造性的发展，所以对于海洋渔文化的传承，还需要有创新性的思维和举措。

对于海洋渔文化的创新性传承，目前还处于探索阶段。虽然一些做法还显得不够成熟，但是很具有总结意义。

### 一、海洋渔文化的生产性传承

海洋渔文化的生产性传承，是一项政府牵头、海洋社会各方面共同配合的方向性措施。2005 年 12 月 22 日，国务院发布了《关于加强文化遗产保护的通知》。这个通知强调了对于物质文化与非物质文化两种文化遗产保护侧重点的不同，即物质文化遗产保护要“加强管理”，非物质文化遗产保护要“传承发展”。

这里的“传承发展”，指的就是文化传承中不但要注意保护，同时也要注意发展。既要在保护的前提下进行传承，也要在传承的基础上进行发展。

海洋渔文化的生产性传承，体现在物质文化和非物质文化形态的各个方面。

#### 1. 渔村、渔镇成为海洋旅游的强势资源

海洋对于广大游客的吸引力，不仅体现在“3S”(即海洋、阳光、沙滩)这样的自然生态上，也体现在渔村和渔民的生产、建筑、生活习俗等人文

景观上。一些海洋渔文化资源丰富的渔岛渔村，正在吸引大批游客。如舟山普陀的东极列岛，嵊泗的黄龙岛、嵊山岛和枸杞岛，宁波象山的石浦渔镇，岱山的东沙古镇等，都已经成为了旅游热土。

### 2. 一些非物质文化遗产代表性项目的衍生产品成了游客喜爱的纪念品

非物质文化遗产的基础是保护性传承，但是目前各地非常在意非物质文化遗产保护传承的动态性，也就是生产性传承。所谓“非物质文化遗产的生产性传承”，是“指在具有生产性质的实践过程中，以保持非物质文化遗产的真实性、整体性和传承性为核心，以有效传承其技艺为前提，借助生产、流通、销售等手段，将非物质文化遗产及其资源转化为文化产品的保护方式。联合国教科文组织认为，非物质文化遗产是指各种以非物质形态存在的，与群众生活密切相关、世代相承的传统文化表现形式。它是以人为本的活态文化遗产，强调的是以人为核心的技艺、经验、精神，其特点是活态流变。非物质文化遗产是‘活文化’，它应活在民间、活在民众中，应借助‘生产性保护’永葆其生命力。”[1]

麦秸画　徐敏杰

1　陈依元:《“生产性保护”是传承非遗文化好思路》，载《宁波日报》，2016 年 7 月 13 日。

也就是说，在生产性传承的视野下，非物质文化遗产并非是被动保护的“古董”，而是具有生命力的活态存在，它们有许多具有现代价值的因素值得发掘。这在海洋渔文化类非物质文化遗产的传承上，也是如此。许多海洋旅游纪念品的基础，都与海洋渔文化类的非物质文化遗产有关。如以舟山渔民画为基本图案的旅游产品，包括丝绸披肩、休闲服装、拖鞋、扇子和鼠标垫等，正在被大批开发出来，影响越来越大，深受游客欢迎。

**3. 船模等特殊的旅游纪念品，正在被更多的人所接受**

船模，是凝固了的海洋文化符号。从这个意义上而言，它是物质形态的文化遗存。但是制造船模的技艺，却又属于非物质文化形态。

一些具有代表性的渔船，如舟山的绿眉毛等渔船模型，承载了传承中国海洋渔文化的历史使命，但同时它又可以成为产品化的经济因素。这方面的产业，目前虽然规模不大，但是预示了一种海洋渔文化产业性发展的方向。

这种兼具物质性文化和非物质性文化双重属性的渔文化形态，在一些饮食类渔文化项目中也体现得非常明显。譬如传统海产品加工技艺，是属于非物质文化代表性名录的，但是运用传统技艺加工出来的海产品，却又属于物质文化层面了。许多海鲜饭店和商品，打着传统技艺“古法”加工的旗号，其实也是海洋渔文化创新性传承的体现。

## 二、海洋渔文化进校园

学校是文化传承的重要阵地，海洋渔文化的传承发展也需要通过学校来进行。浙江在这方面进行了长期的探索和实践，取得了丰富的成果。现在浙江各级学校，尤其是小学，建有许多非物质文化遗产传承基地。它们在海洋渔文化的创新性传承上，发挥了巨大的作用。

国家级非物质文化遗产代表性项目“舟山锣鼓”，开始主要是渔民在海上捕捞的时候，彼此进行联系用的。在没有现代化通信设备的年代，渔民之间彼此传递信息非常困难。大声喊叫对方听不见；旗语之类又过于复杂，也不统一规范；而锣鼓可以通过设置节奏来约定传递的信息，而且在空旷的海面，锣鼓的声音可以传得很远。现在条件改善了，海上作业时进行联系再也不需要通过锣鼓了，“舟山锣鼓”就成了文化遗产。但是它激

昂的风姿还很有传承的价值，成为进校园最受欢迎的海洋非物质文化遗产项目之一。舟山许多学校都建有锣鼓队，经常进行演出。

“渔民号子”也是孩子们喜爱的海洋非物质文化遗产项目。舟山沈家门第一小学的老师还设计出“走进舟山渔民号子”的教学模式。在教学中，先通过渔船图片来学习和掌握海洋捕捞、渔场等海洋知识，然后让学生模仿摇船动作，并想象大风来了，海面上波涛汹涌，渔民们使出了全身的力气，吼唱渔民号子的节奏和腔调。在这样的氛围中，让学生模拟与海浪拼搏，齐心协力用力摇船的场景。让他们学做渔民动作，感受号子粗犷豪放的气势，收到了很好的效果。[1]

从实践来看，让海洋渔文化进课堂进行传承是一个不错的途径。反过来也可以建立专门性的渔文化传承学校吸引学生前来学习和参观。浙江象山就坚持“走出去、请进来”相结合的办法宣传、传承渔文化。

象山海洋渔文化研究者经常深入幼儿园、中小学学校，讲故事、作报告，宣传海洋渔文化知识。他们还在校园里积极营造渔文化教学环境。在

1 徐锡英：《地方特色文化在音乐教学中的传承——以舟山海洋文化进校园为例》，载《中小学音乐教育》，2018 年第 1 期。

学校主题墙面上布置“大海真奇妙”“开渔啰”“身边的海洋”“我爱大海”等系列场景；在班级的自然角、区角里放置各种螺壳、虾壳、大片鱼鳞、海星、渔网等，让每个孩子在摸摸、看看、闻闻、说说中感受大海的博大和丰富。还可设计与海洋文化有关的班牌班徽、校牌校徽、校园主题语，描绘海洋、关爱海洋的锦句格言等，努力营造富有海洋文化精神内涵的校园文化环境，让学生从中感受到海洋文化深远的人文内涵。[1]与此同时，他们还专门成立了一家以传承海洋渔文化为主要宗旨的“象山县素质教育实践学校”，经常为学生举办鱼类故事会、鱼类拓片操作等渔文化活动，并取得了很好的社会效益。

## 三、海洋渔文化的整合性保护和传承

“保护整合”是文化创新性传承的一个重要途径。所谓“保护整合”，是指将不同的文化因素加以科学的调整和协调，使之成为统一的体系，在这个基础上再予以整体性保护和传承。它从社会学概念“社会整合”发展而来。海洋渔文化主要根植于海洋民间社会，虽然经历了漫长的历史积累，但仍然呈现出相对的分散、杂乱和随意性。因此对它们进行整合，在整合的基础上，再进行保护、传承和发展，不失为一种创新性思路和做法。

最近几年，舟山就进行了这样的整合性保护工作，提炼出一个“保护和传承舟山‘五渔’特色海洋文化”的思路。所谓“五渔”指的是舟山锣（渔）鼓、渔民号子、渔民画、渔歌和传统木（渔）船模型。舟山把它们当作一个整体来予以整理和打造。他们依据“保护为主、抢救第一、合理利用、传承发展”的原则，积极组织力量对舟山群岛非物质文化遗产进行深入普查，基本摸清了“五渔”特色文化的“家底”。然后出台相关政策，奖励或补助现存“五渔”文化代表性传承人，鼓励他们做好带徒传艺工作。同时还将普查所获得的“五渔”特色文化资料素材分门别类地加以整理，以实物、录音和录像等形式实现永久性保存，建立全面反映基本面貌的档案资料数据库，为后人开展进一步研究提供基础平台。在这个基础上，再以

1　郦伟山：《海洋文化从娃娃抓起——普及海洋意识教育的探索与实践》，见《2011年中国社会学年会暨第二届海洋社会学论坛论文集》。

市文化馆和各县（区）文化馆为基本力量，成立区域性的非物质文化遗产保护传承工作小组，下设舟山锣（渔）鼓、舟山渔民号子和舟山渔歌等各专项小组。各专项小组定期召开会议，针对保护性传承过程中出现的新情况、新问题，加强研讨交流，提出解决办法。他们还非常注重培养造就一批个人有爱好、事业有追求的人才队伍。强化基地建设，以特色校园为培训基地，从娃娃抓起，对全市有关学校的重点队伍进行定期培训；专业人员每年定期或不定期下基层、下海岛进行辅导，既能培训和吸引人才，又能扩大“五渔”文化影响力。

经过几年的努力，舟山的“五渔”整合保护传承工作取得了显著的效果。舟山锣(渔)鼓、渔民号子、渔民画和渔歌等屡次在国内外获奖；木(渔)船制造技艺传承逐渐形成产业；“舟山渔民画艺术节”“舟山海洋歌会”“舟山渔歌邀请赛”等文化节庆活动相继举行。[1]

将海洋渔文化进行整合，通过各种节日性活动加以创新性保护和传承，目前已经成了中国沿海地区海洋渔文化建设的普遍现象。山东省日照市的滨海村落刘家湾，是一个历史悠久的渔村，村民世世代代以海洋捕捞

1 何军，方伦军:《如何保护和传承舟山“五渔”特色海洋文化》，载《舟山日报》，2016年9月25日。

为生。他们信奉龙王等海神，每年农历二月初二那一天，都要举行祭拜海神的庙会活动，还要举办隆重的祭海仪式，这是一个具有传统意义的文化节日，当地渔民自豪地称之为“渔民节”。但是日照市的文化工作者并不满足于此。他们认为随着社会发展，当地的海洋民俗文化也需要进行创新性改进。于是他们积极拓展节日中的各种渔文化因素，使之发展成为规模更大、内容更丰富、持续时间更久，影响力更深远的“赶海节”。赶海节在每年的10月1—7日举办，期间还会开展刘家湾村民俗表演、赶海拾贝与沙滩寻宝比赛、织渔网比赛、海洋知识问答等活动，非常热闹，成了当地的一种“海洋狂欢”。[1]

从传统的“渔民节”发展成为现代化的“赶海节”，从渔民自发参与的传统民俗节庆转变为一种现代化的、由政府主导的海洋节庆活动，日照人遵循的就是对于海洋渔文化传承的创新性要求。

## 第三节　象山海洋渔文化保护传承的探索性实践

浙江象山是一个半岛型濒海地区。东部和南部面临大海，北部被长长的象山港所包围，唯有西部与大陆相连。海岸线漫长，海湾曲折，岛屿众多。近海和滩涂渔业资源丰富。丹城东门塔山下6 000多年前的新石器遗址，曾经出土了蚶壳纹陶支座和陶鱼鳍形鼎足，还出土了青铜鱼钓钩。这说明了象山的海洋渔文化历史非常悠久。

这是一片具有深厚海洋渔文化历史积淀的海洋社区。如果放在整个中国海洋人文的历史和渔文化遗存的视野下，它或许可以与舟山群岛、辽东半岛、渤海湾和北部湾等海洋渔文化的著名集聚区相提并论。象山以自觉的历史担当意识、宽广的全局视野、聪慧的创新措施，几十年来，扎扎实实推进海洋渔文化建设。2008年9月，象山县被授予“中国渔文化之乡”。2010年国家级海洋渔文化（象山）生态保护实验区落地后，象山以战略性

1　宋宁而，贺柳笛：《从渔民节到赶海节：山东半岛刘家湾海洋民俗文化的变迁》，载《中国海洋社会学研究》（辑刊），2015年7月。

思维积极开展渔文化的全方位建设，从而一跃成为中国海洋渔文化的“象山标本”。

## 一、象山意识：海洋渔文化建设的全局性考量

唐神龙二年（706 年）象山立县，这要比舟山开埠早了 32 年。那个时候，象山县治丹城前面还是一片汪洋。但从后来海泥淤积的程度来看，这一片海域很浅，或许退潮后还会有局部露出海面，类似于现在象山北面的西沪港海况。象山海洋渔文化的第一笔，或许就是从这里开始书写的。丹城东门塔山文化遗址发掘的结果可以证明这一点。

从那以后，象山渔文化的积累越来越丰富。根据元《四明续志》等地方志记载，秦汉时期，也就是早在象山正式立县之前，象山半岛就已经有了海洋渔猎活动。到了立县的唐代，象山的海上捕捞业及航海业已经相当发达。明、清期间，象山县南部之石浦，被冠以“浙洋中路重镇”之称。清末，象山县北部的爵溪大黄鱼捕捞产量居浙洋前列，所产“爵鲞”被列为朝廷贡品。1949 年以后，石浦渔港发展成为东南沿海苏、闽、浙、沪三省一市的渔业基地，各相关省市，在石浦设有渔业指挥部。即便到了海洋渔业规模普遍减少的今天，象山仍有海洋渔村 37 个，直接或间接从事渔业生产的人口约 8 万余人，占全县人口的 15%。[1]

6 000 年的海洋渔文化书写历史始终延续，这种历史文脉的一致性铸就了象山人的一种文化共识：渔文化这样的海洋文化，是象山的祖先神文化，是象山开展文化建设的根本性基础。“底蕴丰厚的渔文化，成为象山人的一种符号。”“象山人很早意识到，仅仅将保护工作停留在特定的、某个或某类项目保护上难以维持非物质文化遗产的延续和发展，必须将非物质文化遗产保护与其所在区域的自然环境和人文环境视为一个整体，开展区域性整体保护。”[2]

正是基于这样的认识，象山从上到下，各行各业，都有意识地围绕海洋渔文化来展开工作。

1 佚名：《象山：中国海洋渔文化的“标本”》，载《宁波日报》，2010 年 6 月 12 日。
2 孙建军：《面对大海的敬畏与坚守——中国海洋渔文化生态保护的“象山标本”》，载《今日浙江》，2013 年第 8 期。

首先，象山有清醒的海洋渔文化的发掘、整理意识。在历时两年，覆盖象山所有乡镇、街道、社区和行政村的非物质文化遗产普查中，象山文化工作者共普查出与海洋渔谚、鱼的传说等民间文学，造船、织网、渔具制作等传统技艺，航海知识，捕捞技能，妈祖巡游，祭海仪式，开渔节，渔民宅居，渔民饮食，渔业商贸等信仰和习俗，及与渔歌、渔曲、渔戏、渔鼓、渔灯等各种艺术表现形式有关的渔文化线索，并多达 5 万余条。其中立项进行重点调查的项目就有 1 400 余项。他们的调查结果还显示，在这 5 万余条文化普查线索里，以海洋文化为特征的非物质文化遗产项目比例最高，约占 60% 以上。大量渔家特有的生产经验、生活方式产生了诸如渔家传说、渔服、渔鼓、渔灯、渔号、渔家建筑、渔家船饰、渔家医术、渔家饮食、渔家节庆、渔家信仰等一系列相对完整而又富有象山地域特色的海洋渔文化遗产，并随着渔业生产、生活方式的延续，一直传承至今。这充分说明，象山的海洋渔文化遗存是全方位的，而且非常丰富。

其次，象山有清醒的渔文化保护和传承意识。普查的目的为了保护和传承。除了物质类海洋渔文化遗存的保护，象山文化工作者把主要精力用在海洋渔文化非物质文化遗产的保护和传承上。到 2010 年为止，象山已经拥有国家级非物质文化遗产名录项目 4 项，省级 10 项，市级 28 项，县级 116 项；市级传承基地 5 个，县级 15 个。特别值得骄傲的是，2008 年 11 月，全国非物质文化遗产普查工作经验交流会在象山召开，这是对该县非物质文化遗产保护工作的最大肯定。此外，象山有国家级历史文化名城 1 个，市级历史文化名村 2 处，各级文物保护单位 44 处，其中省保护单位 5 处，县保护单位 39 处。[1] 作为一个县级单位，象山的非物质文化遗产保护和整理是做得非常突出的。

再次，象山有积极进取的开拓性创新意识。如果说海洋渔文化资源的普查、整理和申报非物质文化遗产代表性项目等工作，象山并非是独家，而是中国沿海各地都在认真做的话，那么先有“中国开渔节”这样的大思路大手笔，后有“国家级海洋渔文化（象山）生态保护实验区”的申报和

1 佚名:《象山: 中国海洋渔文化的“标本”》, 载《宁波日报》, 2010 年 6 月 12 日。

鱼拓画 卢圣贵

落地这样的大布局、大战略，更是充分体现了象山人在渔文化保护和传承上的开拓性创新意识。作为一个地理位置相对比较偏僻、人口和经济规模并不显优势的半岛地区，象山人的这种大思路大布局，如果没有积极进取的开拓创新思维，不但做不到，而且可以说连想都想不到。

最后，象山对于渔文化建设有全局统筹意识。这种意识主要体现在两个方面，一是将象山渔文化纳入全国海洋渔文化建设的范畴之内，从策划到实施的各个方面，处处立足于全国性布局，几乎事事走在全国的前列，因此象山的渔文化建设活动，既是象山一个地方的，也是关系到全中国的；二是将海洋渔文化建设纳入整个象山的文化建设整体规划之中，使之与象山的海洋生态建设、海洋旅游建设、象山美丽乡村建设紧密结合在一起。

## 二、象山实践："中国开渔节"的品牌性构建

"开渔节"本质上是中国沿海渔民对于海神的一种祭祀仪式。分为渔汛来临时出海捕鱼前的"开渔节"和渔汛结束后渔船归港回来的"谢洋节"。这种祭祀仪式在中国沿海普遍存在，至今仍然是渔民非常看重的信仰类活动。山东渔民、福建渔民、海南渔民中都传承有这种传统活动。浙江沿海各地更是普遍存在。舟山的岱山、嵊泗黄龙岛、普陀虾峙岛等渔村年年都举行这种仪式，其程式都非常繁复，场面十分庄重。

象山的"中国开渔节"也源于渔民的民间活动。象山石浦东门岛等地的渔民，自古以来就有祭海典礼等民俗活动。但是到了 1998 年，这种寻常的海洋民间渔俗文化，一下被提升为隆重的而且前面还被冠以"中国"级别的"中国开渔节"节庆活动，从而使得一种普通的渔事文化传承活动，具有了品牌构建的创新意义。

这在全国范围内还是第一次。它的品牌价值体现在各个方面。

"中国开渔节根植于象山独特的渔文化底蕴中，集中反映了象山人与海相伴、靠海为生所形成的渔区独具特色的渔风民俗。庄严肃穆的祭海仪式则正是象山人知恩图报、义薄云天的精神写照。古老的祭祀活动被时代注入了崭新的内涵，除了祈求平安丰收，更增添了保护海洋、人海共荣的

宏大主题。"[1]象山的"中国开渔节"活动，不仅仅是对于传统的简单传承，也不是一味追求场面、气氛等节日元素，而是赋予它深刻的海洋人文内涵，是一种新时代人类与海洋的对话。

"中国开渔节"是传统和创新的结合。其主体活动项目有祭海典礼、开船仪式、妈祖巡安等，它们的基础都是象山渔村的传统文化，它们都是象山数千年海洋渔文化的集中展现。但是又进行了现代化的革新。开船仪式时港面千帆竞发、气势恢宏、蔚为壮观，吉祥喜庆的气氛贯穿始终，充分表达了出海渔民的喜悦情感，使渔文化内涵得到较好的演绎。

"中国开渔节"是两岸同胞文化交流的平台。妈祖信仰在两岸渔民中都有广泛的影响。"中国开渔节"就设计了两岸渔民的互动内容。2007 年 9 月第十届"中国开渔节"期间，大会特地邀请了中国台湾富冈新村海神庙如意娘娘（佛像）应邀前来参加石浦渔港"妈祖祈福巡游"活动。第二年举行的第十一届开渔节，恰逢中秋佳节，富冈新村海神庙如意娘娘真身首次经海上回归故里。这个创意取得了很好的社会效果。当年 6 月 25 日，"石浦-富冈如意信俗"被国务院公布为第二批国家级非物质文化遗产名录。

"中国开渔节"是专业演出和渔民大众参与的大舞台。历届"中国开渔节"举办期间，除了邀请专业人士参加活动外，组织者始终把渔民兄弟的参与程度作为要素予以考虑。活动期间，全国渔歌号子大赛、渔家服饰比赛、渔文化摄影大赛等活动纷纷举行，象山本地的许多渔区文化节目走上了表演舞台。原先散落在渔区、海岛、渔民生活中的踩街、对歌、抬阁、挂鱼灯、舞龙灯、跑马灯等一系列古老的民间活动因而获得了新生。

"中国开渔节"是民俗展示和理论探讨的双构。开渔节活动举行期间，还同时举办各种规模的理论研讨会，邀请日本、韩国和中国台湾等国家和地区的专家研讨海洋文化和文化产业，国内沿海地区的专家和学者更是纷纷参加。这样的双构联动，在海洋文化和海洋渔文化的保护、研究、创作、交流、产业化等方面发挥了积极的作用。

---

1 范良江:《象山打造海洋节庆品牌的思考》，见《"中国海洋旅游高峰论坛"会议论文集》，2009 年 10 月。

做鱼灯　蒋曼儒 摄

“中国开渔节”的成效是多方面体现的。在开渔节等节庆活动的带动下，一些民间艺术种类纷纷焕发活力，一批渔文化文艺精品喜夺大奖。如以民间传说辣螺姑娘为题材创作的大型广场舞蹈《辣螺灯》被列入 2003 年上海国际艺术节展演节目。以渔家船鼓为基础改进的《海达渔鼓》在 2006 年浙江省群星奖广场舞蹈比赛中获得创作、表演双金奖，2007 年更是喜获全国群星奖。与此同时，一批具有渔文化特色的竹根雕艺术馆、剪纸艺术馆、船模制作中心和渔灯制作中心、渔文化工艺品展销中心相继成立，在传播渔文化的同时，也为更多的人提供了就业机会。

至于开渔节主要承办地的石浦渔港，更是获得了新生。十多年来，在中国开渔节的推动下，象山县对以石浦为中心的全县渔俗文化资源进行全面的普查、规划、保护。通过制定并实施《象山县民间艺术资源保护规划》《石浦历史文化街区保护规划》等一系列保护规划措施，对以石浦为中心的全县渔俗文化资源进行普查立项，共收集汇拢了各种类型非物质文化遗产 105 项。对石浦渔港古镇进行保护性抢修，石浦镇升格为国家级历史文化名镇。

“象山开渔节”的持续举办，不但取得了很好的社会和经济等综合效益，而且得到了学术界的重视。“象山渔文化历史悠久，内涵丰富。如何

在传承传统渔文化优秀因子的基础上发展出充满现代性精髓的新型渔文化，实现传统渔文化的现代化转型，是象山在提前基本实现现代化的过程中所必须面对的重大课题。而以渔文化为根的'中国开渔节'，通过对渔文化的理念、内涵、价值的传承和发展，以及将渔文化因子开发为实实在在的生产力，从而为渔文化的现代化转型提供了良好的平台。"[1]

更有学者高度评价象山"中国开渔节"对于海洋渔文化传承的创新意义。认为开渔节的基础是当地的渔文化、开渔节的主体是当地渔民、开渔节的核心宗旨是构建人与海洋的和谐关系、开渔节对于渔俗文化进行了很好的传承和拓展、开渔节取得了很大的社会和经济效益，凡这些都具有创新意义。[2]

## 三、象山雄心："国家级海洋渔文化生态保护实验区"成功落地

"中国开渔节"的持续举办，使象山海洋渔文化闻名于世。但是象山人并不满足于此。因为他们越来越清晰地看到了一个严峻的事实：中国海洋环境持续恶化，海洋渔业资源衰退速度惊人，渔民几乎已经到了无鱼可捕的程度。一个在渔民中间广为流传的段子，形象地说明了这一点：在某个传统的捕捞海域，一条渔船撒下了网，拉上来后发现网里没有一条鱼，只有一个生锈的柴油桶。渔民扔掉了柴油桶，开船走了。过了一会儿，来了第二条船，船上的渔民又撒下了网，收获的还是同一只柴油桶。

据说故事里的主角就是象山渔民。象山渔民对于海洋生态保护有热切的期盼。

早在 1994 年，石浦渔民就提出了"休渔"的概念。这在当时的背景下是非常超前的意识。2000 年 8 月 28 日，石浦当地 21 位船老大和 200 余名渔民一起发起了以"善待海洋就是善待人类自己"为宗旨的"蓝色保护志愿者"活动，引起了巨大的反响。在 2006 年举办的第九届开渔节期间，共青团中央和中国青年志愿者协会批准在象山设立"中国青年志愿者蓝色护海行动基地"。这是象山渔民保护海洋的自觉担当，也是所有象山人的

1 励东升，朱小敏：《传统渔文化资源的现代化转型——中国开渔节对传统渔文化的传承和发展研究》，载《海洋经济》，2012 年第 6 期。
2 郝华：《民俗类节事活动创新思路探索——以中国开渔节为例》，载《北方经贸》，2015 年第 1 期。

时代雄心。正是由于这种自觉的历史担当意识和保护海洋生态的雄心壮志，象山开始筹划一个具有深远历史和现实意义的项目：申报国家级海洋渔文化生态保护实验区。

2007 年 12 月，该项工作正式启动。2008 年 2 月，象山申报的“浙东海洋渔俗文化生态区”被列入省级 7 个文化生态保护区试点之一，并被省文化厅推荐申报国家级文化生态保护区。

2010 年 6 月，“国家级海洋渔文化生态保护实验区”成功落地象山。

国家级文化生态保护实验区的范围是以象山县石浦镇行政区域之内的部分古村、古街道及海岛为中心点，含以石浦中心渔港向东海辐射的浙东大目洋渔场、韭山渔场、渔山渔场、猫头洋渔场、大陈渔场及其相关洋面、岛礁、港口、渔村的海洋渔俗非物质文化及与之相关联的物质文化和自然生态。象山就这样真正走在了中国海洋渔文化建设的前列。

## 四、象山经验：领导重视、内驱力培养和名片化推广

位置偏僻的象山半岛，在先天条件并非特别优越的情况下，经过多年的接力性努力，现在已经成为海洋渔文化保护和传承的示范性区域，其中有许多经验值得总结。

其一，全域视野，撬动渔文化建设的源推力。文化是历史的客观积累，同时也是现实的主观打造。象山渔文化的发展能有今天的成就，各届各级领导接力狠抓是根本保证。“底蕴丰厚的渔文化，成为象山人的一种符号”，这是象山县委主要领导的观点。“象山人骨子里充满了对海洋的爱护”，这是县委常委宣传部长的认识。[1] 正是领导有这样的认识和视野，精心打造渔文化才会成为全象山人的共识。他们不仅把象山渔文化打造成具有全国性影响的文化名片，而且还与象山的各项工作紧密结合，尤其是在美丽渔村建设、现代化渔港改造，百里黄金海岸生态带圈布局等工作方面，渔文化因素占了重要的地位。

其二，夯实根基，培养渔文化建设的内驱力。海洋渔文化不仅是象山

1 孙建军：《面对大海的敬畏与坚守——中国海洋渔文化生态保护的“象山标本”》，载《今日浙江》，2013 年第 8 期。

文化建设和海洋旅游的靓丽名片，也是渔民可以切身感受到的惠民工程。中国开渔节的举办地在石浦渔港附近的“东海渔村”，组织方非常注意让老百姓关注开渔节、享受开渔节、参与开渔节，让老百姓唱主角，使开渔节真正成为群众自己的节日。广大群众特别是石浦渔区的渔民群众，不仅成为节日活动的观赏者、参与者，更是节庆文化的创造者。仅在近几届开渔节中，当地群众参与文艺表演的人数就达数千人，志愿者队伍超过1 000人。

其三，精心打造渔文化名片，让象山海鲜走进千家万户。象山人从不认为渔文化仅仅是一种只有保护意义的文化遗存，他们敏锐地看到了其中巨大的商业价值。他们要让“象山海鲜”成为一张让象山走出半岛、走向全国的靓丽名片。他们有广阔的视野和极强的推广意识。类似“石浦大酒店”这样的象山海鲜餐饮点，在中国很多地方落地开花。有资料显示仅仅在沪、杭、甬三个城市，就有象山招牌的海鲜餐饮企业60多家，年营业额超过10亿。最近几年，象山人还发掘开发了“一菜一咏一故事”的象山民间“海鲜十六碗”，使象山海鲜红遍长三角乃至全国各大城市。

其四，扎实推进海洋渔文化的理论研究。海洋渔文化是一种历史的积累和遗存。作为一种文化现象，它非常需要理论上的提炼、阐释和再表达。在这方面象山又走在了全国的前列。他们筹建了全国首家海洋渔文化研究会，还出版了自己的理论刊物《渔文化》。渔文化研究会成立于2004年5月，2个月后研究会推出了会刊《渔文化》。至今他们已经发掘、整理、编辑、出版、发行《渔文化研究》《渔文化——美食》《象山海鲜菜谱》《象山妈祖文化述略》《象山渔乡民间故事》《中国渔业第一村——石浦东门岛》《象山石浦海鲜十六碗》《象山海鲜诗词一百首》等渔文化成果。《渔文化》杂志虽然是内部出版，但是集科学性、学术性、民俗性、可读性于一体的风格，深得读者喜爱，得到了有关专家的高度肯定，被赞美为“象山又做了一件具有开创性的事情”。[1]

如果以1998年象山成功举办第一届“中国开渔节”作为标志，象山的创新性海洋渔文化建设，已经走过了整整20个年头。取得的成绩

1　高伟民:《象山有家渔文化研究会》，载《中国渔业报》，2010年8月9日。

是喜人的，未来的任务也是艰巨的。渔文化建设不仅是象山的事情，也是中国的事情。渔文化建设不仅是“鱼”“渔”元素的再配置，也是整个海洋社会综合性元素的再调配。正是基于这样的认识，象山“中国海洋渔文化展示馆”正在紧锣密鼓地进行中，这将是象山带给人们的又一个惊喜。

海洋渔文化美术作品展

【第六章】

# 渔港渔船：象山渔文化的历史传承

象山渔文化的历史发展
象山的历史渔港
象山的历史渔村
象山的海错诗

象山县位于浙江省东部沿海中段。县境由象山半岛东部及沿海600多个岛礁组成。海岸线长约800千米（大陆岸线300千米，海岛沿线493千米），占浙江全省海岸线1/7左右。

象山三面环海，一线穿陆，素有“缘海而邑”之称。当天台山的余脉由西北向东南倾斜时，中生代强烈的燕山运动把一支触角伸向了大海，于是山地、丘陵、平原、滩涂、海湾、岛礁成为主要地貌。半岛、群岛、海湾、滩涂、礁石、水道港口、浅海……海洋生态门类齐全。大自然的造化，注定了象山人与大海为伴，与渔结缘。象山成为东南沿海主要的渔业生产基地，也成为中国海洋渔文化的策源地之一。

## 第一节　象山渔文化的历史发展

象山特殊的地理环境孕育了丰富多彩的渔文化。渔文化是象山县具有鲜明地方特色的区域文化。塔山文化遗址的发掘可以证明象山渔文化的历史悠久性。从塔山到象山渔民活动的主要渔场，构成了象山渔文化发展的基本脉络。

### 一、象山渔文化的“塔山”遗址

“塔山”是象山县城丹城东面的一座海拔不足百米的小山，因山上有一座古塔而成名。民国《象山县志》记山脉云：“形家谓邑之甲方，颇低小，筑塔其上，振之。”又云：“梅溪山，县东半里，山巅有文峰塔。”

文峰塔一般与教育和文化有关，而象山的塔山却与渔文化有直接的关系。6 000多年前，塔山前面还是一片汪洋，海浪可以直接拍击塔山脚下的礁石。但是这片海湾性海域并不深，后来形成的南庄洋平原和门前涂淤积平原可以证明，这基本上是一个浅近的泥涂区域。涨潮的时候这里是海，退潮的时候这里是很浅甚至是裸裸的滩涂，因此这里的贝类和小鱼小虾等“小海鲜”非常丰富。象山的先民就在这里依靠取食小海鲜而生存。塔山文化遗址考古发现了大量新石器时代的遗存：石斧、石凿、石铲、石镰、石磨盘等，使象山地域人类活动的历史，从春秋战国时期，上溯到6 000年前的新石器时代。

塔山文化遗址的考古发现中，还有许多古人亲手绘制的水波纹及贝壳印痕的陶制品，以及石网坠等捕鱼工具。在塔山文化遗址的二期发掘中，还发现了两枚战国时期精致的青铜鱼钩。2007年，象山塔山遗址第三期发掘，又发现了完整保存的商周时代青铜鱼钩两件，整体似“L”形，上端有凹口以系绳，尖端呈倒钩能挂鱼。结合以往发现的石网坠和带有水波纹、贝壳印痕陶制品，说明象山渔文化在新石器时代已经萌生。

此后，象山相继发现了丹城姚家山、红庙山、茅洋庙山头、涂茨大双岙、珠门大沙湾及高塘乡旁满山岛等共9处象山史前文化遗址，从遗址的

俞素娟 摄

地理环境和历史年代分析，它们都具有以下 3 个特点。

依山坡而居。塔山遗址位于塔山南麓坡地上，姚家山遗址位于姚家山南坡，庙山头遗址位于泽山南面的美女湾庙山头东南坡上，大沙湾遗址位于珠门山东南坡上。

缘海分布。以上遗址均分布东象山古代海岸线边。如塔山遗址边缘仅数十米外即为海岸线，庙山头遗址位于泽山向古蟹钳渡海湾延伸部分，大沙湾遗址沉埋在珠门山向珠门港延伸海涂下沙砾层中，满山岛更是孤悬三门湾的大海中。

同时期的密集存在。据初步考证，象山 9 处史前遗址均属同时期 (6 000 ~ 5 000 年前)，且集中在海岸线一带。

由此可见，象山先民们的生存环境都是在靠海的山坡地一带，耕海牧鱼已成为当时重要的生活形态，呈现了萌芽状态的渔文化现象。

## 二、象山渔文化的初步繁荣

自宋代开始，象山的海洋渔业日趋繁荣，这主要体现在近海捕捞和海洋养殖上。象山有大量的浅海和滩涂，有漫长而曲折的海湾，非常适合近海捕捞作业。象山的“小海鲜”自古繁荣至今。另外，相比于淡水养殖，中国的海水养殖是比较迟的，而象山爵溪的渔民很早就开始人工养殖蛏子了，可见其具有的渔文化史价值。

进入明清时期，朝廷实行海禁政策，象山的渔业经济遭到了很大的破坏。象山地方志记载说:“嘉靖峻患，海禁大举。海船自备器械，按甲互保，无事为渔，至清顺治十八年，海禁山洋采捕，渔业受禁锢。”

但是随着康熙二十三年 (1684 年) 开禁，象山渔业出现了初步的繁荣。渔民们开始使用对网、流网等比较先进的作业形式。渔船增加，生产规模扩大。地方志记载，象山淡水门周边大目洋，渔汛时节，汇集的渔船成千上万。乾隆年间象山石浦东门还出现了“太和公所”这样早期的渔业经济组织。

象山渔业的繁荣甚至还引发了诗人的诗情。清代象山诗人陈策《雨夜宿爵溪寓楼》记其盛:“到枕涛声天地动，落滩渔艇海风腥。”充分反映了象山爵溪、石浦等渔港渔业发展气象。

象山渔业的初步繁荣，还体现在比较成熟的渔场的形成，渔场的繁荣一直持续到中华人民共和国成立之后的很长一段时间。

这些渔场主要有大目洋、猫头洋、渔山和韭山渔场，号称四大渔场。

大目洋渔场位于象山县东中部海域，东至韭山列岛，南至檀头山，北至乱礁洋，西到象山半岛沿岸。南北最长 65 千米，东西最宽 60 千米，总面积 1 870.4 平方千米。渔场内有大漠山（又称大目山），海拔 150 米，为南北交通的渔船航基目标，故以此山名命渔场。每年谷雨至夏至前后，大黄鱼进渔场产卵、洄游、栖息，为大黄鱼汛期。大目洋渔场盛产大黄鱼、鲳鱼、黄鲫、蟹虾等，是象山主要渔场之一。1960 年春，象山有渔船在大目洋一网就捕得大黄鱼 1 000 担（50 吨）。

猫头洋渔场位于象山东南部高塘岛乡外海域，以三门县五指岛猫头山得名。东接渔山渔场，南至台州湾，北连檀头山、大目洋。猫头洋也是大黄鱼产卵渔场之一。清末、民国时期多次渔汛旺发，20 世纪 50—60 年代，每年夏汛，有台州、宁波、舟山三地区（市）下属各县渔船近 2 000 艘云集于此捕捞大黄鱼，年产量在 1 万吨以上，1955 年高达 1.75 万吨。到了 2005 年，猫头洋已成为小型渔场，从事定网作业和流刺网生产，产鲳鱼、虾、龙头鱼、梭子蟹、鳗鱼等，年产量 7 500 吨左右，沿岸大片滩涂从事养殖。

渔山渔场位于象山县东南方向渔山列岛，以北渔山、南渔山为主岛，北连韭山渔场，南迄大陈渔场。20 世纪 50 年代木帆船捕鱼时期，春季小黄鱼汛期有来自宁波、舟山等地渔船在此开捕。之后，随着鱼群移动，逐渐向北追捕，渔场东北至东南是冬季捕捞带鱼的主要区域，有来自三省一市近千对帆船作业。这里还是沿海小型流刺网渔船长年作业海域，渔场产大黄鱼、小黄鱼、墨鱼等，年产量在 1.5 万吨左右。

韭山渔场因韭山列岛得名。2003 年浙江省政府批准建立韭山列岛省级海洋生态自然保护区。渔场西连大目洋，北接东、西磨盘洋及洋安渔场，南迄渔山渔场，距象山爵溪约 18 千米，有 76 个岛礁散布其间，水深 10 ~ 20 米，是大黄鱼进入大目洋产卵的通道，盛产小黄鱼和带鱼，以韭山列岛东南积谷山作基准坐标，该山高 165 米，为列岛第一高峰，宁波、舟山一带渔民常称此为“将军帽渔场”。

象山渔民传统捕捞县境外近海渔场还有舟山渔场、长江口渔场、大陈渔场、洞头渔场、闽东渔场、石岛渔场、江外渔场、马面鱼盐场等。

## 三、象山海洋渔文化的历史渔事

象山海洋渔文化的发展，还体现在各种历史渔事上。

唐时，明州海产品作为贡品的有淡菜、蚶、石首鱼、鲻鱼、螟干、白蟹等。《唐书・鋋孔传》载：贡品“潺潺自海抵京，役使上万人”。可见唐时明州水产贡品中，不乏象山水产。

宋宝庆《四明志》载：“俗呼冬天捕中渚曰石首。三四月，业海人每以潮汛竞往采之，曰洋山鱼。洋山鱼即大黄鱼，汛发洋山附近。舟人七郡出洋取之，多至百万艘。盐之可经年，谓之郎君鲞。”又云：“春鱼以石首而小。三月，业海人竞往采之，名曰‘捉春’，不减洋山之盛。”象山渔民历来有“抲洋山”之说，“洋山”时节即为渔汛之谓。可见这种说法，早在宋代就已产生。

明代嘉靖《象山县志》记载：“县有渔户114户，每年四五月捕大黄鱼，六八月捕鲳鱼、鳓鱼，鱼谚云‘一网三万六，抲到早稻熟’。”明陆容的《菽园杂记》说到宁、台、温渔民捕鱼，更为详细：“石首鱼，四五月有之。浙东温、台、宁波近海之民，岁驾船出海，直抵金山、太仓近处网之。盖此处太湖淡水东注，鱼皆聚之。它如健跳千户所等处固有之，不如此之多也。金山、太仓近海之民，仅取以供时新耳。温、台、宁波之民，取以为鲞，又取其胶，用广而利博。予尝谓濒海以鱼盐为利，使一切禁之，诚非所便。但今日之利，皆势力之家专之，贫民不过得其受雇之直耳。其船出海，得鱼而还则已；否则遇有鱼之船，势可夺，则尽杀其人而夺之，此又不可不禁者也。若私通外番，以启边患，台闽、广之弊，则无之。其采取淡菜、龟脚、鹿角菜之类，非至日本相近山岛，则不可得，或有启患之理。引固职巡徼者所当知也。”

明末清初顾炎武在《天下郡国利病书》云：“黄鱼出处，惟淡水门，在羊山之西，两山相峙如门，故曰门。羊山在金山东南，大七小七之外，今渔船出海，皆在松江漴缺口，孟夏取鱼时，繁盛如巨镇。然亦候潮，潮大势急，则推鱼至涂，否则无有。”清乾隆象山县钱沃臣，象山人，字

渔舟唱晚　尹建成 摄

心溪，有才名，为浙江巡抚阮元赏识，著有《乐妙山居集》《蓬岛樵歌》等。编撰《蓬岛樵歌》时注云：渔家以立春后百日为头水，百十日为二水，百二十为三水，过此为花水。三水内，鱼多育子上浮。头水者佳，依次渐逊。定海县北海中有大、小洋山，经船多捕鱼于此，谓之打“洋山”。楝花开则海上石首鱼来，紫蝴蝶花开则白鳊来，渔人以为候。石首小者梅童，亦呼梅头，出梅山洋，土人以槐豆花卜其多寡。又云：邑以梅热时最肥美，曰梅弹。我邑渔人取之乘橇，其行如船，约五尺许，以左膝跪橇中，右膝代篙行行深中。橇，俗曰“泥马”。

象山乾隆名士倪象占，字九三，号韭山，二次先列迎銮，曾任嘉善训导，著《蓬山清话》《青棂馆集》《韭山诗文集》等。《蓬山清话》卷十八“鳞之属”记云：吾乡以海鱼晓。闻之渔者云：“海洋取鱼，虽浩渺空阔，自我潮水进退之路，习名知之。”鱼各有顺逆之胜，网亦因之而结，如以网围掩其群者，黄鱼也。它则长而不垂，俟其自入。若鲫、鲚之类，腹多刺易挂，其触网也，宜进而愈退，鲳鲂之类，首尖身阔，触网宜退而愈进。肃触网，则以尾拔之，及罥焉。网之疏密，皆揣其性而从宜以取之云。

清代是象山渔业生产大发展时期。到了民国，爵溪、石浦成为浙东主要渔港。1947 年，象山大目洋大黄鱼大发。临海、玉环、渔岭、定海、三门、宁海及象山渔船 8 000 艘云集大目洋渔场，为数十年所未有。翌年，春汛黄鱼又发，渔获最高产量日捕 40 吨，可惜鱼价暴跌，滞销寻售，鱼堆发臭。

中华人民共和国成立后，象山渔业生产得到了进一步发展。1975 年象山“檀头山三号”船，一网捕得大黄鱼 65 吨，开创了象山渔场新纪录。

## 四、象山历史上的渔业组织

在长期的渔业生产中，渔民形成了自己的管理制度。明、清时期，为适应生产需要，渔船增大，出现了对船或单船作业，并打破了一家一户界限，出现了拥有船网工具者雇佣渔工捕鱼，由此产生了“长元制”。有船网而仅在岸上指挥者为“淡水长元”，拥有船网工具和生产技术，下船参加劳动者为“盐水长元”。

渔船中有长元、渔师、舵师、水手等分工，组织严密。象山渔民在远海捕捞大黄鱼、小黄鱼时需要大小对船协作围捕，大对渔船母船负责指挥，网船听从指挥下网。渔业生产中依据村落地域，形成了许多渔帮，如象山东门帮、爵溪帮、南田帮等。象山最早渔帮是乾隆初年东门帮成立的太和公所。根据象山《东门岛志》记载，太和公所的办事地点在岱山。当时大捕船有 80 余只，这也是宁波地区最早建立的渔帮组织。清光绪二年（1876 年），爵溪渔民会所在鄞县江厦街成立了爵溪公所，推销鱼货、筹办抚恤、劝教、投保、调解、护洋事宜。乐清、玉环南、玉环北等区皆设渔业公所于爵溪，内设管束（柱首），总揽一切，聘懂法律渔业之先生一人及司事、司账若干人，以调解处理渔场渔事纠纷，代办渔场牌照，照顾伤病员办理渔民死亡善后，参与议定鱼价。象山渔业社团如下表所示。

**象山渔业社团一览**

| 名称 | 渔帮组织 | 创立年份 | 驻在地点 | 渔船类别 | 船数 |
| --- | --- | --- | --- | --- | --- |
| 太和公所 | 象山东门帮 | 清乾隆三年（1738 年） | 岱山 | 大莆船 | 约 80 只 |
| 爵溪公所 | 象山爵溪帮 | 清光绪二年（1876 年） | 鄞县江厦街 | 渔商 | |
| 安澜公所 | 象山帮 | 清光绪二十二年（1896 年） | 朐山 | 大莆船 | 120 只 |
| 普安公所 | 象山帮 | 民国 10 年（1921 年） | 象山石浦 | 渔船渔商 | |
| 南安公所 | 南田帮 | 清咸丰元年（1851 年） | 象山石浦 | 张网船 | 约 40 只 |
| 三门湾渔业公所 | 宁波临海象南各帮 | 民国 | 三门湾（金七门） | | |
| 玉环北渔业公所 | 玉环北 | 清光绪 | 象山爵溪 | 渔船渔商 | |
| 玉环南渔业公所 | 玉环南 | 清光绪 | 象山爵溪 | 渔船渔商 | |
| 东清渔业公所 | 东清帮 | 清光绪 | 象山爵溪 | 渔船渔商 | |

## 第二节　象山的历史渔港

象山海岸曲折，港湾众多。大中型海湾有象山港、西沪港、太平湾、大目湾、昌国湾、三门湾、石浦港、南田湾等 8 个，小型海湾有 66 个。这些海湾分布在象山的北、东、南 3 个方向，和当地的渔村结合，发展成大大小小的渔港。许多渔港经过上千年的发展，由小埠头变为大港口。当然，也有许多退出渔港行列，成为一种文化遗存。

### 一、石浦渔港

石浦渔港是著名的历史渔港，现为全国六大中心渔港之一，为国家二类对外开放口岸。

石浦渔港位于象山半岛南端，总面积27平方千米，主中心线长18千米，岸线长77千米。渔港处于大目洋、猫头洋渔场之间，居舟山渔场、渔山渔场和温台渔场之中心，故石浦有“浙洋中路重镇”之称。港口前面以东门、对面山、南田、高塘等岛屿为屏障，阻挡海洋风浪，屏障之间留有5个出海水道，从而形成了少有的多口门天然避风良港。其中铜瓦门水道介于陆地铜瓦山与东门岛之间，东西向水深10～20米，水道窄弯细，在入口附近最狭处仅150米，航门设备完善，有灯桩3个。东门水道介于东门岛与对面山岛之间，航道宽1 000米，长2 000米，最窄处在门口，仅150米，深8～40米，门口中间有一暗礁，水深0.5米，涨落潮时流速3～4节，最大6～7节，并有强烈漩涡，一般不宜通航，只在平潮时小型船只才可通过。下湾门三道介于对面山与南田岛之间，呈西北至东南走向，长5千米，宽250～500米，水深10～70米，内设灯桩3个，通航条件好，最大流速4节。近年有7 000吨重轮（装货），万吨轻轮（未装货）从此水道进入石浦港。林门水道介于南田岛和高塘岛之间，是石浦港口南大门，水道弯曲呈S形，最宽处约185米，水深5～33米，最窄处在水道南口，宽仅80米，水深50余米，但南口外水深不到2米，200吨以上船只只在半潮时可慢速通航，航道内涨潮时向北流，落潮向南流，流

渔港之夜　杨忠华 摄

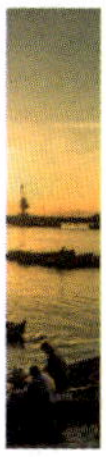



速 1.5 ~ 3.5 节，在林门附近有漩涡。三门水道介于高塘岛和白玉湾之间，水道内有万金山、狗山等小岛屿把水道分为北、中、南三支，北支不宜通航；南支水深 7.2 ~ 37 米，宽 200 ~ 400 米，可通航；中支水深 20 ~ 46 米，宽 200 ~ 400 米，且万金山上设有灯桩，通航条件最好，系主航道，近年也有 7 000 吨重轮、万吨轻轮从此水道入港。

石浦渔港在秦汉时期已有先民从事渔耕活动。《汉书·地理志》所记的“天门山”，即指石浦港东面的东门岛。南朝梁陶弘景在《真诰》中对东门有“两峰对峙，其状若门”的描述。唐前东门岛建有祚圣庙。贞观、永徽年间（627—655 年），港上商旅往返，每往庙下，无不向庙神“天门郡督”祈祷牲礼。宋嘉定二年（1209 年）置东门寨，元设巡检司，明洪武二年（1369 年）置石浦巡检司，洪武二十年（1387 年），迁昌国卫于石浦东门岛，石浦设前、后二千户所，西北依山筑城，高 3.2 丈，广 6 丈，周 607 丈，辟西、南、北三门。石浦凭借昌国卫，俨然成浙洋中路重镇。清初，张名振、张苍水开展抗清斗争，以南田、石浦为基地，顺治十八年（1661 年）遭海禁，一度中断渔事，康熙二十三年（1684 年）展复，渔事复兴，温、台及闽民纷至沓来，业渔经商。石浦渔港商埠渐成规模，一度形成闽帮渔市。清末民国初至抗战时期，因战乱等各种原因，石浦成为各地渔船、商船停泊之地，渔市兴隆，商号林立，客货轮定期航班，往返于舟山、海门、定海、宁波、上海等港口，民间运输南达福建、台湾等地。

## 二、爵溪渔港

爵溪渔港位于象山半岛东沿，三面环山，东临大目洋。港域大体分三部分：一在城区北侧城脊山与南侧炮台山嘴（下沙岭）之间，面积约 5 平方千米，为主线；二在磨山礁与大岙岭向东北延伸山嘴之间，面积约 0.2 平方千米；三在炮台嘴与磨山礁之间，面积约 0.54 平方千米。

港城之北及东北以乔木湾、青山门、大平岗、四礁、竹屿、大岩洞、马鞍头、乌岐等岛礁为天然屏障；东南以羊背山、地堡山等岛礁为天然屏障，阻挡风浪。沿岸均有平宽沙滩作天然码头，由北而南依次有爵溪沙滩、下沙沙滩、大岙沙滩，亦皆为渔船重要停泊之处。涨潮时平均水深约 3 米，退潮时平均水深不足 1 米。涨潮流向西北，落潮流向东南，流速 1 ~ 1.5

节。泥砂质和淤泥质底。有虾捕门、青门、牛门、爵溪大门口等数条水道。虾捕门水道在城区北4千米，处炮台山与半边山之间。以水道多产虾，渔民长于此张捕得名。南北向，长1千米，宽0.3千米，水深0.6～0.8米。青门水道在城区东北4千米，介于乔木湾与青门山之间，南北向，长0.8千米，宽0.3千米，水深1.3～2.6米，为北上定海、宁波之主航道。牛门水道在城区东偏南2.5千米，介于大陆与羊背山之间，呈西北至东南走向，长2.7千米，宽0.7千米，水深0.9～3.6千米。门头有青礁、碗礁、燕礁等影响航行，燕礁上设有灯柱，为大目洋作业船进港主航道。爵溪大门口水道在城区东3千米，介于大平岗、乌岐与羊背山之间，因处城区前面，且宽大，故名。东西向，长4千米，宽2千米，水深0.6～4.3米，为泗礁等处作业渔船重要航道。宋时，渔港即有出海捕捞作业。宋宝庆《四明志》载“三四月，业海人每以潮汛竞往采之，曰洋山鱼。”爵溪渔民称大黄鱼汛为“洋山”“洋山时”。业海捕捞为“扣洋山”。明时，渔港中即有工人养殖蛏子。嘉靖时，总督胡宗宪以海禁大举，责令渔船自备器械，按甲互保，无事为渔，有则调作兵船，兼布海防。万历时有官兵于渔船下网处巡逻，称为督汛。明末清初，顾炎武《天下郡国利病书》载淡水门周边数以万计的宁、台、温。苏淞沪渔船即在石浦港北、爵溪渔港南。清时，乐清、玉环南、玉环北等皆设渔业公所于爵溪，爵溪亦设渔业公所于鄞县。史称“爵溪帮”。民国37年（1948年）5月14日《象报》载:“爵溪渔汛开始之期，玉环、温州、乐清、定海等各帮渔船均云集爵溪洋面，数约三千对左右……海上帆樯林立，堤上人山人海，夜间汽灯通宵，行人杂沓……”1950年后，沿港原有大小渔鲞加工厂200余家，亦有渔机修理、船舶修造、结网等配套设施。渔汛期间，冰鲜船日夜往返于上海、宁波等地装运渔货。20世纪70年代前，爵溪渔港为大目洋作业渔船主要停泊、补给、集散、加工基地。至20世纪70年代后期，因机帆船兴起和大目洋渔业资源衰竭，爵溪渔港渐趋冷落。2008年，爵溪有大小码头10座，其中正源电厂码头、牛仓嘴、磨石礁等码头，高潮靠泊为500吨级，为爵溪主要货物吞吐口岸。

## 三、鹤浦渔港

鹤浦渔港，石浦港之内港，位于南田岛之西北岸，东连下湾门，南濒猫头洋，北临石浦港，左右为林门港水道和下湾门水道，前有中界山岛为屏障，海岸线长 78.13 千米。系渔船、货轮避风、息锚的理想良港。

鹤浦港清末时为鸭嘴头港，民国初为南田县的主要海运港口，也是传统的群众渔港，今有渔业、货运、大油库等 10 余处码头。沿港有多家渔船修造厂及有关渔船的多种企业和公司，如元虎水产品有限公司、阿高紫菜烘干厂、隆信紫菜有限公司等。21 世纪初，又建立多家紫菜育苗厂与对虾育苗厂。其船舶修造业，近几年发展迅猛，已为鹤浦镇重要产业，在县内同行中占重要地位。2004 年，宁波市海洋与渔业局将《关于要求将鹤浦港列入国家一级群众渔港的请示》上报农业部，农业部派专人考察后认为符合要求，在全国渔港建设规划中将鹤浦港调整为一级渔港。

## 四、西沪渔港

西沪渔港，位于象山港中部东南侧，为象山港三大支港之一，港湾口小腹大，形如罂湖，是一个典型的封闭性港湾。在古代象山，渔业处于近海滩涂作业之时，是一个非常著名的渔港。

靠岸（西沪港）

渔港内岸线长48.5千米，面积50.67平方千米，其中水面17.99平方千米，占总面积的35.5%，滩涂8块，计32.68平方千米，占总面积的64.5%，港内风平浪静，潮流属正规半日潮，最高潮差5.2米，涨潮时流向港内，落潮流向港外，旧时亦作“西湖港”。唐陆龟蒙《渔具诗序》中“列竹于海噬曰沪”意谓沪即捕鱼之竹栅，港口处县城之西，自古滩浅潮缓，水产丰富，多以插竹串网，竹排、竹架捕鱼，故名“西沪港”。港自北向东，依次横跨黄避岙乡、大徐乡、墙头镇及西周镇之莲花，旧时分布着高泥、马屿、鸭屿、白墩、洋北、黄溪、墙头、下沙等几十个渔村或半渔半农村。港内有港，著名的有高泥港、山下港、白墩港、洋北港、墙头港、黄溪港等，均有码头，也建有灯桩，可停泊渔船海轮甚至军舰。高泥港处西沪港入口处，可作优良军港；白墩港旧为象山第二大货运码头，年吞吐量5万吨；黄溪港是元明时古渡口，港中盛产蛏子、毛蚶、牡蛎、鲈鱼、箬鲳、泽鱼、望潮、鲻，今为象山著名海水养殖基地，产黑鲷、大黄鱼、对虾、梭子蟹等。清著名诗人姚夑作《西湖棹歌》120首咏之。

此外象山还有泗州头渔港、蟹钳涂渔港、金高椅渔港、金七门渔港等，都是古代及近现代有名渔港，各有兴衰。

## 第三节　象山的历史渔村

渔村是渔文化的重要资源，在研究渔文化过程中，人们越来越清楚地认识到渔业村落在渔文化研究中的重要地位。

自古以来，象山有众多的渔业村落，分布在象山港南岸、东临海岸及三门湾边，分布在众多的海岛中。这些渔业村落，包括许多半渔半农的村落，是象山海洋渔文化的母体，也是象山海洋渔文化产生的土壤，更是海洋渔文化传承的基地。可以这样说，渔业村落的本身就是海洋渔文化赖以生存的生态空间，或者说是它的文化空间。

### 一、象山渔村的规模和特点

象山渔村众多。民国《象山县志》载有渔村：白岩下、潭头、文山、杨岙山、西周、下沈、牌头、爵溪、松岙、会通溪港、岳头、圆山头、王家澛、东旦、红岩、平石、播船湾、东溪、胡家屿、半边山、石浦、盐仓前、横屿、雷公山、老东门、东关、高隆、沙塘湾。其实记载很不完整，至少遗漏了从莲花沿西沪港周边及今贤庠镇西泽东向至涂茨镇浦门、柱岙、毛湾等几十个旧时渔村。笔者从莲花、墙头、黄避岙众多家谱中发现，古代象山西沪港周边就有莲花、下沙、中沙、舫前、墙头、丁家寮、厉家洋、黄溪、洋北、桃湾、白墩、鸭屿、马屿、高泥等近20个渔村（或半渔村）。中华人民共和国成立后，少数渔村转事农业，经过渔业生产互助组、渔业合作社、渔业生产大队，几经合并、转业、分队。1961年，象山全县有渔业的公社（镇）14个，渔业大队65个。1986年，全县有渔业乡镇15个，渔村48个。2004年，全县有渔业的乡镇（街道）9个，渔村36个。其中石浦镇有东大、石浦、檀兴、金山、沙塘湾、铜瓦门、平岩、横屿、渔山、对面山、东丰、南汇12个；鹤浦镇有鹤浦、杨柳坑、金七门、后龙头、吉港、前龙头、双下湾、大沙8个；高塘岛乡有金高椅、兴港、林港3个；东陈乡有松岙、又桥渔村、旦门、红岩4个；晓塘乡有西边塘1个；爵溪街道有南韭山、爵溪渔村、公屿、地厂4个；涂茨镇有长沙、屿岙、大坦3个；贤庠镇有民洋1个；黄避岙乡有白屿、横里2个。至2008年，经过调整、合并，全县有渔业的乡镇10个，渔村38个。

象山渔村不但规模大，而且还很有特点。张利民在《试论象山渔业村落文化的保护和利用》[1]一文中认为，象山渔业村落有以下几个特点。

其一是分布的广泛性。环象山半岛海湾，自古以来就有上百家渔业村落。今象山18个街道乡镇全部临海，都有渔业村落。

其二是文化多元性。象山渔村，除本土居民外，大多为宁、台、温、闽的移民。尤其象南渔村，大量清代开禁后展复从台、温、闽移入的移民。象山渔村文化既有中原文化、宁波文化，也有温、台文化，更兼闽南文化。爵溪渔村的“爵溪话”兼具北方方言和吴方言相结合的特点。这些“南腔北调”的特殊方言是因为明爵溪千户的戍守官兵都是北方中原人，后来定居下来称为“所”里人。今查爵溪的刘、张、郁、王姓均为河南籍戍守

1　张利民：《试论象山渔业村落文化的保护和利用》，载《渔文化》，2016年6月，第51期。

将士之后。石浦沙塘湾渔村使用的是闽南话，与爵溪并称为象山的两个著名“方言岛”。石浦延昌大多来自福建移民，金七门渔村为清同治时福建及黄岩移民。南田后龙头颜姓于光绪年间从黄岩太平庄迁入，金高椅王姓自临海大桥迁入，高塘港口渔村李、陈二姓迁自临海、台州。

其三是渔村产业的特色性。象山许多渔村长期以来从事渔业生产，但是由于自然环境不同，生产工具方式的各异，渔捕的产业不是千篇一律的，而是形成各自的特点与品牌，根据象山各地民谣、渔谚、诗文、传闻，笔者汇聚成篇：

虾皮鲚头王家榄　泥螺蟹酱捣臼岩
龙洞弹胡烧天萝　郎君鳌自爵溪来
梅童梅子数东门　石浦黄鱼叠街头
胡家屿人捕蝤蛑　魟鱼黄鳉插船湾
水糊涂人晒紫菜　金七门人涨虾姑
黄唇鱼抲风门口　南田泥螺四月肥
渔山岛人煮海蜓　望潮八脚爬墙头
洋北桃湾鲜篮篰　小海鲜吃岳头嘴
霜打泽鱼出西沪　怀珠稻蟹送宁波

以上加点的王家榄、捣臼岩、胡家屿、插船湾等都是大大小小的渔村名，在历史上形成了传统产业和口碑。20 世纪 60 年代，笔者曾见丹城西门头人每天下午三四点钟，就等着洋北、桃湾人挑着鲜篮篰从彭姆岭下送海鲜到丹城出卖，他们“拦路抢截”，以买到最好的海鲜为快意。“怀珠”是指中华人民共和国成立以前怀珠乡（今珠溪一带），那时盛产稻蟹，吃不了就上宁波售卖，可惜今日珠溪已没有稻蟹，只能成为一种涩味的历史回忆。

## 二、“浙江渔业第一村”

现在象山最著名的渔村，当属东门渔村。

东门渔村位于石浦东门岛，与石浦隔水相望。《汉书·地理志》《中国古今地名大辞典》、宋王应麟《四明七观》等均有记载。因面临东海大洋，岛屿周边港湾岛屿甚多，渔业资源丰富，故其岛民垦山耕作，下海捕鱼，以渔为业，世代绵延。明嘉靖《象山县志》载，象山有渔户114户，其中东门岛40户。清康熙二十三年（1684年），海禁开放，村庄展复，宁海、三门、台州、福建等地之民迁居至此，岛上人口大增。清雍正年间，岛上渔民仿福建式样造大捕船，每年农历三月廿三或四月初八北上岱衢洋，采用大捕抛椗张网作业，称为“抲洋山大黄鱼”。时岛上有大捕船80余艘。每船一水获利厚者可得二三百金。有渔谣：“东门大捕船一网三万六，抲到早稻熟。”清乾隆三年（1738年）创立的太和公所，为浙东地区最早成立的渔帮组织。民国初期，东门岛有大捕船99艘，红旗小对船30余艘。民国后期，战事连年，海匪横行，灾害频发，岛上渔业生产濒临崩溃，至1949年6月，大捕船仅24艘，红旗小对船16艘，舢板30余只。全岛人口2 180人，其中渔户373户。1954年8月，成立渔业生产合作社。1958年撤乡，实行“政社合一”成立石浦人民公社。1961年11月，大公社体制下放恢复原小乡为公社，但东门未恢复公社，仍属石浦公社管辖。1972年4月15日，东门岛单独成立公社。1978年，中央召开十一届三中全会，东门岛开始打破“一平二调”，实行对船核算，包产到船责任制。1984年，实行渔船产权落实到船（户）责任制。自20世纪80年代开始，近海渔业资源衰竭，东门岛渔民明白只有造大船、闯大海，到外海远洋捕捞才有出路。1989年，东门渔队率先实行渔业股份合作制，渔民筹集造船资金2亿余元，将多年积蓄（造房子、娶媳妇的钱）用于打造钢质渔轮，至1993年年末，共建造大马力钢质渔船220艘。1994年3月，全省渔业工作会议在象山县召开，东门渔村介绍经验。会后，副省长刘锡荣在东谷湖宾馆为东门渔村题字：浙江渔业第一村。

## 三、其他具有代表性的象山渔村

### 1. 爵溪渔村

爵溪渔村位于象山半岛沿海中部偏北之爵溪街道，临大目洋，为历史上的著名渔村，宋时即有戍海捕捞作业，清时为著名渔埠。光绪二十二年（1894年），拥有渔船200余艘，产鱼百万吨，以大黄鱼为盛。所产黄鱼鲞以形整、色白、味美、质优而驰誉宁波、绍兴、杭州、上海等地。民国24年（1935年），渔船180艘，产鱼1 410吨，每逢渔汛，来自舟山、宁海、三门、玉环、乐清、温岭、平阳及福建渔船云集，多达8 000余艘。抗战期间，渔业生产一度衰落。1945年8月，建立爵溪渔业社，全社722户、1 262人。1955年冬，成功开辟大陈渔场捕带鱼，为省内首创，被评为省模范生产合作社。1956年，试捕吕四洋小黄鱼获丰收。1957年，首改独舸为机帆船，发展远洋捕捞。1958年9月，渔业生产合作社改为渔业大队，共980户、3 726人，劳动力1 020人；机帆船6艘、大捕船6艘、独舸船58艘、小捕船1艘、舢板168只。始捕洞头渔场。自此，改变独舸无囊围网作业只适应大目洋渔场状况，北上吕四，南下大陈、洞头渔场，鱼产量增加。是年，实行“以捕为业，捕养并举”方针，开展海带养殖，开象山海带养殖先例。1959年，渔业产量3 235.9吨。20世纪60年代，机帆船增加，并引进机帆船围网、对网、拖网作业，扩大域外渔场，改革网具，实现捕捞机械化、网具塑料化。产量迅增。1967年，大目洋渔场产量上升至3万吨，为历史最高年。黄鱼鲞、无头鱼片等远销罗马尼亚，并支援越南。1968年始，独舸船域外渔场停捕。1970年后，渔业资源衰退，鱼产量下降，年产量仅三四千吨。1978年后，大目洋渔场黄鱼衰竭，爵溪黄鱼鲞停产。1983年，政社分设，渔业大队改名为爵溪渔村至今。20世纪60年代末，因渔业资源破坏，不少渔民逐离船从事工业副业，独舸船挖运黄沙，售往上海。黄沙有限，乃白手起家，走发展乡镇工业之路。1995年，渔村1 230户、3 995人，固定资产原值3 375.75万元。渔村实现工业产值25 902.08万元，创立税收3 332.94万元，仍有小机渔船30艘，捕捞量230吨，产值149.05万元。人均收入4 372元，60岁以上老人实行养老金。1994年，被评为“省小康示范村”。

**2. 石浦渔村**

中华人民共和国成立初期，石浦业渔者居延昌上、下道头，潼关，石浦（外塊头、南关桥）和铜钿礁4处。1952年，合并成石浦渔村，分5个互助组、2个初级社，有渔船52只。其中：延昌上道头张忠监互助组，有红头船6只；下道头刘阿富互助组，有红旗船4只；石浦外塊头郑宝国互助组，有红旗船4只，项道武、项道爵互助组，有红头船5只；南关桥陈

归航 张为民 摄

炳生互助组，有红头船16只。1956年，石浦渔村成立石浦渔业高级社。1957年，首开机帆船生产，两对机帆船产鱼158吨，木帆船92只，产鱼806吨。时有渔户296户1 488人，劳力353人，年劳动力收入490元，户均563元。1967年，有机帆船26对，年产鱼4 021吨。是年，木帆船悉数淘汰。1989年发展渔轮生产，12对渔轮产鱼898吨，而机帆船延至1992年全数淘汰。2004年，石浦渔村拥有渔轮197艘，年产鱼37 392吨。1989年后，由于渔业实行股份合作制，石浦渔村负责渔村行政管理，每对渔轮年上缴管理费1 000元。

### 3. 半边山渔村

半边山渔村属石浦镇，在昌国东北5.75千米处，明清时由金星、白玉湾、昌国的当地人及宁海等地人到此张网作业，聚居成村。中华人民共和国成立初有渔户20余户，140余人。有张网舢板两只，每只船管80支桩头。另有个人张网桩头10支。1973年围塘，并建成一处避风港。1992年划入石浦镇，改为金山村。2005年有渔户213户713人，有渔轮52艘，每对渔轮产值160万元。渔业经济发展较快，至2005年，人均收入就达13 620元。

### 4. 沙塘湾渔村

沙塘湾渔村属石浦镇，在石浦东北3.2千米处。东临干门港东南海湾，沿炮台山东南坡分布，清代建渔村，为县传统流刺网作业集中地之一。清初渔户60余户，300余人，从事流刺生产。作业地有檀头山、南韭山、岱山等海域。时有渔船19只。1949年后建渔业互助组、合作社、人民合作社渔业队。1979年7月，率先实行生产单位承包责任制。1982年10月12日，《浙江日报》第一版报道沙塘湾对船联产承包责任制优越性文章。1981年，在象山渔村推广。2005年，沙塘湾渔村278户960人，渔轮54对，产量均对600吨，产值180万元。今一部分渔民迁入石浦镇，一部分渔民仍在渔村内从事钓虾等作业。

### 5. 大王宫渔村（前卫村）

大王宫渔村属石浦镇，檀头山岛主要渔村，明清时即建渔村，多为外地人在此张网作业而定居，中华人民共和国成立初有30多户渔民130余人。有舢板船4只，每船张40支桩头。1957年后发展机帆船，1991年打造钢质渔轮。1994年10月，与原檀头山乡的狗头、大沙头、小沙、六股头、长坑、前排厂、前岩合建檀兴渔村。至2005年，大王宫渔业村（前卫村）有渔户330户，1 012人，钢质渔轮68艘，53千吨长网机船5只。渔村历史悠久而光荣，民国31年（1942年）4月18日，渔民麻良水和赵小宝夫妇救助美国飞行员脱险。1958年，渔网师傅蔡官顺被评为省劳动模范。1964年，以俞月娥为首的“八五”女炮班两次参加南京军区、省军区民兵比武大会，在南京军区、省人民委员会、省军区领发集体一等奖并获4名神炮手称号。

### 6. 鹤浦渔村

鹤浦渔村属鹤浦镇，清、民国时期就有渔户，中华人民共和国成立初有渔户80户、400余人，有五文船1只，四文船6只、张网船5只，株桩200支。在旦门、王家榄、鹤浦港等附近海域从事溜网和张网作业。1955年下半年办合作社，1957年发展大捕作业，1975年发展3对机帆船、溜网船。1990年，发展一对外海木壳船，1993年发展钢质渔轮。1995年发展渔轮15对。2005年，渔户187户，628人，劳力237人，渔船12只，机帆船12只，渔业队分近洋张网和远洋捕捞两个作业。

### 7. 金七门渔村

金七门渔村属鹤浦镇，位于南田岛之东南端、猫头洋渔场北部，东南有一水道名金七门水道，东西向。该村为南田岛历史悠久的渔村，宋元时代即有记载。民国时南田县在此成立渔会，为三门湾渔会所在地，有会员 156 人。在小南山咀有清道光二年（1822 年）立的“封禁碑”一块。20 世纪 30 年代，金七门有本地渔船百余艘，台州属地各县渔船 300 艘在此停泊，并有冰鲜船在此收购渔货。作业为对网、流刺网及定量张网。中华人民共和国成立后为渔船生产时临时避风处、台州红头船锚地，20 世纪六七十年代，水产公司在此设点收购虾皮鳑头。现有外海机船 24 只，以近洋张网和小机溜网生产为主。海水养殖以紫菜为主。

### 8. 金高椅渔村

金高椅渔村属高塘岛乡，古代为鸟岩港出海口，当有渔户。清光绪元年（1875 年）开禁，围成高塘岛，发展为渔村。中华人民共和国成立初有渔户 20 余户、百余人，搭茅为居，村以胡、李姓为多，来自三门移民，以张小网、溜网为生。互助合作化时期，有溜网 3 只。1969 年，金高椅渔村 3 对机帆船与该乡的兴港渔村 1 对机帆船合并为兴港渔业队。1970 年，根据国务院指示，县渔业局确定由兴港队李小东试捕灯光围网作业，获得成功。同年，兴港渔队被评为省先进集体，“风吹浪打不迷航”事迹在省、地农业展览馆展出，由浙江省革命委员会发获奖证书。当时，兴港渔队支部书记李谦芳，1970 年任中共象山县委委员，1971 年任中共宁波地委委员。1972 年以后，金高椅渔队发展机帆船 4 对。金高椅港因金高椅村而得名，20 世纪 50 年代初是猫头洋渔货生产的集散地之一。后因发展机帆生产，渔港冷落，金高椅村改名为金渔村。1991 年，开始打造钢质渔轮生产。2003 年，渔业人口 162 户，560 余人，有钢质渔轮 62 只，人均收入 12 000 元。

### 9. 东湾渔村

东湾渔村原名拆船湾、插船湾，属东陈乡。明时有鲍姓者先来此定居，之后有吴、丁、朱、王等诸姓在前清接踵而至，业渔为主。中华人民共和国成立前，村内有腌鱼、劈鲞厂 3 家，厂主是石浦的阿陆、新桥的李信夫和一个叶柱岙人。中华人民共和国成立初期有渔户 60 余户 256 人，船舶

18只，分溜网船一只（运输装黄沙）。“文化大革命”时期村改名为东湾渔队，1993—1994年发展木壳机帆船3对。2005年渔户12户374人，劳动力260人，有钢质渔轮一对，木质机轮7只。

### 10. 毛湾渔村

毛湾渔村属涂茨镇。明有渔村，有400余年历史。先祖来自浙江平阳，以张、陈、裘、方4姓为多。中华人民共和国成立初期，毛湾村约有300多户、1 500余人，今以农业为主，靠运输和渔业的只有80户左右。以张网、溜网为主，作业在南韭山一带海域。有3只小大捕船，每只6～8吨，自织裤脚网捕大黄鱼。1954年，发展背子(背舢板)捕带鱼。1958年，始从农业队分出，成立渔业队。是年，整个大徐区渔业队旭公岙、毛湾、大岭后、长沙、大坦、屿岙组成一个渔业营，1959年解散。1961年，开始发展小型机帆船，另有4只张小网舢板。1990年之后，因体制改革，发展小型机船。至2005年，渔业人口170户，489人，木质小型渔船50只。以张网作业为主。

### 11. 横里渔村

横里渔村属黄避岙乡。中华人民共和国成立初期，有70～80渔户，360余人，打桩张网船12～13只。1955年，从舟山学来抛碇大捕张网，有船12只。互助合作化时期建大小机帆船各一对，据沈云星老人回忆，机帆船在20世纪70年代以前就没有了。2005年有渔户190户530余人，有张小网船14只，小网船均为20吨左右的小机动船。

## 第四节　象山的海错诗

海错诗是吟咏海物的诗歌。象山的海错诗文化遗存非常丰富。

海错诗不同于渔歌渔谚等民间文学。它是地方文人的创作，主要形成于清代中晚期。象山地方上的文人雅士，在品尝海鲜的同时，对于有代表性的鱼、贝等，用诗歌形式进行歌咏，是一种内涵丰富、别具一格的渔文化形态。

清邓克旬《杨妃舌》:“浪花吞吐水中央，柱肉精莹亦广长。也识滋滋

回味好，酒涎何忍污丁香。”

清陈汝谐《鲎》:“形如覆斗极离奇，逐浪双双每伏雌。剑客手劙珠满篚，一帆风送稻花时。”

陈汝谐还有《望潮》:“骨软膏柔笑贱微，桂花时节最鲜肥。灵蛛不结青丝网，八足轻矫斗水飞。”

清欧景岱《淡菜》:“渔家胜味等园蔬，老圃秋来尚未锄。淡到夫人名位正，无盐唐突又如何。”

清邵嗣贤《食黄鱼》:“象邑业耕钓，土物力所任。四月石首鱼，出水如黄金。烹鲜盘餐美，东南第一琛。史公传货殖，鲐煮堆成林。如何遭厉禁，片网不得沉。我来顿顿食，饱饫示同心。倘然食指动，勿惮登崎嵚。”

清孙天准《蟹肚脐》:“横行当道几何时，吸尽西江尚在兹。若问团尖人不识，山灵亦未辨雌雄。”

清王步霄《种蚶》:“瓦垄名争郭赋传，江乡蚶子其轻捐。团沙质比鱼苗细，孕月胎含露点圆。愿祝鸥凫休浪食，好充珍馐人宾筵。东南美利由来擅，近海生涯当种田。”

还有许多象山海错诗，虽没留名，但都具有海洋渔文化的特质。如

《白扁》:“一天梅雨洗沙腥，软翅双挑燕尾青。冻玉上枰糟气酽，细鳞如粟泛银星。”又如《水母》:“海鉋生来石镜同，霞衣一袭褪猩红。花磁饤饾香橙笔，萍实何须误楚宫。”《丫髻鱼》:“蛎粉匀涂雪色肌，灵蛇高髻挽青丝。敢如北海康成婢，跪向泥中赋卫诗。”《社交》:“墙头市上挈篮归，一路杨花乳燕飞。莫笑宁轩无口腹，由来措大怕脓肥。”《蛤蜊》:“潮纹如线晕重重，曾受甘圆内史封。食可升天真上药，云何不隶玉房供。”《吐铁》:“次第春糟土冻储，舟移万瓮入姑胥。安期写罢神仙篆，洒墨都成蝌蚪书。”

总之，象山的海错诗资源非常丰富，且具有多方面的文化价值。

首先，它有对海物的认知价值。

世界万物，人类都有一个认知的过程，尤其对于海洋生物，更是如此。在古代社会，由于各种客观条件的限制，人们很少能具体地接触海洋生物，因此对于海洋生物的关注度并不像对陆地上的花鸟草木那样重视。但是从另一方面看，正是由于缺少这种认知，使一部分生活在民间的作家，特别是一些生活于海滨地区的作家更有兴趣去关注这些海洋生物。他们通过这些餐桌上的美味去认知这些千奇百怪的海物，去感知这些审美对象的特点。象山作家陈得善，是今东陈乡东陈村人，字福敀，号一斋，清光绪元年（1875 年）恩科，他生长在海边。在离东陈老家数里的岳头村就是一个海港，这里每天都生产出鱼虾等“海错”，而离家几十里外爵溪，是一个大渔港，那是渔船云集的地方，所以他的《龙虾行》就创作出来了。《龙虾行》的序言中，他对龙虾作了细致的描述：

> 甲辰六月，爵溪渔人网得一虾，长尺余，头居五尺三，色如靛，缀红绿珠颗，累累几遍。头峙两角，长二寸，黑色尖削，双须各长三尺许。长围二寸有半，尺以外渐锐，至尾，尚逾著也。二钳钝似鲎鱼，作玳瑁色。脚也如之，左右各四。身白扁若虾姑，分八节，阔处约四寸，以次而狭，尾亦略同，与恒所见者大不类。

以上引言，对龙虾形态作了惟妙惟肖的刻画，对外形、色彩、神态都

海贝壳



作了细致的描摹，使不知龙虾为何物者，也能大致想象。人们可以从这段描绘中领略龙虾异于寻常的形象与风采。

王莳蕙也是象山写海错诗的高手，一口气写了20首，写出了20种海错的形象与特点。他是象山墙头舫前人，字撷香，号砚农。弱冠入县学。镇海姚燮初以避寇难主其家，其兄莳兰为立“红木犀诗社”，一时多兴于诗者。咸丰十一年（1861年）拔贡，从姚燮游，善古诗文词及诗画，曾授内阁中书，晚年自号抱泉山人。他生长在西沪港边，而西沪港是古代象山著名渔港，多滩涂、盛产小海鲜，西沪港内产的海瓜子，并不是任何人都知道的海错，《象山县志》载：“蛤蜊小者名海瓜子，在五月间最肥。”苏恭的《本草》注：“海蛤，细如巨胜子，其粗如半杏仁者，为屯耳蛤，不堪入药。”以上的注解，都让人似解非解，没有真正地揭示海瓜子的外部形象。但是王莳蕙的诗歌却让人们认识了这个海瓜子，他说：“冰盘推出碎玻璃，半杂于葱半带泥。”实在是形象逼真，这种似瓜子状的贝壳，好似“冰盘推出碎玻璃”，实在是高超的比喻，这种晶莹剔透的海瓜子，一旦炒熟上盘确如“碎玻璃”，那种感觉，再加上盛在洁白“冰盘”上，更是冰玉相映，晶莹生彩。至于“半杂于葱半带泥”是一种赞美亦是一种调侃，晶莹瓜子上点上葱花，色香味兼具。至于“半带泥”则是调侃。海瓜子生于滩涂中，于“污泥”中却洁白如莹，鲜美若此，不如说也是一种赞美。使人们更深刻地了解到海瓜子形态和生长环境。因此“海错诗”或许可以说是人们认识海洋生物的“教科书”或是科普书。

其次，海错诗有寄情海物的思想价值。

咏物以寄情，诗言志，是中国诗歌的优秀传统，海错诗也不例外，许多诗人在描绘海物时，往往通过回想，由物及人表达自己的思想感情，有对统治者暴虐的不满，有对亡国的痛苦，有对渔民不幸的同情，有对社会的鞭挞，有对生活的体验，有对自己感情的抒发。邵嗣贤的《食黄鱼》：“如何遭厉禁，片网不得沉”就是这样的作品。诗人借食黄鱼，批判了明清两代封建统治者的“海禁”制度。明洪武二十年（1387年），象山南田遭“海禁”时在农历三月廿二。汤和以“地接外举，恐其引接”为由“奉旨徒发”南田之民，并约“午前迁者为民，午后迁者为军”。在残酷高压手段下，南田十余岙百姓，约六千人于一天之内悉迁宁海县城外，编户一百一十三里而聚居。官兵“穷搜山谷，封禁其地”，百姓流离失所，其凄苦之状，不可言尽。到了清初，顺治十八年（1661年）又实行海禁，沿海居民内迁二三十里不等，更是“寸板不准入海”，何来渔民下海捕鱼？渔民生产遭到空前的破坏，“片网不得沉”就是对统治者“海禁”政策的控诉，也是对渔民不幸遭遇的同情。陈得善《龙虾行》，抒发的思想内涵十分丰富，对于龙虾被捕捉，作者深表同情，“虾乎虾乎疑尔非真龙，胡为贪饵堕罾腹？”诗一开首就说，龙虾呀龙虾，我怀疑你并不是真龙，为什么贪图口福而堕入渔人的“罾腹”中呢？他为龙虾的不幸遭遇而感叹，而且亦警告世人，不要贪利而陷入“不劫”之中。“何弗喷雨雹？何弗乘雷风？神龙夭矫本难测，破网一跃凌虚空。”在诗人想象中，龙是一种神物，能兴雨作雹，能乘雷掣风，屈曲而有气势，难以捉摸，即使被捉也会冲破罗网，一跃而凌空。但是“得水则生失水死，忽被老渔携入市”一句似乎平淡，但是道理十分深刻，“龙虾”毕竟是海洋生物，虽然神异，但是一旦离开了“水世界”也会“失水”而死。其实是在告诉人们，任何动物或人都是离不开他的生存环境的，如果离开自己赖以生存的环境，结果都是死亡。《龙虾行》这首诗主要表达了诗人保护海洋生物的意识和善行。“吾家水部怜尔穷，放生不惜饼金紫。”“水部”是指诗人从弟宇襄，即陈

畚，“酬以饼金，使人纵之海”，但诗人笔锋一转，却云：“知北难游遂南徙，讶尔计划殊精祥。岂知四海方混一，云北图南两不吉。天涯到处皆危机，沧桑变故非今日。”诗人为什么把矛头指向社会，对时局进行议论？这与诗人生活在清末民国初年动荡社会有关。列强入侵，战争纷起，清朝灭亡。诗人笔下“龙虾”其实已不是“龙虾”，其意象所指也许是清王朝“真龙天子”。当时的北方八国联军入侵，中日甲午战争，北洋水师全军覆没，可以说国无宁日，所以“知北难游遂南徙，讶尔计划殊精祥。”最后诗人发出感叹：“天涯到处皆危机。”真是一针见血地揭示了清末的社会局势。海错诗中寄托的这种事关国事的感情，实在是罕见的。

再次，海错诗创造形象的艺术价值。

海错诗一般都是文人诗，作为艺术创作，也不乏独具个性的艺术特色，从特殊审美对象海错中，创造出独特的海洋艺术形象。

象山清代诗人陈汝谐的《望潮》是很典型的：骨软膏柔笑贱微，桂花时节最鲜肥。灵蛛不结青丝网，八足轻矫斗水飞。“望潮”是生活在海涂中的一种生物。据说每当潮水上涨，它都要探出头来，等待潮水带来的浮游生物，故名“望潮”。诗人笔下的望潮是一个什么形象呢？是个“骨软膏柔”的软体动物，头为卵圆形，身上八腕，像是八足。反应极为灵敏，在海涂上轻捷矫健行动如飞，好像不结网的海上灵蛛。诗人笔下“望潮”的形象，刻画得惟妙惟肖，十分逼真。“望潮”仿佛是“斗水飞”的海上勇士，八足矫健，屈曲旋绕，迎潮而上，踏水而过。象山清代王莳蕙作的《带鱼》诗：“可准深衣旧制裁，素绅三尺曳皑皑。波臣新授银台职，抱笏龙宫奏事来。”一条带鱼在诗人笔下成为身穿飘曳的白色深衣龙宫中的“银台”大臣，手执长笏，上殿奏事，十分勤政的模样，可以说是形神兼备。象山孙天准《蟹肚脐》以山礁名作诗“横行当道几何时，吸尽西江尚在兹。”以螃蟹比喻社会上横行霸道的人物，吸尽西江之水，想不到就在此港中表达了对横行者的愤慨。“若问团尖人不识，山灵亦未辨雌雄。”告诉了人们，蟹脐半圆为团则为雌，蟹脐梨形为尖者则为雄的道理。

其四，寻觅趣味的娱乐价值。

海错诗大多写于餐桌之上，在享受鲜美的海味时，它们在入眼、入口、入味中也进入酒酣而兴起，引发一种打趣的情感，即抒发一种调侃之情，这时入趣对象是海错，利用传说故事、物象的特点，加以遐想，然后咏诗打趣。如王莳蕙咏黄花鱼美味时说：“琐碎金鳞软玉膏，冰缸满载入关刀，女儿未受郎君聘，错伴春筵媚老饕。”食客们品赏黄花鱼的鲜美之余，还要调侃黄花鱼：我的女儿并未许配给你郎君（鲞）呀，可为什么郎君你自荐来宴席上媚悦讨好我这个贪吃的食客（老饕）呢！真是令人捧腹。

象山渔山岛国家级海洋生态保护区

【第七章】

# 开渔大典：象山渔文化的创新实践

象山渔区祭祀的历史传统

开渔节的『中国』定位

开渔节的探索实践

开渔节的特色和深远影响

中国（象山）开渔节，是象山海洋渔文化建设的一项创举。20年来，它的影响和效益，引起越来越多人的思考和研究。它深深根植于象山民间的海祭文化，又融合了现代化的理念和手段。可以毫不夸张地说，中国(象山）开渔节的成功举办和长久坚持，是象山渔文化走向全国的一项根本性举措，也是中国渔文化生态保护实验区落户象山的重要依据。

## 第一节　象山渔区祭祀的历史传统

伴随着千百年来的“渔樵煮海”“鱼羹稻饭”方式，象山人民渐渐融合各地风俗、信仰、生产节令，形成了韵味独特、区域鲜明的渔区祭祀传统。象山古渔镇爵溪弥陀寺祭祀赵五娘庙会，大塘红庙祭祀九龙庙会，昌国卫两头会，石浦六月六庙会，东门岛开洋、谢洋节，石浦“三月三·踏沙滩”等活动规模宏大，场面热烈，承袭着祭祀、娱乐、物资交流功能，代代相传，经久不衰，为开渔节创新实践提供了深厚的文化积淀。

### 一、象山传统的渔民开洋、谢洋节

开洋、谢洋节，是象山渔民在独特的自然环境和历史文化背景下形成的传统民俗活动，它包括渔民祭祀活动和民间文艺表演等。开洋节是渔船出海时，渔民祈求平安、丰收的民俗活动；谢洋节则是渔船出海平安归来，渔民感恩大海的民俗活动。

开洋、谢洋节主要有娱神、娱人两大内容。它们都以祭祀为核心，以民间文艺表演为主轴，含有历史、宗教、生产、民俗等诸多文化内容。据《象山东门岛志》记载，象山渔民开洋、谢洋节活动，距今已有一千多年

开船仪式　吴伟峰 摄

历史，清雍正年间到民国时期达鼎盛。

历史上，象山渔民开洋、谢洋节活动主要流传在沿海地区各乡镇渔村，旧时以东门、爵溪为最，其次则在铜钱礁、沙塘湾、檀头山乡等地居多。

旧时，每年捕大黄鱼季节伊始，都要在妈祖娘娘庙等庙宇举行开洋祭祀仪式。开洋节祭祀时间在三月十五至三月廿三之间，必须选择每天涨潮时分，希望财源随潮滚滚而来。各船主需在前一天剃好头，晚上要用糖水净身，第二天穿上干净衣服去庙里祭祀。供品陈设有序：殿前天井东西两侧各置八仙桌一张，分别供猪、羊各一，以敬天地神祇；大殿中堂放八仙桌两张，陈列肉、鱼、蛋、面和豆腐等五大盘（也有六大盘乃至八大盘），盘头供品放在红漆大盘中，水果、点心可放小盘。吉时一到，红烛高烧，主祭船主上香、献礼、跪拜，虔诚祝祷。毕，退之，船上众伙计（船员）跪拜如仪。礼成，请菩萨上船，由船主手捧红漆大桶盘，置神像（有木雕或泥塑神像）前，也有的在神明前求得令箭（三角小红旗）一支，以代神像，插在四角香袋上，两旁列立千里眼、顺风耳神，香烛悉备。出庙时，代舵（大副）撑黑布伞护顶；三启（舵面负责人）提灯笼前导，众船员持香随后，恭恭敬敬地把菩萨请上渔船，放在船圣堂神龛，顶礼而退。引路灯笼挂在船头，以驱邪保平安。接着由当地和外请民间文艺表演队在主要街道上进行踩街游行表演。节目有：鱼灯、马灯、船鼓、抬阁、车灯和滑稽表演等。午后开始演戏，日夜连台。戏班都请自新昌、嵊县、台州、临海，连演 5 ~ 10 天不等，号称“出洋戏”。通常演出剧目为《桃园三结义》《薛仁贵征东》《赵子龙长坂救主》《杨文广樵山取宝》《穆桂英大战洪州》《岳飞枪挑小梁王》等。开演前，指派一小乐队，到各村庙恭请诸菩萨来观戏。来请的人，手捧大红桶盘，供清香三炷，把代表各庙菩萨的令箭（三角小红旗）插在四角“魁星点”香袋上。各庙菩萨皆到，放鞭炮三声，得加演一出《八仙过海》或《王母娘娘做寿》。加演戏时，长元（船主）得开销红包给表演团队。庙会期间，村民招亲呼朋、宾客盈门，人流如潮。庙里拥得水泄不通，村里一片欢乐祥和。三月廿三择良辰吉时，顺风顺水，渔船出海。船埠上人头攒动，为扬帆出海的亲人祝福送行。锣鼓声、鞭炮声震耳欲聋。在激越号声中，渔船扬帆出海。每年黄鱼汛结束，约农历六月二十至六月廿三，渔船平安归来。这时会举行谢洋节活动，较之于开洋节只是少了请神的环节。这几天，渔村热闹非凡，为感恩大海、感恩神灵，演戏庆丰收、庆平安，号称“谢洋戏”或“还愿戏”。有在城隍庙，还有在渔师庙、关帝庙、土地庙，但大多数在天妃宫或娘娘庙。演出费用由高产渔船出资。戏台上挂有“神人共乐”横额，庙里张灯结彩，供奉二牲福礼。所请戏班有宁海乱弹班、绍兴高腔的笃班，妇女们则喜欢嵊县越剧班。第一场好戏开锣，往往加演一出《蟠桃大会》，赏红包。这时，不仅戏班引以为荣，全场观众也皆大欢喜。为争取荣誉，各渔船船主往往会邀请高质量戏班以获取彩头。

## 二、石浦六月六庙会和昌国两头会

农历六月初一，是石浦城隍庙城隍老爷的生日。每年六月，渔汛也告一段落，石浦出海捕鱼的船只开始陆续回港。赋闲的人们为了祈求来年生

活安康、鱼虾满舱，同时为城隍老爷举办生日庆典，一年一度的“六月六庙会”由此产生。

据记载，六月六庙会始于清同治年间。老人们回忆，石浦因有港湾优势，水上交通便捷，经济发达，商贾云集，市场繁荣。庙会期间，拜神、还愿、看戏、做买卖、探亲访友的人们远从舟山、宁波、三门和宁海各地赶来，四邻八岙的人们也闻讯而至。街上人如潮涌，家家宾客盈门。

庙会由石浦东（号房）、南（关帝庙）、西（真武宫）、北（三圣庙）四境会合办理。四境各自推选出有地位、有号召力、德高望重的耆宿、绅士为“柱头”，统领当年庙会的策划组织及具体实施事宜。“柱头”分年轮值，一境当首，三境协办。

庙会时，石浦每个行业帮会都有精细分工：火铳由铁业行会制作，“八将”由建筑行帮扮演，“掠响扩”“挑千斤担”由鱼贩们帮扮演，一对“大头公公”和“大头婆婆”由搬运行帮扮演。

五月三十那天，当值柱头要给庙里神龛中的城隍老爷和戚老爷（戚继光）换上新袍、新帽和新皂靴，然后请下殿来，另受一番供奉，并请“看”戏，称为“落地”。这天，与石浦毗邻乡村的妇女儿童都会来庙里“护寿”。晚上，庙戏开演，连演十天，直到六月初十结束。

六月初一抬着戚老爷扫过街。初六午后，大型仪仗准备就绪，约下午2点，行会队伍从城隍庙出发，开始环城巡游。队伍以“戚”字大旗和几十对大灯笼为开路先锋，后面跟着一个小丑，肩挑千斤担，手拿竹扫帚，一路从沿街小店里要来免费的黄酒，喝得似醉非醉，横冲直撞扫街路，其实是要路上的游神、野鬼躲避，让堵街挤巷围观的群众两边避让，给出游的队伍留出大通道来。

小丑后面是火铳队，旗队和锣鼓队。再后面是“矮和尚”和“长和尚”。“矮和尚”，石浦人称“矮拔拔”（或称矮菩萨），即短无常。其头大如箩，身材极矮，面容漆黑，穿着黑衣，手拿勾魂板和铁链子，发出“嗦啷”“嗦啷”的响声，在队伍里时而走得慢，时而疾步如飞，很吓人。“长和尚”（亦称周公公），即长无常。其身长丈余，全身穿白，血红舌头伸出一尺多长，行动极慢，给人阴森森的感觉。

在“肃静”“回避”方牌的前引下，接着抬出的是戚老爷和城隍老爷的行神。后面是一支细十番乐队，乐队后面则是表演队伍。里面有踏高跷、抛瓷瓶、打飞叉的，还有的化装成糊涂官、老塾师、疯僧、醉汉、媒婆等。尤其一对“大头公公”和“大头婆婆”，一路上打情骂俏的表演，更令人捧腹大笑。而紧随其后的四境抬阁煞是好看。

行会的队伍从城隍庙出发经过营房街、仓桥头、三圣庙、后街、财神弄、中街、关帝庙、碗行街、横塘岸、福建街、万福街、溪坑头、西门外、大校场，最后到十皇殿结束。一路上，围观群众挤满石浦大街小巷，摩肩接踵，欢呼声不绝，场面蔚为壮观。

六月六庙会期间，人们会见到象山西乡的竹木柴炭、宁波的棉绸布缎及犁耙铁器，本地渔村设摊出售的虾皮、鱼翅拷头、鱼鲞等。隆重的庙会也成为盛大的物资交流会，助推着石浦经济的发展。

石浦六月六庙会之外，昌国“两头会”也是一项与海祭有关的民俗活动。

昌国卫系明朝沿海名卫，为历史上屯兵之所，抗倭重地。后因濒临东海，亦农亦渔，历史文化深厚。

明嘉靖年间起，为表彰捍卫国疆勇士们的业绩，告慰将士英灵，昌国卫民众在每年春捕前的清明节，会举行规模盛大的庙会，为亡灵做道场，同时举办物资交流大集市，买卖渔需物资。农历十月初一，冬捕开始，丰收在望，也要举办盛大的庙会和集市，因此民间流传着“昌国卫，一年两头会”的民谣。历时400余年，久负盛名。

昌国两头会的会期都是三天，地点以昌国城隍庙为基地，由东、南、西三境代表组成的办事机构“长生会”每年轮流主办。主办境称“大头”，协办的两境为“小头”。民间形象地称之为“大头忙抖抖，小头跟着走”。

庙会的前一天，会在卫前街串明亭边搭起戏台，请剧团演街路戏数天，昼夜不息。外乡亲友可在会前提早来看戏。同时，卫城的四个城门要贴出“奉旨恤孤”的文告，用以招引将士英灵前来享受祭拜，以达到庙会“人神和谐祈太平，欢乐祥和庆丰收”的主旨。三天的庙会中，最热闹的场面要数每天下午，行会队伍出行到戏台前的时候，全体演员突然跪在台上向菩萨行礼，台下观众也面向菩萨礼拜，活动达到高潮。

出游队伍序列是：昌国大庙的金色龙灯开道，以示昌国九龙之地，祥和欢腾。紧跟着一小丑，挑着千斤担扫街，也叫清道。后面是阴司殿上的鬼卒，如牛头、马面、鬼王、判官、短无常和长无常等。其后是“泰山府”的文武八将，有徐茂公、程咬金、尉迟公、秦叔宝四大将，还有四文官，再跟着“肃静”“回避”牌匾。然后是城隍爷神像坐着銮舆大轿，由八人抬着巡视全城。

大庙的勇南王供唐名相刘晏像，为“十庙九祠”之首，也坐銮舆大轿上，一起巡游。最后是不同戏曲人物的东、南、西三境的抬阁。昌国抬阁是行会队伍中最有特色、最出彩的表演项目。抬阁以木台为底，台上有固定的凳桩，桩上坐着穿红戴绿、涂脂抹粉的孩童，扮演《白蛇传》《杨家将》《西游记》等剧中家喻户晓的人物，由四个壮实男子抬着游行。扮抬阁的孩童要选当地长相最好的小孩，民间常说：“女孩上过抬阁，婆家相亲不用看；男孩上阁化过妆，长大一定把官当。”因此，大人们也都以让孩子去扮抬阁为荣，整个游行队伍的前、中、后，都有三堂锣鼓响器伴奏，“叮叮当当”煞是热闹。20 世纪三四十年代，多次增加“女儿出嫁抬 36 杠十里红妆”的内容。它是由 36 户人家置办，游行最前一杠嫁妆，抬着花轿，内坐男人扮演的新娘（扮成织女），轿后跟着新郎（扮成牛郎）。可谓“千杠万杠，更喜轿里一杠”。轿里的新娘也通过撒娇逗趣，取乐观众，营造一番欢乐景象。

昌国两头会期间，全县各乡镇商家纷纷运来南北货、棉百货，竹、木、铁等各类商品贩卖。街上戏台日夜开演，慕名前来的人们，或参拜庙会，或串亲看戏，或集市购物，三里长街成了人的海洋，场面热闹喜庆！

## 三、石浦十四夜

相传，明嘉靖年间，倭寇屡犯我国海疆，奸淫烧杀，无恶不作。出身将门世家，身为登州卫指挥佥事的戚继光奉命以参将身份，调到象山一带驻防。戚继光来到这里后，发动人民构建城墙，训练部队，抵抗倭寇侵犯。

有一年正月中旬，倭寇乘民众忙于过节，大举入侵昌国、石浦、南田一带。戚继光军队和老百姓一道奋起抗击，最后取得了胜利。正当大家杀鱼宰猪欢庆抗倭大捷，各种菜肴准备下锅时，有探子来报，另一股倭寇前来报复，进犯我地。军情危急，各种菜肴来不及一盘盘烧煮，伙夫匆忙间把切好的各种小菜一起倒进锅里，煮烧一段时间后，加上米粥、薯粉，做成“糊粒”，让大家既当饭又当菜来吃。将士们吃饱后，士气大振。经过一阵拼杀，大获全胜。这天正好是正月十四。从此每逢正月十四，家家户户都吃“糊粒”，以示对戚继光抗倭的纪念。这种现象流传至今，已沿袭为一种民间岁时节令。

古时石浦十四夜，有八项活动，分别是：吃糊粒羹、请“背箕姑娘”、走十四（灯会）、挂灯（十三上灯，十八倒灯）、打生、看新媳妇、摇小竹娘和扮故事等。

吃糊粒羹。象山石浦一带、鹤浦、高塘等地的群众在正月十四夜餐，家家做糊粒，吃糊粒。小孩子们自带碗筷，挨家挨户说一声“吃发财羹啦”，主人不分认识与不认识，都笑脸相迎，每人一瓢。并且，串门越多，吃得越多越聪明；讨糊粒的人越多，主人家越会发财。

请“背箕姑娘”。在石浦，十四夜上最盛行请“背箕姑娘”祈祷平安丰收。这时，人们通常以家族、邻居形式聚会同欢，并会在屋内外点上亮灯。堂前放一桶水，桶边挂一面镜，选四位姑娘盘腿坐地，每人右手竖一根筷，

大家顶着一只背箕，背箕上放剪刀、烙铁、尺、花等物件。然后，姑娘们静心同诵“背箕神圆滚滚，剪刀烙铁做媒人，花给你戴，粉给你塔（搽），请你‘背箕姑娘’来看灯。今年灯不比往年灯，四四方方角牌灯，两头尖尖橄榄灯，七手八脚稻蟹灯，打鱼人喜爱是鱼灯”。念着念着，背箕会按顺时针方向不停地摇摆起来。此时，问年龄、问亲情、问年成等，背箕便会一声声准确敲响水桶。旁人里三层外三层围观，既好奇又开心。

走十四。当地有句俗语：“要睡冬至夜，要吃三十夜，要走十四夜。”十四夜，人们寺庙抬出菩萨，称行神。一路上，锣鼓在前，龙灯、鱼灯、马灯、车子灯等在后，男女老少提鱼灯，全家出动，大街小巷人如潮涌，热闹非凡。足不出户的大户人家女子，在十四夜可以涂脂抹粉，梳妆打扮，名正言顺地穿行于人群中，走庙、观灯、看热闹，同欢“走十四”。

挂灯(十三上灯，十八倒灯)。十三晚上，人们为了辟邪，要抬着大鼓，敲着锣鼓去上庙点灯，俗称“点天灯”。除了庙的山门边、大殿内红灯高悬，各家门口、堂前、房间亦挂灯，意为捂进宝，俗称“发财灯”。正月十八，彩灯摘下收藏，意味着一年生计的忙碌就要开始了。

打生。因旧时人们喜欢早生早育，多子多孙。打生游戏是把多年未生的媳妇绑在桃树底下，凑热闹者就会边打桃树边问：“你生不生？”如果有媳妇怕难为情不说话，便继续打着玩儿，直到说出一声“生”字，大家才高高兴兴回家。

看新媳妇。新娘子结婚后的第一个元宵节十四夜，要穿婚衣，盖婚纱，坐床边重温新夜，让亲朋好友、左邻右舍看、说、笑、玩儿。主人家以糖果、红枣茶热情招待。据说，闹的人越多，新媳妇越能早早怀上孩子。因此主人家都很愿意大家去闹。

摇小竹娘。十四夜，小孩子们会跑到竹园里摇小竹娘。边摇边念：摇摇小竹娘，今年划（还）是你长，明年与你同样长，后年划（还）是我长。据说摇了小竹娘小孩子会长得快。

扮故事。十四夜，村里开阔的场地上，两三人一群，面孔着色，身穿奇装异服，站在场地上有说有唱，讲当地的故事、外地的新闻，滑稽有趣，常使观众捧腹大笑。

## 四、象山拜船龙和做顺福

拜船龙和做顺福是两个相关联的民俗活动，是渔村特有的。在传统习俗里，拜船龙后，渔船上必须要做顺福（亦称船福），集中体现了渔船上的祭祀和饮食文化。它是群体性传承项目，几乎每个有船的家庭都有人会拜船龙和做顺福。

拜船龙和做顺福，与渔船的发展有着直接的关系，因为有船才举行拜船龙和做顺福。旧时，在科学文化还不发达之际，渔民以为每条船都有“船龙爷”，它能够保佑渔民平安出海、满载而归，所以必须虔诚祭拜。

据记载，唐代中期，随着航海和造船业的发展，象山出现了一种被称作“丈八河条”的渔船。另据《象山东门岛志》记载和石浦东门渔村老渔民奚阿宝（已故）、称乾初（已故）等6位老人回忆，当地有了渔船便开始有“拜船龙和做顺福”的习俗，并一直流传至今，从未间断。“文化大革命”期间，祭拜人减少且较隐蔽。改革开放后，又开始流行。

拜船龙的时间一般在每水洋出海这天上午涨潮时分。这里的一水洋是半个月，一个月分别两个大水、两个小水。供品摆放在桅杆靠近船头的甲板上。供品有5盘，分别是肉、鱼、豆腐、面（红馒头）、红鸡蛋等。有的渔船有8盘或12盘。过年时，一般用12盘。

供品摆放也有讲究：中间摆放肉，两边摆放鱼、蛋，最外面摆放豆腐、面（红馒头）。旧时供品都放在红漆桶盘中，现在则放在船员盛菜的大盆子里。如果放8盘，再加3盘水果或干果。干果一般都用红枣、桂圆、核桃等。供品前面须放5个大酒杯，供品后面放置2个燃着大红蜡烛的烛台。蜡烛中间放香炉。放妥后，船主或老大（船长）用盛满酒的酒壶往酒杯里倒上酒，点上3炷香，面向船头，边拜口中边念念有词。大致意思是：希望船龙爷保佑一帆风顺、满载而归。拜罢，把香插入香炉，再拜（有的跪拜）。酒过3遍，烧经忏，放3个炮仗。如有一个不响，船上就有人说：“闷声不响大发财。”如只响一声，就有人说：“独占一鳌头。”放完炮仗，把酒洒在船头一周及船头两边的海里。祭毕，收起供品。中午，用拜船龙的供品做成菜肴，大家一起在船上举行一次聚餐。这就叫做顺福，意为托船龙爷的福，吃后，大家出海顺风得利，满载而归。聚餐开始，大家还要举杯高喊：“开筷吃肉，海洋大熟（即海洋大丰收）！”聚毕，每位船员都能分到两个红鸡蛋，意思是吃了船龙吃过的红鸡蛋，大家都能红光满面，平平安安。

拜船龙和做顺福是象山渔民的一种精神寄托，给自己一种心理暗示，如同吃了定心丸，可以增强战胜风浪的信念和勇气。

## 第二节　开渔节的“中国”定位

开始于1998年的中国（象山）开渔节，是一项具有开创意义的海洋渔文化探索实践活动。至今坚持进行了20年。类似的海洋渔俗节庆活动，全国也都普遍存在，但象山的开渔节是定位最高、筹划最认真、影响也最大的一项。

### 一、开渔节缘起——首届开渔节筹备经过

开渔节，源自于1996年禁渔期的实施。20世纪80年代末，浙江省象山县石浦镇先于全国打破渔业生产大锅饭模式，沙塘湾村首先实施了对船股合作制，利用民间资金发展184千瓦以上外海钢质渔轮，渔业效益显著，一时间“打大船、闯大海、赚大钱”成为渔区的响亮口号。20世纪90年代中期，随着捕捞强度增加，甚至野蛮滥捕，海洋资源明显衰退，特别是七八月份，东海渔区许多鱼类尚处幼鱼阶段，有人形容：“带鱼像带子，鲳鱼像扣子，格杀勿论，一网打尽。”象山一些船老大，联名向上级呼吁，要求实行伏季休渔，确保海洋资源合理开发，并得到了上级肯定，于是便有了1996年东海渔区的禁渔期。

第一年禁渔期为6月15日至9月15日，时值盛夏，石浦十里港池渔轮泊岸，桅樯如林。面对如此景象，莅临石浦的领导、游客都不同程度地提出搞一次渔民开船活动非常必要。两位来自北京的有识之士，看到石浦港场景非常兴奋，认为这是开船活动最出彩场地。渔民要求办节呼声也较高，并向有关方面呼吁。

1997年6月15日，亚洲飞人柯受良为庆祝香港回归，飞越黄河壶口成功，名声大振。柯受良出生在象山石浦镇渔山岛，4岁时去台湾，1997年8月24日，柯受良衣锦还乡，受到乡人热烈欢迎。在县、镇领导参加

的欢迎会上，有人提议：明年开渔节请他开枪发令。他欣然允诺。从此开渔节由朦胧的概念开始进入越来越清晰和认真的筹划与实施阶段。

## 二、开渔节的“中国”定位

古人云：“名不正，则言不顺”，开渔节活动也是如此。开渔活动，让筹划者最煞费苦心的是，如何命名，如何定位？当时提出了许多名称，如开捕节、开船节、渔民节、开渔节、开洋节等。前面冠以“象山石浦”“浙江宁波”，总不尽如人意，酝酿再三。受当地华东地区最大水产品交易市场“中国水产城”启发，命名为“中国开渔节”，并获得一致通过。综合大家意见，基于以下几方面考虑。

第一，国内第一次举行渔民大节，前无古人。20 世纪 90 年代末期，各地文化节庆悄然兴起。然而以渔民、渔业、海洋为主题的节庆无人问津，象山人紧抓这个先机，捷足先登，并希望通过先声夺人之势，占领全国制高点。

开渔啦　陈良军 摄

第二，象山县具备诸多“国内第一”客观条件。当时的石浦镇渔业综合实力位居全国前列，有“全国渔业第一镇”之誉。石浦港为东南沿海著名良港，港池中心线 18 千米，港城面积 27 平方千米，可泊万艘船。四岛屏罗，五门环列，基本上属于封闭型港口，禁渔期结束，可以做到两三千艘渔船同时从 200 米宽的铜瓦门水道出发，形成震撼人心的场景。渔船先进，先富起来的渔民敢造大船，在港内 180 千瓦以上的钢质渔轮不少于 500 艘，当时在全国绝无仅有。如果集体出港，浩浩荡荡，耀武扬威，一定势盖全国。

第三，与保护海洋、渔文化结缘，率先迈向全国前列。筹划过程中，大家还提议，开渔节开渔为重要环节，不能局限于开渔，而应该提出更高层次、更响亮的口号。于是便有了“保护海洋，感恩海洋”的主题，其核心理念为“善待海洋就是善待人类自己”。引导人们由简单利益追求，转向价值追求。

我们经常说“越是民族的，就越是世界的”。渔文化是民族文化中一朵奇葩，我们应在节庆中得到充分展示，从渔民的信仰祭祀到渔文化发展沿革，从渔村渔港文化到渔民文化，从渔灯渔鼓到渔民号子一一闪亮登场。

同时，以海纳百川、有容乃大之胸怀，实行开放办节，邀请全国各地渔民兄弟参与，一定会使节庆锦上添花，吸引世人的眼球，让象山文化声名远播。

于是，当时对开渔节作出了十六字基本定位：“先声夺人，立足当地，傲立国内，面向世界。”

## 三、开渔节在石浦落地

1998 年年初，石浦民间要求办节呼声很高，有些民间骨干分子跃跃欲试，准备用民间民俗的方式为渔民兄弟们送行、祈福。当然石浦镇政府也四处探访，寻求突破。

1998 年 4 月，镇政府拜访了上海电视台，达成合作意向。由上海台“天下第一”栏目负责策划，指挥实施，举行一个气势恢宏的开船仪式。由该台录制播出，并申请吉尼斯世界纪录，费用 200 万元。几经反复，觉得不切实际。首先，导演不习海性，没有渔民、渔船生活体验，方案犹如隔靴搔痒，纸上谈兵，把渔船看成是可以随意调遣的“沙场秋点兵”，根本没考虑渔民接受程度与海上潮位因素。其次，内容单一，活动仅限于开船仪式，在如何反映石浦港丰富海洋渔文化，如何体现民俗性及特色方面明显不足，与石浦初衷不符。再次，价位过高，经济不堪重负，与当时少用钱多办事原则大相径庭。

最终得出的结论是，要勤俭办节，高效办节，不是外来和尚好念经，而是需要稔熟地方文化，懂得渔民、渔船的当地人，也就是自己节庆自己办。同时要使活动一鸣惊人，非石浦一镇之力能完成，仅港面上就涉及港务、航管、渔政、边防、安保等权力部门，所以要求提升格局，由县里出面统筹。

1998 年 6 月底，象山县委、县政府顺势而为，召开专题会议，分析了石浦港口条件，渔船规模，文化底蕴，以及渔民参与热情，并结合联合国“国际海洋年”这一主题，决定率先在全国搞以渔民为主体的海洋节庆活动，以展示渔文化的独特魅力，并要求只许成功，不许失败。

由于时间紧迫，经验缺乏。县里立即组织强有力的班子进驻石浦镇，活动由三部分组成，搞一台人海共欢综艺晚会；搞一次欢送渔民出海开船仪式；举办一次地方特色经贸洽谈会。

## 四、中国开渔节惊艳全国

第一届中国（象山）开渔节文艺晚会地点在石浦原水产城旁，当时是由一片杂草丛生的荒地平整出来的。节目内容与浙江电视台合作，主持人为舒影和王林。明星除刘欢和柯受良外，还有尚未出名的白雪、周艳泓等，购票者蜂拥，一票难求，现场门票贩卖到 10 倍左右。演出时，借助滨海舞台，灯光效应，气氛热烈，人海同欢，给人留下了震撼、惊艳的印象。

开船仪式是开渔节的灵魂。现在看来比较简单，首发船队加上参加领导欢送平台，但当时没有经验可以借鉴，一切都得摸索。如讨论发令好还是敲锣好，实践证明，敲锣符合开渔节场景，电视画面也比较出彩。船旗正方形、长条形，还是三角形好？经过比较，三角形船旗尾部能甩动，最喜庆，最有动感，所以连续举办 20 届了，万变不离其宗。这都是当时比较出来的结果。

开渔节　吴伟峰 摄

20 年前开渔仪式场地非常逼仄，渔港路没有拓宽，休闲平台尚未建造，组织者借用了“石浦 2 号”客轮，仪式就在甲板上举行。上面横卧着一条大黄鱼，既喜庆，又有满载而归寓意。这是时任王仁洲县长提议，由民间匠人用三天三夜赶制出来的。由于有 12 米长，没有场地施工，艺人们采取整体设计，分段合拢办法，取得较好视觉效果。

第一届开渔节邀请各级领导、嘉宾出席，并在开渔仪式上致辞。印象比较深的有宁波市委常委、副市长陈敏尔，他的讲话简短、有力，很有感染力。

开船时间大约在下午 3 时，仪式半小时。当时天气晴好，石浦街区万人空巷，渔港路人头攒动，水泄不通，附近山坡上都是密密麻麻的看客，更惊险的是，沿街屋顶上都站立着送行的人群。“石浦 2 号”客轮发出悠扬的汽笛声，鞭炮声、锣鼓声，惊天动地，港岸一片欢腾，人们感受到从未受过的震撼，许多人脸上挂着泪花。

经贸活动的地点在原水产城一楼大厅，由石浦镇工业办公室、县招商局负责。活动主要内容是，经贸洽谈及签约仪式，鲜活水产品展示、各冷冻厂分设摊位，场面比较热闹。“文化搭台，经贸唱戏”是当时时髦形式，在国有企业唱主角的氛围下，许多客商都是冲着这个主题来的，所以，商贾云集，堪称一时之盛，为第一届开渔节的又一道风景。

首届开渔节，领导最担心的是安全问题。开渔节期间，全县上下充分调动起来，尤其是渔民兄弟热情高涨，有钱出钱，有力出力，积极配合，一派祥和喜庆的氛围。活动结束时，没有发生一起群体事件，没有损坏一株花木。良好的开端为开渔节连续举办创造了条件。

## 第三节　开渔节的探索实践

“靠山吃山，靠海吃海。”象山渔民自古以来就有开捕祭海的民俗。1998年，象山政府和有识之士准确把握了联合国大会命名的“国际海洋年”这个契机，顺应了合理开发利用海洋的潮流趋势，在渔民兄弟向全世界发出“善待海洋就是善待人类自己”的倡议中，将渔民的自发仪式上升为一个海洋文化的盛典，成功举办了第一届中国（象山）开渔节。20年来，中国（象山）开渔节承接传统，不断创新，荣膺中国十大品牌节庆、中国十大最具魅力节庆、新世纪十年·中国节庆杰出典范奖、全国节庆活动百强等多项荣誉，在人民网举办的“2008年最受关注地方节庆”评选活动中名列首位。2012年9月，中国（象山）开渔节被列入了国家海洋经济发展“十二五”规划，在国家层面得到重视和推广。2013年8月，中国（象山）开渔节获得了国务院全国清理和规范庆典研究会论坛活动工作领导小组正式批复同意，成为由浙江省人民政府、国家海洋局主办的文化节庆活动。2014年8月，国务院全国清理和规范庆典研讨会论坛活动工作领导小组已正式发函，同意中国（象山）开渔节作为浙江省保留节庆活动项目。

经过20年的历练，中国（象山）开渔节逐渐形成了相对固定的规模和格局，内容主要包括仪式、论坛、文体、经贸和旅游五大板块，从不同角度，不同形式，展示渔文化的独特魅力。

### 一、包含丰厚海洋渔文化信息的仪式

开渔节内涵丰富，形式上有祭海仪式、开船仪式、蓝色海洋保护志愿者行动、妈祖巡安仪式等。

祭海仪式源自悠久的民俗传统，千百年来，渔民们在出海前总要去敬拜妈祖，祭奠大海，祈求平安、丰收。如今，祭海典礼已成为中国（象山）开渔节最具特色的民俗活动之一。从2008年开始，祭海仪式的场地固定到东门的门头山，形式也从公祭转为民祭。东门门头山的祭海场地，已经

成为石浦的旅游景点之一。

台湾台东县小石浦村原系石浦渔山岛原住村民，1955 年迁居台湾，渔民们请走了岛上供奉的“如意娘娘”。当年迁台时的 400 余人小渔村如今已发展成为 1 500 人的大村，但他们对妈祖、如意娘娘的信俗始终不改。半个多世纪的分离，没有阻隔两岸同祖同宗、一脉相承的文化渊源，反而使小石浦村村民思乡之心日益深切。从 2006 年开始，结合渔区渔民传统的祭祀祈福习俗而首创的“海上妈祖巡安仪式”，成为开渔节活动的新亮点。妈祖、如意娘娘在石浦港畔巡游，两岸同胞在妈祖和如意娘娘神明前虔诚叩拜，祈愿两岸兄弟姐妹如意往来，共享平安。

开船仪式是历史上渔民出海、归航时亲人迎送的习俗演变的。对远航打鱼的渔民，这是一份祝福，对在家盼望与惦念的渔家来说，则是一份企盼，而对更多的市民与游客来说，开渔仪式则是渔港特色文化，或者说是新的渔家文化。目的是引导当地经济向渔文化及渔文化产业发展，要将渔文化观光产业、海钓文化、海鲜美食、渔港渔村的生活体验做成海洋服务产业，吸引八方来客。

2000 年 8 月，象山 21 名渔老大发起中国渔民“蓝色保护”志愿者行动，十几年来，该行动坚持“善待海洋就是善待人类自己”的主题，倡导人与自然和谐发展的理念，已经发展成为青年志愿者活动的品牌项目，中国渔民“蓝色保护”志愿者组织机构不断健全，成立了专门的指导委员会，注册志愿者已经发展到 1 万余名，设立了赤潮监护、净海、净滩、宣传、韭山列岛保护等 5 支分队；形象包装不断完善，聘请“京城活雷锋”孙茂芳为形象代表，聘请 43 名第十九届环球皇后决赛选手为“蓝色使者”；组织了环太平洋海洋环保志愿者行动、增殖放流活动、保护中华凤头燕鸥系列活动等，提出延长禁渔期的建议，并主动修改渔具保护幼鱼，把不可降解的生活垃圾带回陆地处理，自发组织到沿海各城市开展海洋保护宣传，向沿海 20 个城市的市长和环太平洋国家首脑写信提出海洋保护的建议，每年向大海投放数种珍稀的经济类鱼苗，海洋生态环境得到了明显改善，全世界不超过 50 只的“神话之鸟”黑嘴端凤头燕鸥在象山韭山列岛重现；社会影响力不断扩大，收到了联合国教科文组织和加拿大、新西兰总理的来信赞许；应邀出席了 2002 年 5 月北京国际志愿大会并作大会发言，受到了

与会代表的一致好评。2006年9月8日，“中国青年志愿者蓝色护海行动基地”落户象山。

## 二、深入进行理论探讨的各级海洋文化论坛

开渔节期间，还举办了多种论坛。论坛主要是以中国海洋论坛（象山成为中国海洋论坛的永久性地址）为主。中国海洋论坛最先是由国家海洋局支持，中国太平洋学会和象山县人民政府于2005年9月共同创办的全国性的学术盛会。设立这个论坛，旨在宣传海洋政策，发展海洋经济，弘扬海洋文化，提高海洋意识，推进海洋社会建设，为我国海洋事业全面发展提供理论和学术支撑的交流平台。

中国海洋论坛自2005年举办起，每年邀请一批中外知名人士、专家学者、政界要人和企业家会聚象山，共议海洋开发和保护论题。全国人大常委会副委员长蒋正华、全国政协副主席李贵鲜、历无威、张梅颖、罗富和、阿不来提·阿不都热希提等国家领导人先后出席了论坛［中国（象山）开渔节］并作重要讲话，时任浙江省委书记的习近平于2006年9月在象山调研期间也参加了中国海洋论坛和中国（象山）开渔节并予以好评。此外，前联合国助理秘书长，国际海洋学会主席阿瓦尼·贝南，中宣部原部长朱厚泽，国家海洋局原局长张登义，时任国家海洋局副局长王宏，著名经济学家、北大光华管理学院院长厉以宁以及其他中国科学院院士和中国工程院院士都曾亲临海洋论坛并作主题发言。

中国海洋论坛举办以来，分别以“海洋环境保护与可持续发展”“海陆统筹与可持续发展”“休闲、海岛、新渔村”“应对国际金融危机，大力发展临海产业”“区域海洋经济发展与产业结构调整”“海洋产业发展与金融服务创新”等为主题，通过主题演讲和互动式讨论，为海洋经济实现跨越式发展提出了许多前瞻性和建设性的建议。经过多年的打造，中国海洋论坛已经成为我国海洋界讨论海洋经济和海洋事业发展的一个专业性论坛。

为了更好地交流海洋渔文化，象山还在第七届开渔节期间举行全国渔文化研讨会。研讨会邀集国内外80多位专家、学者与会，收到论文50余篇，就渔文化概念、功能、历史地位、未来作为作了全面研讨。会

后，汇集36篇论文编成《中国渔文化研讨论文集》。论文集不乏真知灼见，也有些值得商榷的观点，但这是开创性的研究和探索，能够给读者提供有益的借鉴和启示。作为中国渔文化研究第一本论文集，它的出版有助于渔文化研究成果走进更多的读者群，为社会各界所利用。同时，也可以让广大干部和群众了解、熟悉中国渔文化的历史，成为传统教育的好教材。

## 三、丰富多彩的民间文体活动

中国开渔节举办期间，除了大型演出，还组织了丰富多彩的民间文体活动。它们都是传统文化、民俗特色和时尚元素的有机结合。

一是充分发掘、整理传统的渔文化和富有民俗特色的文艺精品。比如第九届开渔节组织举办了全国首次渔歌（号子）邀请赛，得到了国内名家的好评。

二是广泛开展群众文化活动。文体方面，前几年主要是精心打造开幕式暨主题文艺晚会，场面恢宏大气，欢快热烈。中央电视台的《同一首歌》《电影爱象山》都曾走进象山，具有一定名气和人气的歌手悉数来象献艺。近几年转变办节理念，激发渔民群众的积极性，使开渔节真正成为自己的节日。组织“乡村歌曲大家唱”“象山好声音”演唱会、“走进象山庆开渔”文化走亲联谊晚会等，十九届开渔节共提供群众性文化活动15场次，15余万人享受到具有乡土气息的文化大餐。连续两年举办的渔区民俗文化巡展，近千人的队伍全都由群众自发组成，服装、道具等均自行装备，整个活动以古老庙会形式呈现在大家面前，受到观众一致好评。

三是大胆引进时尚活动。第八届开渔节，把首次走出加拿大的第十九届环球皇后全球总决赛引入象山。第十四届开渔节，组织了全国性攀岩邀请赛。除此之外，还筹划了：象山风情摄影大赛、全国渔家秀服装设计大赛、中国文联黄金海岸创作笔会、全国渔文化研讨会等一系列具有全国影响的文化活动。在第十届开渔节中，结合奥运主题，针对本地区的实际，举办了长三角地区海洋体育大展示活动。还创造性地与中央人民广播电台、中国国际广播电台、国家海洋局联合举办了“中国（象山）开渔节·2007感动海洋环保人物评选”的活动，于2007年9月14日的晚会进行了颁奖仪式，将中国（象山）开渔节推向了全国。第十一届开渔节还与《民族文学》杂志社联合举办了迎奥运征文活动，并于当年10月19日在北京人民大会堂举行颁奖仪式，进一步扩大了开渔节的影响力。第十一届开渔节和台湾台东的联谊活动，加强了两岸文化交流与互动。

### 四、扎实有效的经贸和旅游活动

经贸类主要是借助开渔节这个平台进行招商引资。第十届开渔节上共有8个项目签约，8个项目开工，12家企业注册，总投资外资3 800万美元，内资9.5亿元。同时，海鲜餐饮在开渔节期间也得到了极大的推动。借助海鲜旅游节，以“美食、美景、美女”为主题积极对外宣传和推广象山海鲜餐饮，打出了“十六碗”海鲜餐饮品牌。在上海等地举行了海鲜节，着重推介象山海鲜特色产品和海鲜餐饮企业。目前，象山海鲜名扬沪杭甬。

近年来，按照“政府推进、市场运作、社会参与”的运作方式，着力打造“开渔节”品牌价值；在市场化运作上进行了有益的探索。对“祭海仪式”“中国海洋论坛”“海洋文化夜市”等知名度较高的项目，进行商家赞助、项目冠名、企业承办等不同的运作模式，实现开渔节和企业的“双赢”，形成节庆良性循环。

开渔节期间，每年设置“开渔之旅”“海鲜之旅”等相关活动，据统计，仅第十九届开渔节，全县共接待县内外游客63.3万人次，经济总收入约5.1亿元，海洋休闲之旅声名远播。

## 第四节　开渔节的特色和深远影响

中国（象山）开渔节已经成功举办多届了。2018年的开渔节也即将举行。一个海洋类民俗节庆活动能够坚持20年，并且影响力持续发展，说明这个节日有它强大的生命力和鲜明的特色。

## 一、中国（象山）开渔节的主要特色

### 1. 开渔节主题鲜明

中国（象山）开渔节的主题是海洋生态文化，口号是“善待海洋就是善待人类自己”。尤其突出“感恩海洋、保护资源”理念，引导渔民兄弟严守四时之禁，提高保护海洋资源和生态环境的自觉性。特别是越来越重视海洋意识，海洋经济如火如荼发展的今天，开渔节的主题更加符合时代潮流。

### 2. 深厚的渔文化内涵得到充分展示

中国（象山）开渔节是渔民的节日、渔文化的节庆，主要活动内容具有悠久的历史、深厚的文化内涵，赋予了节庆强大的生命力。

祭海仪式源自古老的渔区传统，早在几千年之前，渔民就在出海前祭奠大海，祈求平安、丰收。开渔节将渔民耕海牧渔的传统方式演变成感恩海洋、保护海洋的盛典。

象山妈祖文化历史悠久，元朝开始就建庙祭祀。每年渔汛期间的“出洋赛会”“谢洋赛会”久负盛名。中国（象山）开渔节首创妈祖巡安活动，并吸引了台湾同胞的踊跃参与，两岸同胞“共谒妈祖、共享平安”，是开渔节一道亮丽的风景线。

气势磅礴、千舟竞发的开船仪式，是根据历史上渔民出海、归航时亲人迎送的习俗而演变的。出海之际，社会各界人士和民众一起聚集码头，为渔民敬壮行酒、鸣锣开船，并用喜闻乐见的民俗表演欢送渔船远航。

通过举办开渔节，发掘、保护和发展了象山的渔文化。成立了象山渔文化研究会，创办了渔文化刊物；对深藏民间渔文化资源进行了普查，一批项目被列入国家和省级非物质文化遗产。

### 3. 组织机构健全，运作机制完善

中国（象山）开渔节是象山县一年一度的文化大节，也是54万象山人的一件大事。为确保开渔节连续有序举办，2003年成立了“象山县节庆活动办公室”，2008年更名为“象山县大型活动办公室”。每年都成立由县长为主任，有关政府领导为副主任，各镇乡、街道和部门负责人为成员的开渔节组委会，下设办公室和活动工作组，全面负责和组织实施开渔节的各项活动。建立了完善的政府主导、社会（企业）参与、市场化运作的机

制，确保每届开渔节顺利进行和气韵、文脉的贯通。

### 4. 参与性强，公众认可度高，助推当地社会经济发展

中国（象山）开渔节的主要活动都面向民众，活动的设置也充分考虑群众参与性，每年都有近 20 万人次参加祭海、妈祖巡游、开船等活动，在公众中有很高的认可度。中国（象山）开渔节助推了当地社会经济发展，最明显的是促进了象山旅游业发展。20 年里，旅游业从无到有，并呈现繁荣景象，拥有了多个 4A 级景区，旅游人数剧增，“吹海风，观海景，吃海鲜”成为一大旅游特色。同时，通过举办开渔节，象山的渔文化得到发掘和弘扬，海洋特色经济理论体系进一步完善，社会事业进一步发展，民众的凝聚力得到进一步提高，营造了良好的社会大环境。

### 5. 在国内外具有较高的知名度、影响力和示范意义

通过 20 年的精心打造，开渔节凭借自身拥有的强大生命力和每年开渔节期间，中央、省、市和港澳台地区强势媒体的参与报道，在国内外具有了一定的知名度和影响力，在东海海区也具较好的示范意义。海洋环保志愿者行动和连续举办三年的环球皇后世界总决赛，更是把中国（象山）开渔节推向世界舞台。第九届中国（象山）开渔节上，台湾台东大学派出了强大表演队伍来参与，东森电视台全程跟踪拍摄；第十一届中国（象山）开渔节中，台东如意娘娘返乡省亲，央视新闻联播作了专门报道。团中央授予的“蓝色志愿者行动”国家级基地、国家海洋局授予的全国海洋意识教育基地，使开渔节声名鹊起。中国（象山）开渔节也为中国的节庆作出示范，自中国（象山）开渔节举办以后，在时任广东省委书记张德江的要求下，广东阳江举办了南海开渔节，其他一些沿海和沿湖地区也举办了类似活动，为中华节日增添了浓重一笔。2012 年 9 月，中国（象山）开渔节还被列入国家海洋经济规划，催生了我们傲立国内，走向世界的自信。

## 二、隆重庄严的开船仪式和祭海仪式

随着东海伏季休渔结束，石浦港张灯结彩，云旗招展。港区 2 000 多艘渔船装扮一新，按序阵列，整装待发。欢送平台上，简单的文艺节目后，领导致欢送辞，激昂的渔家号子响起，身着传统服饰的老渔民、渔姑、渔嫂、渔童手捧海碗，向即将出海的渔民敬壮行酒。老渔民用当地土话高喊

蒋曼儒 摄



祝词，船上渔民用酒碗呼应。这时，广播里传来带头船老大的声音："报告指挥台，首发船队已准备完毕，请领导下达开船命令！"领导上台宣布："渔民兄弟们：×× 年东海休渔结束，法定开船时间已到，准许开船起航！"接着鸣锣三响。50 艘首发船队全速疾行，接着其他船只紧急出发。渔港古城万人空巷，乐鼓喧天，为出海远航渔民兄弟们呐喊、加油！港中云旗猎猎，千舟竞发，从铜瓦门直奔希望的大海。时间约一个半小时，为开渔节最壮观、最振奋人心的场景。

在远送船队的同时，祭海仪式也庄严举行。

开渔节祭海仪式将渔民从前出海时的家庭小祭，演绎成了成千上万人参加，融入"保护海洋，感恩海洋"理念，堪与祭黄帝、大禹相媲美的大型祭祀活动，成为展示渔民信仰文化的窗口。

一条猩红色的地毯，从祭台长长地伸向海边。上百位祭祀者把海碗高举过头，又低首缓缓洒在脚下。数百面幡旗猎猎作响，数百名渔民庄严肃立，浑厚的鼓乐撼人心魄，激昂的号角冲破云霄。寄托着渔家汉子生生不息的祝福……

主要程序为颂祭文、奉五果、敬祭酒、放海生、献祭舞。其中祭文的文化内涵非常丰厚。如第九届中国开渔节祭海文：

维公元2006年9月14日，值中国第九届开渔节暨象山立县1 300周年之际，主祭者象山县县长李关定，偕全县父老乡亲并海内外与会人士，谨具清酌庶馐之奠，祭大海于石浦宋皇城，而告之以文曰：

洪荒初开，即存大海。万顷一碧，无边无际。

浮沉日月，辉映星汉。化承雨露，吸纳百川。

伟哉大海！生命之源。衍生万物，哺育人类。

半岛象山，古称蓬莱。先民居此，六千余载。

渔盐耕作，生息繁衍。缘海而邑，神龙立县。

依海创业，代有先贤。藉海行舟，围海造田。

美哉大海！朝夕相伴。风连浪起，月随潮归。

海山仙国，千崖叠翠。日浴鲸波，烟开鳌背。

恩我佑我，历历可鉴。不敢或忘，临风永怀！

今日象山，本海纳百川勇立潮头之精神，继二十余年改革开放之劲势，政通人和，百业俱兴。象山乃海之邑，邑人为海之子，以海洋大县起步，操捕捞之艺日精，于是乎有竭海而渔之虞。

生于斯、长于斯，邑人深知海兴我兴，海竭我竭，善奉海洋，即善待自身。乃有定期休渔之举，首倡以时开渔之节；幸获举国认同，遂成全民之庆。

象山何幸，九开盛典。举世瞩目，近悦远来。高朋满座，合邑腾欢。千轮待发，遍泊港岸。谨把酒祭酹，恳祈佑我渔民；朝出暮归，长传平安之信；履波踏浪，永无覆溺之虞。金风和畅，锦鳞郁勃；张帆则风顺，下网则鱼丰。

获海之恩，敢不图报！定当取索有时，以期生生不息。大海有灵，请鉴我之诚，共证斯言，同乐其域，振我渔业，襄我邑人！尚飨。

## 三、欢快的主题晚会和海上妈祖巡安等民俗活动

以“善待海洋就是善待人类自己”为主题的中国开渔节大型文艺晚会，明星云集，好戏连台，魅力四射。经过多年的操作，开渔节文艺晚会已经成为展示象山浓郁海洋文化和渔家文化的舞台。2010 年第十三届开渔节主题晚会开始转型，民俗民间文艺活动成为节庆活动的主要表现形式。

至今受邀参加过表演的明星有：刘欢、柯受良、阎维文、孟庭苇、冯巩、董文华、周彦宏、白雪、孙涛、臧天朔、濮存昕、毛阿敏、腾格尔、李进、陈思思、关牧村、周涛、亚宁、韦唯、费翔、满文军、韩红、火风、那英、林忆莲、任贤齐、张明敏、孙楠、高枫、毕铭鑫、戴玉强、瞿颖、朱军、张也、田震、周华建、郭峰、任静、符笛生、陈慧琳、蔡国庆、张行、张信哲、阿牛、薛之谦以及零点乐队等。可谓是群星灿烂，充分说明了中国（象山）开渔节巨大的影响力和魅力。

在专业性演出的同时，象山石浦民间还往往要举行海上妈祖巡安活动。

海上妈祖巡安以石浦核心港区为平台，以千艘渔船为背景，以渔民妈祖信仰为纽带，通过声、光、电，把石浦打造成流光溢彩的渔港风情之夜，出海前夜，为渔民兄弟祈福送行。主要程序有：

精心制作主题彩船。一般有：回避肃静，安澜赐福，台东如意，渔家旧俗，一帆风顺，年年有余，鱼虾满仓，快乐海洋，吉祥渔港等 16 艘。

请神。下午 3 时开始，天妃宫举行隆重仪式，太阳下山后，将妈祖娘娘请上“安澜赐福”彩船。

开灯。7 时左右，巡安船队到港区，所有渔船突然开灯，迎接妈祖，照亮港区。

巡安线路，在核心港区转两圈。每船配乐队，孔明灯，鞭炮等。沿途岸上观众互动，形成流动的水上长龙。

8 时结束，施放焰火。

开渔节期间，象山石浦等地还经常举行渔区民俗文化巡展活动。

石浦港周围渔村原来都是闽北、温、台地区移民，移居时都携带当地神祇立庙祭祀。人口繁衍后，这些宫庙成为渔民的精神寄托和活动场所，据统计有 28 处，并备有各自活动内容、乐队，是不可多得的渔文化资源。

开渔节期间，这些队伍举行沿港巡展，吸引成千上万游客的眼球。

开渔前一天下午，20 支民俗队伍在空旷场地集中，然后排列成两千米长队伍，沿港岸巡游或就地表演。每支队伍以旗幡为前守，吹吹打打，热闹非凡。最具看点有“蟠桃大会”“鲤鱼跳龙门”“八仙过海”等，队伍长数百米；天妃宫的马灯、渔灯、古色古香；江心寺百兽灯，象形兽物众多，表演人数一百余人，浩浩荡荡，蔚为壮观。

下午 3 点半，在海峡广场大聚会，各庙神祇分列，表演队簇拥，由船老大跪拜迎接，老渔民代表致祝词，老艺人用古腔吟唱颂词，然后，各表演队伍轮番上阵，活动到达高潮。被民俗行家称为：渔文化的大检阅。

## 四、全国渔歌（号子）邀请赛和中国（象山）国际海钓活动

渔歌（号子）是我国民俗歌林里的一朵奇葩，是濒江临海地区的居民生活劳动中的歌唱、吆喝、呐喊等旋律和节奏，曲目多样，以独唱、对唱、重唱、小组唱、表演唱等多种演唱形式来表现渔民生活和劳动场景。

2006 年第九届中国开渔节发起全国渔歌（号子）邀请赛，参赛的队伍有重庆“川江号子”、江苏启东“吕四号子”、湖北巴东“峡江纤夫号子”、河北昌黎渔民号子等 15 支代表队。其中有 3 支来自浙江省，分别为湖州太湖号子、舟山东海渔歌和象山石浦渔家号子。

为了进一步弘扬海洋渔文化，多层次扩大象山渔文化的影响，开渔节期间还曾经举办国际海钓活动。地点是象山的渔山岛。

渔山岛地处象山东南 27 海里，海碧天蓝，怪石嶙峋，海生众多，有亚洲第一钓场之美誉，第六届开渔节，将海钓活动列入开渔节重要项目。

整个活动由开幕式，国际海钓邀请赛，“商帮”、文化名人海钓交流赛，市民、游客趣味钓鱼，国内鱼拓精品善举拍卖会，百名老总看象山，时尚游和少数民族作家象山行等活动组成。来自全国各地（包括香港、澳门、台湾地区）及韩国、日本的35支代表队的105名运动员参加国际海钓邀请赛。

象山渔家古老典礼感恩大海

【第八章】

# 生态保护：象山渔文化的时代担当

时代之问：渔业生态何处去

舍我其谁：海洋渔业生态区的筹划和实践

仙居之岸：百里黄金海岸

从海洋渔文化生态到美丽象山生态

耕耘海洋千百年后，象山人越来越意识到一个时代性问题，那就是海洋环境的日益恶化和海洋渔业资源的日渐衰竭。身为海洋人，象山人自觉地承担了海洋生态保护的历史使命。一方面，他们自觉维护海洋生态；另一方面，他们大声疾呼海洋生态的修复和保护。他们的时代之呼得到了各方面的积极响应。在这样的基础上，象山人通过海洋渔业生态保护实验区这个平台，为中国的海洋生态保护，开始了扎扎实实的工作。

## 第一节　时代之问：渔业生态何处去

长期以来，由于片面追求经济利益，部分海洋由于过度开发造成了资源衰退，海洋经济可持续发展的物质基础遭到破坏。因环境污染和过度捕捞，近海鱼类产卵场遭到严重破坏，海洋渔业资源持续衰退，甚至出现了“东海无鱼”的现象。海洋生态系统发生不可逆转的恶化。海洋生态环境恶化是海洋经济可持续发展的制约和障碍。海洋水体的污染破坏了海洋生物的生存环境，使海产品产量和质量大幅下降，直接影响海洋渔业的发展，而且对滨海旅游业的发展产生重大影响。渔业生态向何处去？已成为一个时代之问。

### 一、渔业生态持续恶化

人类有漫长的捕鱼历史，海洋蕴含着无尽的资源。可是，随着机械、电子、化工、造船和整个科学技术水平的高度发展，渔获量有了质的飞跃。1850 年，世界渔获量仅 150 万～200 万吨，20 世纪 90 年代已达到 1 亿吨。不断有海洋生物因为过度捕捞而灭绝。世界渔业资源主要约有

600 种，其中，金枪鱼、纽芬兰鳕鱼、银鳕鱼等 1/4 的渔业资源处于枯竭状态或者过度捕捞状态，这一趋势在过去的 15 年间并没有得到改善。过度捕捞给整个海洋生态造成了毁灭性的打击，最直接的恶果就是导致种群的灭绝，加拿大纽芬兰岛的鳕鱼就是这样灭绝的。近年来，海洋捕捞渔获物营养级年年下降，渔获品种低龄化、小型化日趋严重，总体质量也越来越差。当地渔民出海用的网具网眼越来越密，捕捞的渔获越来越小，越来越少，很多时候出海一次还赚不够油钱。不过现在海产品的价格疯涨，使他们出海捕鱼的积极性越来越高。看不见的手已经把海产品的价格推高，现在一斤大规格野生大黄鱼的价格已经突破 3 000 元，致使渔民更加铤而走险，渔业资源进一步萎缩。如果以这样的捕捞强度继续作业的话，在不久的将来对中上层滤食性鱼类过度捕捞，海洋就只剩下一望无际的海藻等浮游植物了。

联合国专家指出，全球鱼资源大幅减少，如果不能大幅减少捕鱼船，同时设立多个鱼类保护区，人类很可能在 2050 年面临无鱼可捕的恶境。

我国是海洋大国，大陆海岸线 1.8 万千米，面积为 500 平方米以上的海岛 6900 余个，主张管辖海域总面积约 300 万平方千米。改革开放以来，我国在海洋经济快速发展的同时，海洋环境和海洋生态也遭到了严重破坏，海洋环境保护任务繁重而迫切。渔业资源的增殖与恢复能力下降，主要经济水生生物资源都有不同程度的衰退，重要渔区的渔获物种类日趋单一，渔获物逐渐朝着低龄化、小型化、低质化方向演变，多数传统优质鱼种资源大幅度下降，难以形成渔汛。我国水生动物中珍稀濒危动物的物种数目逐年增多，大黄鱼、鲥鱼等重要经济鱼类严重衰退，渤海三大毛蚶场资源已接近枯竭。中国舟山渔场的大小黄鱼几乎完全消失。

## 二、渔业生态修复的努力

为缓解过多渔船、过高捕捞强度对渔业资源造成的巨大压力，为了修复渔业生态，我国政府采取了不少行之有效的措施。

其一，自 1995 年以来，我国在黄海、东海和南海相继实施了大规模的全面伏季休渔制度。休渔时间由最初的 2 个月延长到 2 个半至 3 个月，休渔渔船数量也不断增多。2018 年，全国参加伏季休渔的渔船总数达

11.8 万艘，渔民上百万人。实施伏季休渔制度后，三大海区带鱼、大小黄鱼、鲳鱼、鲅鱼等主要经济鱼类数量有所增长。停止近 6 年的南澎列岛钓鱿作业在实施休渔后又重新恢复了生产。从各地的实践看，广大渔民从伏季休渔中得到了实惠。伏季休渔节省了大量生产成本，休渔后渔获产量增加，渔获物规格和质量都有所提高。以东海海区为例，由于休渔期间少捕了大量幼鱼，到 9 月份一般当龄带鱼的个体增重率超过一半，休渔期间的产量产值不仅可以在开捕以后从捕捞质好价高的成鱼中夺回，而且增产增收。我国实施伏季休渔制度以来，海洋渔业资源衰退势头得到一定遏制，主要经济鱼类资源量有所增加，种群结构得到改善。

其二，开展了大面积的增殖放流活动。5 年来，全国累计投入将近 40 亿元，投放鱼苗个体大概在 1 400 亿尾（粒）以上；同时大力发展海洋牧场，通过建设海洋牧场来修复海域生态。

其三，大力建设水生生物保护区。5 年来，我国建设的水产种子资源保护区有 53 个，面积有 700 万公顷，省级以上的水生生物自然保护区有 14 个，面积有 300 万公顷。除了水生生物保护区，对重点濒危的水生生物实行特殊的保护。

其四，坚决打击违法捕捞或破坏水生生态的行为。实施了一些生态补偿制度，在保护区涉及破坏资源的行为，都严格要求给予生态补偿和修复。

全国各沿海省份也纷纷出台各种措施，为修复渔业生态做出了不懈的努力。以浙江省为例：2014 年 5 月 28 日，为了重现“海上粮仓”，使渔业可持续发展，浙江省率先启动渔场修复振兴计划，并开展“一打三整治”专项行动，依法打击涉渔“三无”船舶和违反伏休规定等违法生产经营行为。2017 年，农业部调整海洋伏季休渔制度，将东海海域主要捕捞作业的休渔时间调整为每年 5 月 1 日 12 时至 9 月 16 日 12 时，相比以往的 6 月 1 日开始休渔，整整提前了 1 个月，休渔期也从 3 个半月被拉长到 4 个半月。《浙江省人民代表大会常务委员会关于加强海洋幼鱼资源保护促进浙江渔场修复振兴的决定》的出台，更明确了带鱼、大黄鱼、小黄鱼、银鲳、鲐鱼、三疣梭子蟹这六种幼鱼施行全年禁售。

## 三、象山政府的统一谋划

象山是海洋与渔业大县，被列入全国渔业五强县，在修复渔业生态方面更是做出了不懈的努力。近年来，结合东海伏季休渔制度，象山县通过全面开展“一打三整治（指严厉打击非法、违法生产经营建设行为专项行动和开展道路交通、海洋渔业、消防安全专项整治）”、推进渔业供给侧结构性改革、探索“湾（滩）长制”试点等，助力浙江渔场修复振兴，多管齐下，象山的海洋渔业资源明显好转。

从2014年10月起，象山县全面完成“三无”渔船取缔任务，累计取缔涉渔“三无”船舶1 831艘。2017年涉嫌非法捕捞水产品罪移交司法机关案件43起，依法采取刑事强制措施174人，最高获刑9个月。在禁用网具专项整治中率先实施“滩长制”管理模式，受到农业部和省市领导高度肯定，并在全国、全省推广“滩长制”。目前，已确定县级“滩长”34名，乡镇级“滩长”116名，护滩员118名，建立起了覆盖全县的禁用网具新型管理体系。此外，重拳整治禁用渔具，先后开展联合“清网”行动6次，强制清除串网1万余米、地笼网10万余顶。

宁静的港湾

随着《2018年浙江省海洋休渔禁渔通告》发布，全省近岸海域新设立包括象山县渔山列岛、韭山列岛在内的10个产卵场保护区，从每年的4月1日12时起至8月16日12时，禁止除钓具以外的一切作业，以更好保护主要经济鱼类产卵。随着2018年伏季休渔的正式启幕，新一轮渔场资源修复攻坚战全面打响。象山县突出“打”“改”“管”结合，严格监管休闲、渔运、拖虾、异地挂靠等四类船，严厉打击提前开捕、违规偷捕、线内拖捕等行为。从2018年年初开始，县海洋与渔业部门就组织工作人员进渔村、上船头宣传新伏休制度和幼鱼保护决定，召开渔区镇、乡、村、渔民、船老大等多方座谈会，征集伏季休渔管理意见，促进禁渔期工作的顺利开展。全县上下利用多种渠道继续进行伏休政策和幼鱼保护的宣传工作。实现了全社会参与、专群结合的和谐共管局面。期间，所有执法船艇、护渔船实行24小时值班制度，每天确保一艘执法船在港口码头执法检查，300吨级渔政船定点巡航，护渔船主要对象山港、西沪港和蟹钳港等地开展地笼网、滩涂串网的集中清理整治工作。

2018年伏季休渔延续上年的加长版模式，从5月1日起全面休渔，到9月16日全面解禁，前后历时4个半月。随着伏休到来，象山县各渔区，陆续有作业渔船提前解网返港，有序停靠码头。县、镇、乡各部门在每年3—4月就跟大家宣传禁渔时间和注意事项，渔民都赶着回来，确保5月8日前把新鲜和冰鲜渔获物及时销售。近年来，伏休观念已深入渔民心中，“重经济效益，轻生态保护”“重眼前收入，轻长远效益”的传统观念已悄然发生转变。在意识到伏休的真正好处以后，很多渔民群众从开始的“要我伏休”逐渐转为“我要伏休”。截至5月1日12时，全县共有2 629艘国内海洋捕捞渔船、近2万名渔民全面进入休渔期。

5月1日休渔期开始，象山海洋渔业主管部门将严格落实海上巡查制度，制定海上常态化值班巡航计划，对重点海域、港口和码头进行全方位监管。全县上下建立集中检查机制，加强陆上监管，做好农贸市场、餐饮单位、交通要道的销售、转载违禁渔获物的管控工作；各镇、乡（街道）也积极落实属地管理责任，确保全县2 600余艘渔船应休尽休。

针对广大失海渔民的转业问题，象山县累计安排1.2亿元用于渔民转产转业扶持补助和生活补助，出台了失海渔民的养老保障办法，先后核准参保条件的渔民 7 802 人，消除了他们的后顾之忧。同时，鼓励引导失海渔民向来料加工、休闲旅游、水产养殖等转移就业。配套出台了包括优先提供担保、申报科技项目、开展转岗培训、经营农家客栈等措施，积极拓宽渔民转产就业的渠道。政府部门加大渔民就业培训力度和出台政策扶持方案，引导近海捕捞渔民因地制宜发展生态健康水产养殖和水产品流通加工、休闲渔业等。积极实施“走出去”战略，鼓励有条件的渔民进军远洋。

## 四、象山渔民的自觉担当

面对船多鱼少，甚至无鱼可捕的现象，象山渔民在切肤之痛的体验中悟出了“欲取先予”的道理，早在 1998 年，象山渔民率先向国家有关部门提出了延长东海休渔期的建议并被采纳。象山渔民还利用开渔节这一载体，进行保护海洋的宣传。在祭海典礼上庄重宣读的祭文，充分体现了渔区人对大海的敬畏与感恩之情。最能体现海洋环保理念的当数中国渔民“蓝色保护志愿者”行动。

2000 年 8 月 28 日，石浦当地 21 位船老大倡议，200 余名渔民在“善待海洋就是善待人类自己”的条幅上签下姓名——“蓝色保护志愿者”行动由此拉开序幕。

2002 年 7 月中旬，象山黄根宝、林永法、奚海宏三位船老大代表象山渔民，以电子邮件形式向前任联合国秘书长安南投书，介绍了“中国开渔节”和中国渔民“蓝色保护志愿者”行动情况，希望这一行动能得到联合国的支持。倡议书分别发给美国、澳大利亚、新西兰、菲律宾、加拿大等 21 个太平洋濒海国家的领导人。8 月上旬，加拿大总理和新西兰总理相继回信，对中国渔民的行动表示赞赏和关注。9 月 3 日，新西兰外事部长受总理委托再次复信，祝愿“蓝色保护志愿者”组织办得越来越好。随后，联合国教科文组织给象山几位渔民回信：“赞赏你们为海洋环境保护所做出的努力，以及你们的志愿者组织为这一目的而采取的行动。”在第五届中国（象山）开渔节开幕式上，中国渔民“蓝色保护志愿者”行动指导委员会宣告成立，共青团中央青年志愿者行动指导中心负责人向该委员会正式授牌。这是我国第一个以保护海洋为宗旨的非政府组织常设机构。如今，“蓝色保护志愿者”队伍已发展到 1 万余人。中国渔民“蓝色保护志愿者”

先后荣获浙江省优秀志愿服务项目、宁波市首届十大志愿服务之星、宁波市十大绿色环保人物称号。在第九届开渔节期间，共青团中央和中国青年志愿者协会批准在象山设立“中国青年志愿者蓝色护海行动基地”。为此，象山成为我国第一个青年志愿者行动基地。

## 第二节　舍我其谁：海洋渔业生态区的筹划和实践

中国海洋渔文化生态保护实验区的申报和成功落地，是象山渔文化历史上的一件大事，具有广泛的影响和全国性的意义。这是象山人勇于担当的真实体现，是象山人“舍我其谁”气概的生动写照。

### 一、中国海洋渔业生态区概念的形成

象山县素有“百里海岸，千年渔乡”之美誉。丰富的海洋资源，多样的渔业生产方式，浓郁的渔区风情，构成了象山历史悠久、类型丰富、形态多样、文化生态完好的海洋渔文化。象山作为海洋渔文化生态保护实验区，具有渔文化的历史、实物、传承等诸多优势。明清海防文化遗址、古陶窑、古沉船等文物点遍布城乡；象山渔鼓、龙灯、鱼灯、竹根雕、渔歌号子、剪纸等民间文化代代相传。徐福东渡传说、海盐晒制技艺、渔民开洋谢洋节、石浦-富冈如意信俗等被列入国家级非物质文化遗产名录。历史文化名镇石浦镇是我国 6 个中心渔港之一，渔家民俗节庆活动等保存完好，渔港古城被评为浙江省首批十大非物质文化遗产旅游经典景区。象山把建设海洋渔业生态区作为关系全局发展的一件大事来抓，出台了一系列扶持保护政策和措施。

2007 年 7 月，象山县正式启动国家级海洋渔文化生态保护实验区的申报工作。

2008 年 5 月，象山被命名为“中国渔文化之乡”，成立“中国渔文化研究基地”。 2010 年 6 月 12 日，象山县被文化部批准设立海洋渔文化(象山）生态保护实验区，成为全国唯一一个以海洋渔文化为保护内容的国家级生态保护区。象山继闽南、徽州、热贡、阿坝州等之后，成为中国第七

老街　韩荷莲 摄

个国家级文化生态保护实验区。

2013 年 2 月，文化部办公厅批复同意象山县实施《海洋渔文化（象山）生态保护实验区总体规划》。象山成为目前国内唯一以海洋渔文化为保护核心的文化生态保护实验区。“丰富的海洋渔文化，与当地人们的生产生活方式紧密结合，相互交融，并与当地的传统居民、古街区和海洋生态相协调，形成了典型的文化生态环境。”《文化部办公厅关于设立海洋渔文化（象山）生态保护实验区的复函》给出如上结论。

海洋渔文化（象山）生态保护实验区建设，是海洋文化建设的一个重要载体，是保护中国海洋渔文化独特性并有序传承海洋渔文化的一种重要方式。面对这一历史机遇，象山县委、县政府把“加快建设国家海洋文化与生态保护区”列入了“十二五”经济社会发展的指导思想和总体目标，将海洋渔文化生态保护融入海洋经济发展示范区建设之中，组建保护区建设领导小组，落实人员编制，拨付专项经费等。并与浙江师范大学省非物质文化遗产研究基地合作，共同完成编制工作。

## 二、象山中国海洋渔业生态区的规划

根据文化部批准的规划，《海洋渔文化（象山）生态保护实验区总体规划》期限为2011年至2025年。根据规划，将分近期（2011—2015年）、中期（2016—2020年）和远期（2021—2025年）三个阶段实施。“十二五”期间，象山县将建设国家海洋文化保护区和全国重要的海洋渔文化实践和产业基地，并创新与发展海洋文化保护模式，重点实施并实现三大目标。

一是建设国家海洋文化保护区。提升“中国渔文化之乡”品牌，全面提升渔山列岛、韭山列岛和海洋渔业文化等三大国家级保护区建设水平。以“中国开渔节”“国际海钓节”“三月三·踏沙滩”和“海鲜节”四大节庆活动为载体，发掘和丰富海洋渔文化，继承和弘扬海洋文化。以延昌渔灯、东门船鼓、百兽灯等地方性特色民俗形式和东门妈祖文化节、六月六庙会、延昌元宵灯会等民间节庆为抓手，繁荣民俗文化。以昌国旧城区的古城墙遗址及平面轮廓线、石浦老城的原有道路空间格局保护为依托，发掘渔港古城内涵，建设海洋渔文化特色街区，加强历史文化遗产的保护和合理利用。

二是建设全国重要的海洋渔文化实践和产业基地。弘扬海洋文化，彰显生态魅力，着力提升海洋文化与生态融合影响力，着力提升文化、生态融合发展水平。开发东门岛，建成华东地区最具特色的渔俗文化村，使休闲渔业基地的海洋文化更具特色。逐步打响石浦海洋文化品牌，全面展示和拓展渔港文化；精心策划设计海洋渔文化产品，努力把石浦建成全国重要的海洋渔文化实践和产业基地。

三是创新与发展海洋文化保护模式。积极倡导“善待海洋就是善待人类自己”的主题理念，不断发掘和丰富渔文化、塔山文化等海洋特色文化，保护传承非物质文化遗产。提升“中国开渔节”“中国海洋论坛”等系列海洋节庆活动举办水平。大力实施文化惠民工程，加快建设一批重大文化设施，全面构建覆盖城乡的公共文化服务体系，最大限度满足群众精神文化需求。大力发展影视创意、文化旅游、工艺美术、节庆会展等文化产业。

## 三、象山中国海洋渔业生态区的实践

按照文化部批复同意的《海洋渔文化（象山）生态保护实验区总体规划》要求，象山县将按照“保护为主、抢救第一、合理利用、传承发展”的指导方针，坚持以人为本、活态传承，加强海洋渔文化生态保护与发展，加强体制机制创新，提高人民群众文化自觉与自信，弘扬优秀传统文化，促进象山经济社会全面协调可持续发展，努力把海洋渔文化（象山）生态保护实验区建设成为特色鲜明、传承有序、人海和谐、惠及民众的全国海洋渔文化生态保护示范区。

2011 年 2 月，象山县委、县政府把“加快建设国家海洋文化与生态保护区”列入了“十二五”经济社会发展的指导思想和总体目标。

2012 年 8 月，象山县设立象山县海洋渔文化（象山）生态保护实验区管理局，象山县文化广电新闻出版局局长兼任管理局局长，分管非物质文化遗产的副局长兼任管理局副局长。管理局和非物质文化遗产保护中心共同承担保护区建设和非物质文化遗产保护经常性工作。

2013 年 2 月，文化部正式发文同意实施《海洋渔文化（象山）生态保护实验区总体规划》，标志着中国唯一以海洋渔文化为保护核心的文化生态保护实验区落户浙江省宁波市象山县。象山县顺应着中国文化遗产保护的潮流与趋势，致力于对文化遗产从静态、单体保护到动态、整体保护发展的新理念和新方法的探索。

2015 年 12 月，“亚洲第一钓场”的渔山列岛被列入首批国家级海洋牧场示范区。2016 年，该海域被列为中央渔业油价补贴专项转移支付人工鱼礁建设项目，当年年底，渔山列岛国家级海洋牧场综合示范区人工鱼礁建设项目正式启动。2017 年，在积极开展鱼类产卵场、海洋牧场等建设和管护的同时，象山县陆续增殖放流大黄鱼、黑鲷、条石鲷等 8 种种苗 2 亿尾（粒）。2018 年 2 月 7 日，渔山列岛海域国家级海洋牧场示范区人工鱼礁项目最后一船人工鱼礁礁体顺利投放，至此，1 968 个礁体（3.82 万空方）全部投放完毕，并在该海域形成了浙江省最大的人工鱼礁群。低等的藻类、浮游动物以鱼礁为家，吸引越来越多的鱼虾前来捕食、驻足。这一年，象山县增殖放流水生生物苗种 1.2 亿尾（粒）。同时，以海洋、环保督查为契机，加强陆源污染物排放监管，严控沿海水产养殖和海洋船舶油类污染，严厉打击非法占海、填海、违规建筑等用海行为，为海洋渔业资源的可持续发展营造了良好的生态环境。

2016 年 9 月 15 日，中国渔业协会渔文化分会在浙江象山成立。分会成立后广泛吸纳各类文化人士参与，努力实现传播形式、表现手段等方面的创新。在发掘传承的基础上，不断推进渔文化研究，加大渔文化交流和宣传力度，推动渔文化保护，推进渔文化与产业的融合发展。中国渔业协会渔文化分会落户象山，标志着象山县渔文化事业进入了一个新的发展阶段，有力地推动渔文化研究和促进工作走向全国、蓬勃发展。

象山县不断完善文化设施、加强文化交流、发展海洋渔文化产业，推进综合性传习中心和海洋渔文化展示馆建设，形成覆盖县、镇、村三级的海洋渔文化保护和传承阵地，象山竹根雕、船模、鱼灯等已成为一方产业。目前，象山县共有各级各类文物保护单位及文物保护点 159 项，有国家级非物质文化遗产项目 6 个，省级 15 个，市级 33 个，类型涵盖民间文学、传统音乐、传统舞蹈、曲艺、传统美术、传统技艺、民俗等。“中国开渔节”“象山海鲜节”“开洋谢洋文化节”“三月三·踏沙滩”“石浦十四夜”等民俗节庆品牌，使海洋渔文化得以传承并重放异彩。

2017 年 6 月 27 日下午，国家级海洋渔文化（象山）生态保护实验区建设成果展在国家典籍博物馆第三展厅如期开展。展览全面集中地展示了象山海洋渔文化的面貌与风采、海洋渔文化（象山）生态保护实验区的保护内容和建设成果。展览分为“象山海洋渔文化展示区”“象山非物质文化遗产展示区”及“休闲生活区”三个部分。“象山海洋文化展示区”以“历史记忆”“渔业生产”“渔民生活”及“渔家艺术”为大纲，以船模、鱼灯、鱼骨画等具有浓郁海洋渔文化的物品为展品。“象山非物质文化遗产展示区”则是以项目介绍的方式将象山非物质文化遗产的保护成果（包含 6 项国家级非物质文化遗产，15 项省级非物质文化遗产，33 项市级非物质文化遗产，144 项县级非物质文化遗产）呈现在观众面前，并设置了象山非物质文化遗产传承人活态展示与现场互动区，如织渔网、做鱼拓、雕竹根等互动活动，使观众在与传承人交流、参与互动的过程中，更好地领略象山非物质文化遗产的独特魅力。“休闲生活区”则有视频展示、茅草屋、渔船场景等内容，使观众感受渔区风情。

与此同时，象山进行了一系列的生态系统的保护修复工作。以南韭山岛为例。韭山列岛是我省比较重要的水鸟繁殖和栖息点，有国家二级保护鸟类 1 种，省重点保护鸟类 7 种，其中黑尾鸥、中白鹭在此形成了较大的繁殖种群。2018 年 4 月 25—27 日，韭山列岛国家级自然保护区管理局和浙江自然博物馆的工作人员，在保护区进行中华凤头燕鸥招引布置。这标志着 2018 年中华凤头燕鸥繁殖种群招引项目在韭山列岛正式启动。每年 5—7 月是燕鸥繁殖的季节。目前，招引项目组已完成鸟类栖息地整理、视频监控安装在目标岛屿布设 300 多只假鸟模型，安装 2 套太阳能板供电的扩音系统。该声音系统能 24 小时不间断播放燕鸥的鸣叫声，为中华凤头燕鸥及大凤头燕鸥繁殖作招引。此前，浙江自然博物馆安排了两名 2018 年度鸟类监测人员，春夏之季到韭山列岛从事海鸟监测工作。韭山列岛是中华凤头燕鸥的繁殖地，然而由于人为捡蛋等因素，2008 年之后，该珍稀鸟类从保护区消失。为促进中华凤头燕鸥繁殖种群的保护和恢复，2012 年 3 月，中美两国专家在象山举行中华凤头燕鸥招引和恢复研讨会，决定在韭山列岛国家级自然保护区开展项目合作。其中，中华凤头燕鸥繁殖种群招引项目，由象山韭山列岛国家级自然保护区、浙江自然博物馆和美国俄勒冈州立大学共同组织实施。5 年来，招引项目顺利实施，据不完全统计，已累计繁殖出中华凤头燕鸥幼鸟 30 余只。

## 四、象山中国海洋渔业生态区的经验

面对环境污染严重、生态系统退化、资源约束趋紧的严峻形势，象山县委、县政府顺应人民期待，彰显责任担当，将建设生态文明、推进绿色发展视为关系人民福祉的长远大计，放在首要和突出位置。象山县委、县政府以渔文化为抓手，全力推进生态环境的持续改善，走出了一条经济和生态互融共生、互促共进的社会主义生态文明建设新路，为海洋渔业生态区的建设积累了丰富的经验。

### 1. 坚持以人为本，积极为上岸渔民做好转业扶持和保障工作，促进渔业转型升级

推进生态文明建设，就是坚持以人为本，提高人民生活质量，满足人民日益增长的对良好生态环境和优质生态产品的需求。近年来，象山把

海洋渔业生态区建设摆在全局工作的突出地位，将群众期待的重要环节抓紧、抓好、抓实，紧盯生态环境重点领域、关键问题和薄弱环节，以钉钉子精神下大气力解决好社会反映强烈的突出问题，努力让更好的生态红利惠及更多的人民群众。以东门渔村为例：东门渔村村域面积2.23平方千米，住户1 210户，是远近闻名的专业特色海洋捕捞渔村，现有184千瓦以上大马力钢质渔船204艘。随着捕捞强度的加大，近年来海洋渔业资源日渐衰竭，政府通过油补调整等相关政策，积极引导渔民减船转产。渐渐的，许多东门人的观念发生了变化，将“上岸”当成了真正的归宿。现在村里30岁以下的几乎没人下海捕鱼。从2016年11月到2017年5月，东门渔村主动拆解40多艘大马力钢质渔船，仅用半年时间就完成了三年的减船转产任务，成为全县第一个减船样板渔村。

这里的山海资源，蕴藏着渔村人生活的新变迁。趁着乡村旅游风头正劲，聪明的转业渔民抢站“风口”，创办渔家民宿，55岁渔嫂蔡芝莲就是其中之一。2016年5月，她将自家四层楼房改造、装修后，民宿“海岛人家”开门迎客。斑驳的老船木制成桌凳，精美的海螺作花盆，11个房间以本村渔船号命名，独特的渔家风格令人耳目一新。而蔡芝莲拿手的当地特色美食“食饼筒”更成了民宿的“活招牌”，旅游旺季要提前一个月才能订到房，2017年净利润约18万元。目前村里共有8家民宿、渔家乐，2017年营业额200多万元。村里约500户人家已“收起渔网”，转向制冰、修船等渔业配套产业或彻底“上岸”。对于转产创业的渔民，镇里积极加强引导和扶持，邀请专家对民宿业主和有意办民宿的渔民开展针对性培训，为他们指点迷津。

**2. 改善生态环境，加快转变经济发展方式**

象山人深知，不采取有力措施转变发展方式，资源支撑不住，环境容纳不下，社会承受不起，产业发展失去根基。于是，摒弃以牺牲生态环境换取一时经济增长的做法，从处理好经济发展和生态环境保护的关系做起，把绿色发展理念贯彻到实处，让良好生态环境成为人民生活质量的增长点，成为经济社会持续健康发展的支撑点。越来越多的企业加入到转型升级行列中，越来越多的镇村因发展方式转变焕发勃勃生机。老街古建筑修葺、基础设施完善、环境整治……目前，东门渔村传统村落保护工作正如火如荼进行着。在原有建筑风格上进行改造，修旧如旧，并持续加快古村非物质文化遗产展示平台建设。村里设置渔村发展史陈列馆，开设渔文化技艺展示馆，每幢古建筑保留一户人家作为管理员、讲解员，让活态渔文化博物馆更加名副其实。

### 3. 加强海洋环境教育与公民参与

2012 年，中国渔文化艺术村落户东门渔村，将这些散落在岛礁港湾、屋后庭前、茶余饭后的文化遗珠采撷在一起，使之得以传承，生生不息。象山全县小学五年级和初中一年级学生，将这里作为社会实践基地，在为期两天的学习中体味祖祖辈辈的精神食粮。全省乃至全国越来越多的学生、游客来到这里，亲手制作鱼灯、鱼骨画、鱼模等，感受渔文化的独特魅力。2017 年年底，渔文化艺术村还迎来了 6 组中德结对交流生。历经民俗文化“洗礼”后，德国学生纷纷表示喜欢上了象山渔文化，希望有机会再来体验。东门渔村打响“渔家风情”特色品牌，加快文化与旅游的融合步伐。每年农历五月十三，渔民自发祭拜关公，同时在海边举办“千人宴”。百桌共举杯，千人享盛筵，鱼丸、鱼滋面等渔家特色小吃备受游客追捧。凭借渔村独特的风情、浓厚的渔文化，2017 年 11 月，东门渔村获评全国“最美渔村”。这块“金字招牌”吸引各地游客纷至沓来，更为东门渔村注入了人气与活力。目前，东门渔村年接待游客 15 万人次以上。

## 第三节　仙居之岸：百里黄金海岸

中国海洋渔文化生态保护实验区不是一个虚空的架子，而是扎扎实实的接地气项目。这种接地气更多地体现在对美丽渔村的建设上。象山人对美丽渔村建设有一个响亮而富有时代气息的名字：百里黄金海岸。

### 一、象山百里黄金海岸的渔文化生态基础

象山，位于中国海岸线中部的一个半岛，三面环海，海岸线长约 800 千米，岛屿 608 个，是浙江省海洋旅游资源最为集中的地区之一。既有碧海蓝天，又有奇绝石林，吼着渔工号子，承载着不一样的渔港记忆。象山

的鱼类约有440种，蟹虾80余种，贝类100余种，海藻类及其他海产品数十种，是名副其实的“海鲜王国”。就算每天一种鱼虾蟹的换着吃，你也要在象山待上一年多才能吃遍一轮。1997年，象山开始开发本岛的海洋旅游资源，目前旅游发展的框架已经形成，松兰山度假区、花岙石林、红岩、斑斓西沪等景区的基础设施都已完备。

## 二、中国渔村和东门渔村的渔文化生态传承

已有600年历史的石浦古镇，沿山而筑，像石浦这样迄今还保持完好的临港古镇，在全国堪称“孤本”。石浦古镇是象山海洋旅游的重头戏，政府改善古镇的各种设施，千方百计留住作为象山渔文化载体的原住居民，原汁原味地展现渔家生活，使古镇有了更多的人文气息和生活情趣。渔具、渔船、渔场、渔港、渔汛、渔灯、渔歌等原生渔文化俯拾即是。

中国渔村坐落在中国四大群众渔港之一的石浦港畔，由渔文化民俗街、皇城沙滩、旅居结合的欧美风情小镇，以及石浦渔港、石浦古街、檀头山、渔山岛、渔人码头等组成。中国渔村的阳光海岸景区是中国东海岸最大的原生态海滨休闲旅游度假区，是一个以渔文化民俗游及海滨海洋休闲度假为主题的大型休闲滨海旅游胜地。作为综合性海洋文化休闲度假胜地，中国渔村具备了优质的海滨沙滩、美味的海鲜小吃、青翠的岛屿。中国渔村紧紧围绕丰富的海洋资源和深厚的渔文化内涵，无论是渔村主题别墅、三桅式古船、渔家排档、帐篷村，还是高挂的渔村风向标、渔家小船、桅灯等，都全方位地展示了渔区的生活氛围。中国渔村以其浓郁的渔区风情和丰富的海洋文化，成为象山、宁波休闲度假的一大品牌。

在中国渔村，最亮丽的莫过于皇城沙滩。沙滩横亘1 800米，落宽300米，呈弯月形。这个沙滩坡度很缓，沙质极佳，“黄沙细如练绢”，当地人称为“铁板沙”。海水湿漉漉地漂浮在铁锈色的沙滩上，脚底的沙滩细滑油润却坚如铁板，在这里吹吹海风，铁板沙天然足浴场上磨磨脚板，十足的享受。在海滩上玩累了，可以去渔文化民俗街逛逛。在渔网作坊里，工人一边织网一边教授编织技巧；在工艺品作坊里，游客可以亲自动手制作沙雕和漂流瓶；去船作坊，游客将会学到处理海上遇险和一些日常修船的方法。到了晚上，便可以去石浦镇上的海鲜一条街用餐。海鲜街面向东

海湾，下侧就是渔船码头，不仅能让度假客人尝购海鲜，而且街口的观海塔、街上的古老建筑都别有情趣。居住在别墅式度假酒店，在楼中推窗见海，卧床听涛，让轻轻的海风沐浴自己，洗涤一身的疲劳和烦恼。中国渔村还不断推出丰富的渔文化主题活动，吸引大量度假客人。

象山县的东门渔村有“浙江渔业第一村”之称，与石浦镇隔海相望。东门渔村的海洋文化遗存十分丰富，有活态渔文化博物馆之称。早在唐神龙二年（706 年），象山立县东门渔村就是辖区之一。每年到了农历三月廿三的时候，既是妈祖诞辰又是以前渔民出海捕捞黄鱼的日子，东门渔村都会举行隆重的庆典活动。东门老街最繁华时有十几家渔货加工厂，产品主要销往绍兴、上海、杭州等地。东门渔村的民宿面朝大海，简约的风格让人感觉很舒适，最有特色的就是各种摆饰，比如用旧船板改造的桌子，用海螺做的花盆，以渔船命名的房间，房间内的各种照片无不体现渔家特色。

至今，渔村民间仍保留着“元宵十四夜”“五月十三祭关帝”“七月半放水灯”等渔俗文化活动。城隍庙、天后宫、东门灯塔等古迹遍布全村；

黄金海岸 陈恩梁 摄

鱼灯、鱼拓、鱼骨画等民间工艺世代相传……

## 三、宁波松兰山海滨旅游度假区的生态升级

宁波松兰山海滨旅游度假区位于象山县城东南9千米的海滨，规划面积25.1平方千米，已成为华东地区集休闲、娱乐、度假、会议等于一体的综合性海滨旅游度假区。区内海滨风光优美、海洋文化厚重、休闲度假设施完善。山海间一条长12千米的观光公路勾勒出曲折绵长的海际轮廓线，其间岛礁、沙滩、港湾、岬角、岸礁遍布，山连山、滩连滩，风韵独特、美不胜收。大小不一的沙滩浴场平磨如席、沙细似绢，让人玩沙沐阳、嬉水踏浪，流连忘返。茂密的生态植被、美丽的四季花草、清爽的海滨空气造就了舒适的度假环境。建有汇集海洋生物标本、珍稀动物的百鸟乐园，是理想的青少年科普活动基地。拥有荒岛探险、岩峰垂钓、野外露营等功能，让您放松身心，体验野趣，回归自然。明代抗倭古城游仙寨、烽火台等省级文物保护单位散布其间，历史悠久。松兰山景区内海湾云集、沙滩众多，地貌奇特，险洞幽谷，9座小岛排列海上，6个沙滩穿成一线，形成了横亘5千米的华东地区最大的陆岸沙滩。景区内的游仙寨系明代建立的抗倭古城遗迹，城门威严，气概不凡。始建于宋代的弥陀古寺，还有美丽动听的“牛宰相上京”“赵五娘千里寻夫”“锯门老龙招亲”的民间传说

松兰山海滨　杨忠华 摄

和渔民民俗文化。众多的古迹与传说使景区将浩瀚海洋、山川风光、历史人文融于一体，更显魅力，更具特色。松兰山是天台山的余脉，由西向东豪迈入海。东、南两大沙滩，素有“潮来一排雪，潮去一片金”之美誉，是得天独厚的海滨浴场，嬉水踏浪，浪漫无限。

2017 年国庆期间，象山首条沿海观光步道亮相松兰山。游客慕名而来，漫步在崭新的步道上，享受着明媚的阳光，领略松兰山美丽的海滨风光。该项目位于松兰山沿海岸线，南起松兰山东沙滩，北至白沙湾。路线向北与松柏公路并行，以栈道形式沿滨海礁石海滩穿行，全长 3.1 千米。沿线设置滨海眺台、观景平台、人行索桥、自行车道等。其中新建栈道 1 270 米，沙滩游步道 400 米，山地游步道 1 132 米，是象山县首条集公众性、休闲性、生态性于一体的高品质滨海慢行步道。从远处看，红色的栈道像是松兰山的一条红丝带，也像是松兰山流动的血液，连接度假区的各个滩、崖，输送着生命的活力。绿道经过处有曲折的港湾、美丽的岛礁和多处岬角、沙滩，行走其间，山海交融，大气磅礴。

## 四、“斑斓西沪”与海洋渔文化生态保护

“斑斓西沪”将黄避岙乡的西沪港沿线村庄串点成线。黄避岙乡地处象北宁波半小时经济圈，北临象山港、南依西沪港，东面甬台温高速公路复线经象山港大桥穿境而过，是“两港相拥、一桥通途”的佳地。其中，西沪港一线面向正南，全长 15 千米，沿线资源丰富，涉及的 6 个行政村错落布局，加上独有的“耕海牧渔”艺技、黄避岙“走书”、竹编创作等独特的乡域文化。依托历史典故、非物质文化遗产传承、小海名菜等文化资源，可谓“斑斓风情”。 黄避岙“斑斓西沪”沿西沪港海岸线修建，与各村观光旅游景点相结合，东起山夹岙村，西至北黄金海岸度假村。沿着该跑道一路跑一路看，海岸线上原生态的海岸风情、地道传统的民俗文化，全部融进这条美丽的黄金海岸线，一路尽览斑斓风光。

美丽的海滨休闲自行车道不仅可以为游客和村民提供日常休闲好去处，还可以与环港公路相连接，形成环绕全乡的体育赛道，2017 年 11 月 12 日举办的“斑斓海岸”马拉松嘉年华，有来自各地的十几个跑团以及个人报名的长跑爱好者共 600 多位运动员参加。当天下午，塔头旺村人头攒

西沪夜色　朱志涛 摄

动。赛前精彩的助跑表演和一溜排开的小吃摊点，以及青春靓丽的美女助跑团吸引了上千村民、观摩团和摄影爱好者，将整个塔头旺村装点得人声鼎沸，热闹非凡。下午 2 点，庞大的长跑队伍冲破起点一起出发。赛道两旁聚满了观摩的观众，他们大声喊加油，拍视频的、抓拍的、直播的，一路跟随，兴奋劲儿完全不输运动健儿。黄避岙地处西沪港，天然的滩涂和海洋资源令其拥有一条多彩斑斓的海岸线，而对运动员来说，除了跑步本身带来的酣畅淋漓，踏上“斑斓赛道”，宜人的气候和独特的自然景观更是一种别样的享受。这条沿着海岸线修建的跑道，一路上以开阔的海堤路、绿树成荫的沿海线等海滨风情的道路为主，也有深入村庄的村落小道、开满格桑花的乡间小路，移步换景，广袤的滩涂、壮观的大桥，还有美丽的大海，风光无限。这里，有渔港的美丽，有渔乡的记忆，有渔村的乡愁。这里，体现着村庄的肌理，留下了时间的痕迹。最美西沪，美在一种既有留恋，又有憧憬，蕴含着未来和希望的感动……

## 第四节　从海洋渔文化生态到美丽象山生态

海洋渔文化是指世代渔家人在其生存的海洋自然环境之中，在生产与生活两大领域内的一切社会实践活动的成果。它包括民间文化、生产文化、生活文化、观念文化、组织文化和其他文化。象山海洋渔文化历史悠久、类型丰富、形态多样、文化生态完好，是中国海洋渔文化的典型代表。象山县有关机构和民间爱好者还成立了渔文化研究会，开展渔文化学术研究。近年来，相继整理出版了《中国渔文化论文集》《象山渔乡民间故事》等书籍，累计 1 000 余万字，并创办了全国第一家《渔文化》杂志。渔文化的研究、保护和开发，也培养了一支具有相当水准的象山渔文化队伍：舞蹈《辣螺姑娘》被列为上海国际艺术节开幕式展演节目；气势雄宏的爵溪《海达渔鼓》喜获全国群星奖，2010 年赴上海参加世界博览会开幕式文艺演出。精心呵护渔文化，让象山人有了丰厚的回报。第三批国家级非物质文化遗产名录推荐项目名单中，象山唱新闻和象山渔民号子榜上有名。

象山自古有着丰富的旅游资源与文化遗产，“东方不老岛”“海山仙子国”的旅游品牌定位，完整地传达出象山的海洋、文化、生态资源信息。“不老岛”的传奇、“仙子国”的意境，使象山成为长三角炙手可热的滨海旅游目的地。

## 一、石浦渔港的转型升级

象山石浦渔港开发管理委员会以古城已开发区域为基础，着力拓宽旅游空间、丰富景区内涵、编排旅游线路，构建“两街区”“山海城”相互贯通、相互融合、相互联动的旅游整体格局，实现由“街”向“城”转型升级，全力打造国内唯一以渔文化为主题、海洋元素齐全、海洋文化综合性丰富的 5A 级景区。

石浦镇开展一系列基础设施、环境整治等保护改造工程，逐步恢复小镇的人文环境、提升环境品质，正在慢慢还原一个适应栖居的千年渔港古城。在石浦镇沙塘湾村，一个“千年渔港新城”之梦正从村里起步，为了恢复和保护石浦历史文化街区的遗风古韵，象山坚持“修旧如旧，整修如故”，通过“拆新护古”，恢复或重建了江心寺等 14 个景点，一如明清时的旧貌，历史仿佛就在昨天。在鼓励原住民参与古城文化生态保护活动的同时，象山投资 1 亿多元大力改善渔港古城的基础设施，千方百计留住原住民，原汁原味地展现渔家生活。

为保护、传承海洋渔文化，进一步发掘、展示海洋渔文化的内涵，象山利用原石浦第一冷冻厂厂区，着力打造中国首个渔文化创意园。石浦第一冷冻厂建于20世纪70年代，系石浦港内最大的鱼鲜冷冻加工企业，后因经营发展需要于2014年停产。目前，厂区仍完整保留着主体建筑及附属建筑群，且留有部分生产加工设备，是石浦港渔业生产加工的重要遗存，具有特殊的渔文化资源价值。渔文化创意园项目由象山旅游集团打造，总投资约1.8亿元，总建筑面积约1.31万平方米。创意园以渔港文化和工业文化为底蕴，规划有渔文化展示体验馆、文创体验中心、渔主题餐厅、休闲集市、渔文化广场等多种业态。建成后，这里将成为集藏品陈列、文创基地、科普教育、旅游观光等功能于一体的全国性渔文化交流平台。

## 二、象山海洋渔文化资源与象山旅游

2017年，象山旅游与上海景域旅游营销服务有限公司达成战略合作，全面启动品牌整合营销策划工作。此后，象山针对长三角这一核心客源地进行了消费洞察，从消费者需求与市场趋势出发，发掘滨海旅游、渔文化旅游、影视文化旅游、美食文化旅游带给游客的快乐体验，一个年轻化的品牌“嗨象山”就此确立。除了引以为豪的渔文化，象山将深入发掘不老文化、民俗文化等地域文化特色。林鸿儿童动漫城、金诚之星文旅项目、“小海”文旅度假项目将落地象山，把文化资源转换为文化旅游项目和产品；同恒旅游综合体、狮子山田园综合体、半边山木屋度假村等项目将建成一批极具特色的精品民宿，形成“民宿-民食-民游”一体化的乡村旅游发展格局；象山还将嫁接海洋资源，打造泗洲头国际高端体育运动小镇，“旅游＋体育”也将成为象山旅游新的增长点。未来，“旅游＋产业”的融合，将推动象山旅游产品从以大众观光为主向休闲度假、专项旅游并重转变，向着全域旅游建设示范区、国际著名旅游目的地的更高目标加速进发。

## 三、“东方不老岛”“海山仙子国”的渔文化助力

象山素有“东方不老岛”“海山仙子国”和“天然氧吧”之美誉。蓬莱仙岛、东海明珠、天然氧吧、海山仙子国……当人们徜徉象山境内，尽情享受着一幕幕如诗如画的海岛风情时，脑海里不禁会浮现出种种有关象山的美誉。从历史上看，象山“不老文化”底蕴深厚。据《象山县志》载：早在

秦代，“方士徐福为秦始皇求长生不老之药，曾留居县城北蓬莱山”。此蓬莱是我国古代最早的3个仙岛（蓬莱、瀛洲、方丈）之一，历代文人骚客，甚至帝王将相（如宋高宗赵构、宰相文天祥）均有歌咏这些古迹名胜的诗文传世。从秦汉到清代，帝王遍寻长生不老药，从而衍生炼丹术，而象山就是我国最早的炼丹发源地之一。相传早在唐朝以前，陶弘景在西山炼丹，故象山县城雅称“丹城”。蓬莱仙岛的传说、炼丹术及其文化，是中国古人追求长生不老的美好愿望，这也正是“不老岛”的文化支撑。象山的青山绿水、特质泥沙等生态资源，又为“不老岛”建设提供了物质基础和优势条件。据民国《象山县志》记载，“是日风小浪微，舟行石间，天巧坌出，令人应接不暇，殆神仙国也”，于是文天祥写下了“海山仙子国，邂逅寄孤篷。万象画图里，千崖玉界中。风摇春浪软，礁激暮潮雄。云气东南密，龙腾上碧空”的《过乱礁洋》著名诗篇。在“东方不老岛”之后，加上“海山仙子国”，既发挥了名人效应，又便于市场准入，同时，采用这一美好意境，在旅游产品建设上，把传统与现代、实景与意境相结合，一个极具吸引力，具有休闲度假、养老健身功能的“仙子国”便呼之欲出。休闲度假和年轻不老健身是21世纪两大世界性课题。专家认为，建设“东方不老岛”“海山仙子国”，可以将这两大主题有机结合，使“仙子国”兼具“不老”魅力，因而具有广阔的市场发展前景。

6 000年的海洋文化，给象山人带来了一份特殊的荣誉。在塔山新石器遗址上，出土了陶鱼鳍形鼎足灯。在商周文化层，还出土了青铜鱼钓钩。这些出土的历史遗物，都说明了象山海洋渔文化发端历史的久远。象山原生的海洋渔文化活在俯拾即是的渔具、渔船、渔场、渔港、渔汛、渔灯、渔歌、渔曲、渔舞中，还融入了中国沿海包括沪、广等地的渔文化历史文脉。象山被称为海洋渔文化底蕴深厚的非物质文化遗产“富矿区”。丰富的渔文化资源，为象山旅游开辟了一条无比美好的光明大道。在这个数千年来靠海为生的小城里，勤劳的人们遵照大海的作息重复着潮涨潮落的每一天，对大海的敬畏与坚守，让他们以仅有的800千米海岸线，成为全中国3.2万千米海岸线上海洋文化生态最活跃的地方，给“东方不老岛”“海山仙子国”增添了无穷的文化魅力。

## 四、象山渔文化生态保护与乡村振兴

2018 年 5 月初，由浙江省农业厅、省旅游局等联合开展的“休闲农业和乡村旅游精品线路”推介和“最美田园”推选发布活动正式启动。会上推介了浙江省“100 条休闲农业和乡村旅游精品线路”，公布了“100 个最美田园”的参选名单。100 条精品线路覆盖全省 77 个县（市、区），其中宁波 13 条，象山县斑斓黄金海岸休闲农业 3 日游和乡村全域旅游精品线 2 日游也在其中。渔文化生态保护成为乡村振兴的一个重要抓手。象山县从渔文化生态保护等方面打好生态牌，积极助推乡村振兴。生态振兴的落脚点是打造渔民安居乐业的美丽家园，而一个没有美丽家园的乡村振兴战略计划也是难以实现的。生态振兴之于乡村振兴战略至关重要，象山付出长期坚持不懈的努力，进行了卓有成效的实践，让生态振兴成为新时代的渔民意识，成为渔民的自觉行动，让良好生态成为乡村振兴支撑点。

以沙塘湾村为例：原先被荒弃的老屋，因为民宿开发而摇身一变，成了渔民增收的摇钱树。2017 年 2 月 17 日，象山石浦镇沙塘湾村首个民宿集聚群项目的 14 户签约村民个个喜气洋洋，当日上午他们领取了 100 余万元的首期房屋租金。有着近 400 年历史的沙塘湾村是个依山临海的原味渔村。2017 年以来，该村围绕打造“宁波民宿第一村”目标，鼓励渔民洗脚上岸，力促渔民成为旅游开发的参与者、推动者、合作者和受惠者。村里采取“统一流转、招商引资”的方式，将村民合法房屋的使用权，通过租赁的方式流转到集体，再由集体成立旅游管理公司对外招商。目前，共有 70 幢村民住宅与村委会签订合作意向协议。2017 年 1 月，村里将 12 幢闲置渔民住宅打包出租给宁波目的地旅行社，用于精品民宿开发。业内专家认为，特色民宿的开发可以一举两得，不仅让乡村的闲置老屋有了新的发展利用方向，村民也能通过房租或直接参与民宿服务管理而获得一定的经济收益。

今天，象山渔文化生态保护与乡村振兴已紧紧联系在一起。渔文化的元素处处体现在新农村建设的方方面面，成为乡村振兴不可或缺的重要组成部分。

【第九章】

# 因渔而海：象山海洋文化的全域视野

象山渔文化建设的战略布局

从渔文化到象山县域文化构建

从象山县域文化到中国海洋文化

象山渔文化建设的国际视野

象山因渔而海，讨海、围海、煮海、捍海、牧海、航海和海结下了不解之缘，书写了一部人类与海洋博弈的历史，一部经略海洋的历史，一部与大海共生共荣的历史，一部从大陆走向海洋的历史，留下了因渔而海的深深印记，形成了历史悠久、内涵丰富的海洋渔文化。各种风俗习惯、民间文学、传统音乐、传统舞蹈及海洋知识等海洋渔文化传统与当地人们的生活、生产方式紧密结合，相互交融，并与当地的传统民俗、古街区和海洋生态互相协调，形成了典型的文化生态环境。这种典型的生态环境，典型的因渔而海的文化特质，造就了象山人敢为天下先的创新精神。

## 第一节　象山渔文化建设的战略布局

象山人的雄心壮志是将渔文化建设立足象山，推向全国，走向世界；把象山打造成中国海洋渔文化建设示范区。在战略布局上，以建设海洋文化强县为方向，整合海洋文化资源要素，全面打造五大文化功能区块。即：北部象山港海湾养生休闲区，主要是利用象山港大桥建成后的便利条件，开发越窑、青瓷、滩涂、湿地等文化资源，在象山港沿岸建设海湾养生文化休闲区；西部佛教文化区，重点开发泗洲头镇灵岩山佛教风景区和西周镇蒙顶山佛教观光风景区；南部渔文化展示区，主要以石浦渔港文化游览区为中心扩展至周边地区；东部运动休闲区，以渔山岛、道人山养生岛、檀头山、花岙岛等海岛为主，积极发展国际海钓、康体养生等项目，打造东部沿海具有较强影响力的海洋康体运动胜地；而在中部，则重点打造影视文化休闲产业区。

## 一、五大文化区块战略是基于对象山文化传统的正确理解

区域的吸引力、城市的竞争力不仅表现在经济指标上，而且更直接地、深层次地表现在文化实力和文化品位上。象山地理环境独特，历史悠久，文化底蕴深厚。三面环海、七山一水二分田的半岛地理环境和地处东南沿海海洋活动活跃的区位条件，以及象山人民长期以海为伴、以海为生的生产生活方式，孕育了具有浓郁地方特色的文化。它山海交融、内外兼修，既继承了农耕文化的精华，又吸取了外来文化的有益养分，并伴随着象山人民认识海洋、开发海洋的活动，千百年来不断地发展、变化和丰富，形成了以海洋文化为主流的独具特色的半岛文化。典型的代表有：历史悠久的“塔山文化”、与内陆和山地文明迥异的“渔文化”、融入古代“海上丝绸之路”的海商文化、冷兵器时代有“钢铁长城”之称的海防军事文化等。这些文化特质在漫长的演变过程中，逐渐形成了团结协作、开放兼容的精神特征。而这些精神特质参与象山人精神的塑造和锤炼，最终促成了“海纳百川、勇立潮头”的象山精神的形成，并不断赋予象山精神这一“文化基因”新的时代内涵，使之成为全县人民的主体意识。全县干部群众的精神面貌发生了深刻变化，成为推进象山现代化滨海休闲城市建设的强劲动力。因此，打造“文化象山”和海洋文化强县，进一步继承、弘扬、发展象山独特的海洋文化及人文精神，可以大大增强象山的吸引力和竞争力。

太阳升起　周秀华 摄

## 二、五大文化区块战略是基于对象山文化发展现状的正确认识

象山各级领导一直高度重视文化建设。2006 年，召开建设海洋文化大县专题读书会和全县海洋文化大县建设大会，制定了《关于加快推进海洋文化大县建设的决定》等政策。并将建设海洋文化大县列入“十一五”和“十二五”总体规划纲要，2018 年，县委、县政府出台《关于加快海洋文化强县建设的决定》以及相关文化产业和文化事业的有关政策，为象山海洋文化建设提供更为广阔的发展空间和更为有利的发展环境。

具体表现为：

一是新时代象山精神得到弘扬和实践，精神文明素质明显提高。全县干部群众的精神面貌发生了深刻变化，发展信心和拼搏勇气明显增强，爱岗敬业、文明用语、礼貌待人、讲究公德、遵纪守法的风气已形成，做文明象山人蔚然成风。

二是文化体制改革积极稳妥推进，文化事业和文化产业发展加快。启动文化体制改革，县电影公司、新华书店等一批经营性文化事业单位先后推向市场改制，文化事业和文化产业发展的活力明显增强。文化基础设施建设力度加大，为象山海洋文化建设提供了强大动力。群众文化活动如火如荼，村镇文化、广场文化、社区文化、企业文化、家庭文化活动蔚然成风。史前文化研究不断深入，对文化遗存的发掘和保护加强，竹根雕、剪纸、农民画等民间艺术得到良好的保护和弘扬，文化精品创作层出不穷。据统计，自 2000 年来，象山县有 700 多件作品获得市级以上奖，200 多件获得国家级大奖。在产业运行模式上也打破了仅有“国办文化”的模式，形成了国家、集团、社会、个人齐头并进的产业模式，成为象山县新的经济增长点。据不完全统计，全县文化企业从业人员近万人，每年可实现营业收入 10 亿元左右。

三是文化队伍建设加强，涌现出了一批优秀文化工作者。伴随着象山县文化事业快速发展，涌现出了张德和、郑宝根、谢才华等一批优秀的文化工作者。他们对文化都有一颗执着的心，具有刻苦、勤奋、奉献的品质。他们中有的创作了具有较大影响力的文艺佳作，有的终其一生保护、发掘、弘扬象山的历史文化，有的默默无闻地工作在基层第一线，尽其所能地繁荣基层文化。

## 三、五大文化区块战略是基于对象山文化未来发展的正确把握

象山的发展面临着新时代与加快发展的黄金机遇，也面临着和谐发展的严峻考验。而打造海洋文化强县，可以大大增强象山发展软实力，推动象山科学发展、快速发展、和谐发展。

建设海洋文化强县，是落实新时代、推进经济社会全面协调可持续发展的具体实践。发展既包括物质财富的增长，也包括精神财富和自然资本的增值。不仅要发展先进生产力，保持经济持续健康发展，而且要同步推进先进文化建设和各项社会事业的进步。建设海洋文化强县，就是要把发展先进文化的要求落实到文化建设的各项工作之中，不断提高人民群众的思想道德素质，不断推进各项社会事业发展，不断丰富文化产品和服务，满足人民群众的文化需求，实现文化与经济、社会发展的互促互进，不断增强发展的生机和活力。

建设海洋文化强县，是推进桥海兴县战略和“两区”建设的重要支撑。海洋经济发展需要以海洋文化为支撑，需要以先进的海洋观念和意识为先导。推进桥海兴县战略，是象山桥海新时代背景下加快发展的重要战略支撑点。推进桥海兴县战略，离不开先进海洋观念和意识的先导，也离不开海洋文化的支撑，更离不开源于海洋文化的精神动力。只有加快海洋文化强县建设，才能更好地推进桥海兴县战略的实施，加快开发建设步伐，实现科学发展、加速发展。

建设海洋文化强县，是推进社会管理创新、构建和谐社会的关键环节。文化孕育和谐，社会的和谐离不开和谐的文化精神的支撑。在构建和谐社会进程中，法治与德治两者相辅相成，互促互进缺一不可。象山海洋文化中所体现的自由、平等、人文、契约精神、秩序创新、意识自治等本土资源，都是现代法治所必需的，与现代法治是相容的，符合现代法治文化的要求，是培育现代法治文化，推进法治象山建设的基础。因此，建设海洋文化强县，在推进法治象山建设、构建和谐社会中具有关键作用。

象山打造海洋文化强县的近期目标是：全县文化建设的科学化、现代化水平不断提高，文化助推经济发展的能力进一步提升，文化软实力显著提高，文化发展主要指标位居全省上游水平，公共文化设施总体上居全市中等水平，文化产业成为国民经济新的经济增长点；城乡公共文化服务体

系不断完善，文化需求逐步得到满足；文化体制改革深入推进，建立完善的文化管理体制和运行体制，切实维护文化安全；市民思想素质不断提高，城市文明程度不断提升；文化人才脱颖而出的机制更加完善，文化人才队伍不断发展壮大；海洋文化的特质更具魅力，海洋文化活动全国领先，努力建设成为人文精神富有、文化特质鲜明、文化事业繁荣、文化产业兴旺、文化保障有力的浙江海洋文化发展示范区、核心区和全国文化先进县。

## 四、五大文化区块战略中的渔文化传承基地建设

海洋渔文化是象山的文化核心。五大文化区块战略布局把渔文化传承和保护当作重中之重。其核心内容是打造一大批传承基地。

海盐晒制技艺生产性示范基地。加大对新桥镇的新桥盐场传承基地的资金投入，增设资料室、模拟实验室（小规模的模拟晒制海盐的工艺步骤）和传承教学活动室，新增建筑面积 1 000 平方米以上，新增传统晒盐制作区 4 600 平方米以上。

渔民开洋、谢洋节展示基地。在节日的中心流传地东门岛地区，结合开展节日的重要文化场所如天后宫等民间信仰场所，投入一定资金建立一个专门的节日文化展示基地和展示馆，维持该节日的周期性活动和开展常态的传承教学活动。

石浦-富冈如意信俗传承展示基地。在该信俗的主要流传地渔山岛和东门岛地区，依托两岸民间信仰的重要活动场所娘娘庙和天后宫，投入资金建设专门的信俗传承基地，划拨专款用于积极扶持海峡两岸之间民间社会的文化交流活动。

象山渔民号子传承展示基地。在石浦镇建立传承基地，分为展示馆、资料室、模拟表演室（设置木船、渔网、原木等表演道具）和传承教学活动室。

船饰习俗传承展示基地。在鹤浦镇建立传承基地，分为展示馆、资料室、模拟表演室（设置木船等表演道具）和传承教学活动室等。

石浦三月三传承基地。该项目是地方政府积极扶持和主导的重要传承节庆，地方政府要进一步加大政策扶持与品牌推广、建设工作，办好三月

三节俗，以石浦皇城沙滩为文化场所，恢复传统技艺类、曲艺类、美术类、音乐与舞蹈类等非物质文化遗产项目，将之建设成为象山县特有的非物质文化遗产示范项目与地方文化品牌。

建设一批海洋渔文化传习所。主要如下表所示。

**海洋渔文化传习所一览**

| 序号 | 传习所 | 项目名称 | 地点 |
|---|---|---|---|
| 1 | 鱼灯舞传习所 | 鱼灯舞 | 石浦渔村文体活动中心 |
| 2 | 宁波农民画传习所 | 宁波农民画 | 茅洋学校 |
| 3 | 杨氏古船坊传习所 | 船模 | 石浦镇 |
| 4 | 象山才华剪纸艺术馆 | 剪纸 | 象山东陈乡樟岙村 |
| 5 | 象山龙灯锣鼓传习所 | 象山龙灯锣鼓 | 象山县文化馆 |
| 6 | 田洋湖茶山老龙传习所 | 田洋湖茶山老龙 | 定塘镇田洋湖村 |
| 7 | 宁波走书传习所 | 宁波走书 | 象山县文化馆 |
| 8 | 昌国抬阁传习所 | 昌国抬阁 | 石浦镇昌国村 |
| 9 | 海岛渔民造房习俗传习所 | 海岛渔民造房习俗 | 石浦镇东门渔村 |
| 10 | 灵南狮舞传习所 | 灵南狮舞 | 泗洲头镇上马岙村 |
| 11 | 大塘车灯传习所 | 大塘车灯 | 定塘镇中站村 |
| 12 | 高塘提线木偶传习所 | 高塘提线木偶 | 高塘岛乡江南村 |
| 13 | 刻版腂印传习所 | 刻版腂印 | 高塘岛乡孝贤湾村 |
| 14 | 木海马制作技艺传习所 | 木海马制作技艺 | 墙头镇舫前村 |
| 15 | 石浦鱼灯传习所 | 石浦鱼灯 | 老董民间传统纸艺馆 |
| 16 | 象山米馒头传习所 | 象山米馒头 | 丹西街道九顷村 |
| 17 | 海洋捕捞习俗传习所 | 海洋捕捞习俗 | 石浦镇东门渔村 |
| 18 | 浙东婚俗传习所 | 浙东婚俗 | 石浦镇东丰村 |
| 19 | 大塘红庙庙会传习所 | 大塘红庙庙会 | 定塘镇镇潮庙 |
| 20 | 象山七月半传习所 | 象山七月半 | 爵溪街道城隍庙 |
| 21 | 鱼的民间故事传习所 | 鱼的民间故事 | 石浦镇东门渔村 |
| 22 | 渔区丧葬习俗传习所 | 渔区丧葬习俗 | 石浦镇延昌社区 |
| 23 | 石浦十四夜传习所 | 石浦十四夜 | 石浦文化馆 |
| 24 | 象山渔区歌谣传习所 | 象山渔区歌谣 | 象山县非物质文化遗产保护中心 |
| 25 | 抗倭传说传习所 | 抗倭传说 | 象山县非物质文化遗产保护中心 |

## 第二节　从渔文化到象山县域文化构建

象山不仅精心打造海洋渔文化，而且还把渔文化建设与整个象山的县域文化建设紧密结合在一起，进行了多方面的探索实践。

### 一、精心传承和拓展象山渔文化历史基因

精心保护塔山史前文化遗址。象山的史前文化溯源于境内的塔山文化，距今已有6 000余年历史。从三期发掘出土的文物看，商周时期青铜鱼钩的发现、大量的陶制品留下的水波纹以及贝壳印痕，说明居住在今县城南庄平原的先民早已学会以海为生。

进一步拓展渔文化中的妈祖文化和龙文化因素。象山是除了福建、广东以外，信奉妈祖比较集中与兴盛的地方，昌国、石浦、东门、南田、晓塘、定塘、大塘、涂茨一带历史上均有祭拜天妃的庙宇。据县文物管理部门实地普查得悉，妈祖庙在象山县共有6处。其中东门天后宫是宁波市保存最完好的一座，并已列入县级文物保护单位。东门岛渔民把祭祀妈祖作为一件盛事，每年农历六月廿八都要举行谢洋妈祖赛会。妈祖是渔民心中的神灵，是渔民团结的核心所在，是航海第一保护神。近年来，随着改革开放力度的加大，海洋文化研究深入，妈祖文化研究在象山县兴起，目前已形成一批热衷社会公益事业、喜爱妈祖文化的社会群体。在每年的开渔节中，开展的妈祖巡安活动以求风调雨顺，五谷丰登，满载而归。龙是象山渔民所信奉的又一尊海洋神祇。象山开渔节中的祭祀海洋，其基本内容就是敬奉龙王。象山三面环海，一路穿陆，是一个半岛县。非物质文化遗产的调查和《象山渔村民间故事》，记录着众多的龙传说和龙故事，而且形成了许多与龙相关的民俗活动。这些传奇故事、民俗活动，反映了象山人民独特的海洋地理和生活环境，对龙观念和龙性的种种认知。象山的龙，有鱼变化而来的龙、有家庭豢养的龙、有地名中的龙、有传说中的龙、有舞动着的龙、有渔俗中的龙等，共有18条龙。

### 二、进一步打造渔文化的发展基础

首先是民间文化的基础。象山人民在长期的渔业生产和日常生活中，

富冈如意娘娘抬进东门天后宫

形成了历史悠久、内涵丰富的海洋渔文化。象山渔鼓、龙灯、鱼灯、竹根雕、渔歌号子、剪纸等民间文化代代相传。徐福东渡传说、海盐晒制技艺、渔民开洋谢洋节、石浦-富冈如意信俗等还被列入国家级非物质文化遗产名录。中国历史文化名镇石浦镇是我国 6 个中心渔港之一，渔家民俗节庆活动等保存完好，渔港古城被评为省首批十大非物质文化遗产旅游经典景区。2008 年 5 月，象山被命名为“中国渔文化之乡”，成为“中国渔文化研究基地”。诸多的民间文化活动发展成为内容丰富的节庆文化。1998 年 9 月象山举办了第一届中国开渔节，是象山第一个海洋文化节庆。此后象山海洋文化节庆活动增加了很多。春有民俗文化节石浦皇城沙滩的“三月三·踏沙滩”，夏有名扬四海的“国际海钓节”，冬有鲜美无比的“海鲜美食节”，各乡镇举办的开洋谢洋节、白鹅文化节、海涂节、针织文化艺术节、葡萄节、枇杷节、竹笋节，还有独具特色的庙会、渔民文化艺术节、农民文化艺术节、盐文化节，等等。把一方百姓的人生愿望、生活习俗、风情、理念及劳作习俗等在节庆中表现得出神入化。这些节庆文化活动的举办，收到了很好的效果：一是凝聚人心，促进和谐；二是精心策划，促进旅游；三是借脑引智，促进发展；四是提高素质，促进文明；五是锻炼干部，促进提高。让大家真真切切地看到本县本乡镇潜在的优势和发展前景，激发了干部群众参与社会各项建设的积极性，大家的工作信心更强，干劲更高了。

其次是渔文化自然环境基础。象山环境优美，山、水、海相融相映，全县森林覆盖率达 59.1%，拥有渔山列岛国家级海洋生态特别保护区和韭山列岛国家级海洋生态自然保护区，全年空气质量优良天数达 96.4%，居全省之首，每立方厘米大气负氧离子含量 1.47 万个，达到国家旅游度假区一级标准，被称为天然氧吧，素有“东方不老岛”“海山仙子国”之美誉，是全国生态示范区。

再次是深入保护海洋生态的文化基础。面对船多鱼少甚至无鱼可捕的现象，象山县渔民在切肤之痛中悟出了“欲取先予”的道理，自发组织开展了中国渔民“蓝保”行动，通过“蓝色保护志愿者行动启动仪式”“寻找净海行动”“渔家女致信向全世界发出倡议”等一系列活动形式，大力倡导“善待海洋就是善待人类自己”的海洋环保理念，得到了国内外渔民的响应和联合国教科文组织、有关国家元首的重视。同时利用新闻媒体全方位宣传报道海洋资源不可再生、加强海洋环境保护的理念，引导群众把保护海洋理念转化为自觉行动，共同打造蓝色家园。

## 三、高度重视对于海防文化的发掘和整理

象山港口至南堡一线，象山半岛岸线的“烽堠”“炮台”随处可见。象山境内卫、所、烽火台、炮台等军事设施要占浙江省的 2/3，留下了一笔古代军事设施、军事文化的宝贵遗产。据县志及有关资料记载，明洪武年间以来，在晓塘、东门、石浦、昌国、松岙、东陈、丹城、爵溪、涂茨、钱仓、贤庠、黄避岙、西周、泗洲头、新桥等地的山岙、山头设立了近 60 个卫、所、寨、堠、巡检司、台。它们首尾相望，组成了环半岛海

岸线的一张巨大的防御网，在明和清初时期则成为抗倭的强大堡垒群。保存较为完整的寨有赤坎游仙寨、周家山堠。现属丹城的赤坎游仙寨已列为省级重点文物保护单位。在象山花岙岛还有一座特殊的军事遗址，即明末清初民族英雄、爱国诗人张苍水抗清兵营遗址。张苍水曾与明代海防守将张名振以南田林门一带为主要根据地，修船铸炮、招练义军坚持抗清复明20年。至今，岛上仍传颂着张苍水畜养白猿报警、叛卒领清军骗过白猿捕捉张苍水、张苍水被捕后白猿跳崖而死等动人的故事。

### 四、重视对于海商文化的整理和研究

历史上明州（宁波）是我国海上丝绸之路的始发港之一，历史学家和考古工作者已证实，吴越大量的丝织品和越瓷通过明州港走向世界，而这支庞大的船队自唐朝以来即将货物源源不断地运向东南亚、西亚和非洲。象山从北至南的200里航道，是这条丝绸之路的黄金水道。从现有考古发现，象山的黄避岙乡陈岙唐代青瓷窑址，在唐时即能大量生产碗、罐、盘、钵、瓮等，是唐初著名“越窑”之一。东塘山宋代青瓷窑址，证明象山的青瓷生产从未间断地融入了海上丝绸之路。从地域看，象山历史上的海商活动主要集中于南部的石浦一带，石浦是海商文化的桥头堡。“小白礁1号”已经充分证明这点。石浦南关桥外的闽广会馆（重建于康熙年间），延昌的三山会馆（清嘉庆年间建）虽然都与妈祖济困救难有关，但无疑它们促进了当地与福建、广东之间的人员交往、物资交流。将石浦喻为小上海、小香港并不过分。旧石浦市场之开放、商业之繁荣、资本之集中是县内绝无仅有的。石浦是一个早已步入商业化社会和城市倾向的早期商埠。

## 第三节　从象山县域文化到中国海洋文化

象山的许多渔文化建设活动，前面都冠以“中国”的名称，这说明象山的渔文化建设，绝对不仅仅是一种县域文化的建设，而是具有全国性意识。

## 一、象山人文环境的全国因素

得海独厚，得港独优，得景独秀的象山，历史悠久，人文底蕴深厚，海洋文化、渔文化、徐福文化等源远流长。自然景观神奇秀丽，名胜古迹众多，县城西北有一山，旧称蓬莱山，相传秦方士徐福为秦始皇求长生不老之药，曾留居此山，梁陶弘景亦曾修道炼丹于此，也称大丹山；城北象鼻山两侧谷中有东、西寺，均为千年古刹；“人家住在潮烟里，万里涛声到枕边”的千年古镇石浦被列为首批全国历史文化名镇。历史上人才辈出，曾孕育宋代卞大亨、卞圆，杨王休、杨烨父子，刘遵及子刘该、孙刘偍，明代钱唐、蒋景高、易绍宗、俞士吉、王涣、王挺、邵景尧，清代周明新、钱捷、姜炳璋、倪象占等历史名人；近代之陈汉章，堪称鸿儒；革命战争年代先驱贺威圣、王家谟及无产阶级革命诗人殷夫，皆壮烈可歌。深厚的历史文化积淀铸就了象山人海和谐的区域文化特色，凝练了“海纳百川，勇立潮头”的象山精神。

近年来，象山通过大力推进海洋文化强县建设，全县非物质文化遗产项目列全省之冠，连续举办 20 届的中国开渔节成为全国十大民俗节庆，城区文化、乡村文化、节庆文化无不充满鲜明的地域特色，荣膺“中国渔文化之乡”“中国民间文化艺术之乡”。

象山虽然偏于濒海一隅，但它的生态环境和文化传统，具有全国性的意义。正因为如此，象山拥有许多全国性的海洋保护项目。

象山韭山列岛海洋生态国家级自然保护区。保护站设在南韭山岛。整个保护区划分为核心区、缓冲区、实验区三个功能区，局部划外围保护带，分别采取相应的保护措施加以管理。

象山渔山列岛国家级海洋生态特别保护区加挂国家级海洋公园牌子。2012 年 12 月，国家海洋局正式批复同意象山渔山列岛国家级海洋生态特别保护区。渔山列岛位于浙江中南部的中心渔场，由大小 54 个岛礁组成。建立渔山列岛国家级海洋公园，不仅对维护海洋生态系统的稳定，发掘海洋景观的价值具有重要意义，而且对合理布局渔山列岛的旅游资源，以旅游环境容量控制入岛人数具有重要的作用。

象山花岙岛国家级海洋公园。2017 年 4 月，经国家海洋局批准，象山花岙岛获批国家级海洋公园。花岙岛位于浙江省象山县南部的三门湾口东侧、东北距国家中心渔港石浦港约12千米处。花岙岛石林被称“海上第一石林”。岛上有月牙儿形的清水湾砾石滩、仙子洞海蚀穴、海蚀沟、蜈蚣洞海蚀穴、长嘴头海蚀穴等海蚀海积地貌景观以及张苍水兵营遗址，是一个集自然遗产与文化遗产于一身的海岛。可以打造成一个以渔、盐为主题的旅游区，形成观光、休闲、体验、科普及渔盐产品开发的综合体。

## 二、象山文化生态特点的全国性基因

象山历史悠久，文化发展一脉相承。考古发现，象山县人类活动的历史可以追溯到6 000多年前。据《四明志》《四明续志》《象山县志》有关历史文献记载，从春秋战国时期一直到现代2 000多年的发展中，象山文脉发展延绵不断，虽然历史沿革发生了多次变化，而文化传承没有被打断，并在长期的发展中不断发展壮大，形成了多样的文化形态。当代，象山人民在继承已有文化的基础上，使象山文化内涵得到新的丰富与提升。

地域特征明显。在长期的历史发展中，象山人民以自己的智慧和勤劳，在与自然环境的长期抗争中创造了独具特色的象山海洋渔文化，整个半岛地区或多或少或直接或间接地都融入了海洋渔文化的因素。而象山县境内，海洋渔文化分布与表现最为集中与突出的地域是石浦镇，而石浦镇中海洋渔文化所有形态表现最鲜明和种类最丰富的，则是东门岛渔村，这里有关海洋渔文化的饮食习俗、信仰习俗、生产习俗、居住习俗等密集分布，鲜活存在，地域特色极其明显。

文化形态完备。象山海洋文化资源形态较为完备，不仅包括了物质文化遗产资源，也包括了非物质文化遗产资源，同时也有一些文化景观和大量名人文化资源。在物质文化遗产上，既有国家级历史文化名镇，又有省级重点文物保护单位，同时市级历史文化名村、市县级文物保护单位数量也非常丰富。在表现形式上包括古遗址、古墓葬、寺庙宗祠、摩崖石刻、古井群等多种形态。在时间上，这些文化遗产也是不同历史时期的文化创造；非物质文化遗产既有国家级代表性项目名录，又有省级、市级和数量最多的县级代表性项目名录，它们构成了完备的四级名录体系，在形态上则表现为民间传说、民间舞蹈、民俗、民间美术、民间音乐、曲艺、手工技艺等多种类型，表明了它的丰富性。此外，在象山历史发展中，还形成了地域名人文化，这些名人文化也是象山文化的亮点，与象山物质文化遗产、非物质文化遗产以及其他文化资源共同构成了象山独特而又完备的文化生态体系。

主体文化突出。象山文化资源宝库中，蕴藏着一批独具特色的文化资源，具体表现为海洋渔文化、塔山文化、海防文化、海商文化、革命传统文化和地方民俗文化等海洋特色文化。海洋渔文化主体地位十分突出，诸如凸显渔文化特色的民间信仰、民俗、民居、民间传说等文化形态在各类文化资源中所占的比例也最高，全县5万余条非物质文化遗产普查线索里，以渔文化为特征的内容比例占60%以上，二十大家乡菜、二十大特色小吃、十大名菜、东门海鲜十六大碗、象山（石浦）海鲜十六大碗等都是象山渔文化之璀璨明珠。

人海和谐互动。文化的产生与发展是人类与环境交互作用的结果。象山海洋渔文化表现出的多样性、独特性和象山自然环境有着密不可分的关系。象山人民长期从事耕海牧渔，目前象山共有37个渔村，其生活与文化均因海而生、靠海而存。象山国家级非物质文化遗产徐福东渡传说、晒盐技艺（海盐晒制技艺）、渔民开洋谢洋节、石浦-富冈如意信俗、象山渔民号子等5项都与海洋环境有着直接关系。此外，渔谚、鱼的传说等口头文学，造船、织网、渔具制作等传统技艺，航海、捕捞技能，妈祖巡游、祭海仪式、开渔节、渔民宅居、渔民饮食、渔业商贸等信仰和习俗，及其相关的渔歌、渔曲、渔戏、渔鼓、渔灯等各种艺术表现形式的形成也都与象山海洋环境密切相关。

## 三、象山渔文化内涵与价值的全国性内涵

象山海洋渔文化经过2 000多年的发展，作为一个相对完备的文化生态体系，在不断吸收、融合中国传统文化的基础上，为适应海洋生态环境发展和自身精神追求，不断整合象山历史发展中向上、进步的文化事项和文化元素，逐渐形成了具有独特内涵的海洋渔文化及相关的塔山文化、海防文化、海商文化、革命传统文化和地方民俗文化等特色文化，充分表现了象山人民天人合一的和谐思想、勇于开拓的创新精神、坚持不懈的拼搏精神、团结协作的竞争精神、保家卫国的大爱精神和刚直不

阿的民族精神。

象山海洋渔文化不仅是象山历史的宝贵见证，也是今天象山人民文化生活的重要内容；表现出具有创造性的杰出价值，是中国海洋渔文化宝库中的一颗璀璨明珠，体现了我国沿海人民植根海洋文化、与海为伴形成的科学洞察力、文化创造力和艺术想象力，具有多方面的价值。

俞素娟（上） 冯志国（下） 摄

历史价值。象山海洋渔文化是象山人民在长期的历史过程中创造并享用的生活文化，它的生活传承性决定了它在几千年之前就已经存在于象山的先民之中，并在后来的生活过程中渗透于社会、经济、政治、思想、意识、思维、道德、伦理等方方面面，成为研究象山活态历史的重要资源，成为与文献记载、考古发现等相印证的象山历史研究有力的佐证材料。如传统的晒盐技艺、丰富的海洋传说和人文传说、地方历史传说、地方风物传说、地方风俗传说等，历史或生活真实性的指向都非常明显，因此，具有极高的历史价值。

科学价值。象山海洋渔文化是象山人民发展中长期与自然互动的总结，体现了象山人民追求科学的精神，对象山人民现实生活具有指导意义。象山海洋渔文化的形成与象山自然环境关系互动明显，几千年以来，象山人民与大海共生共存，用辛劳乃至生命换来大量的海洋科学知识，积累了不计其数的看海、听海、养海、讨海的技巧与经验。这些科学知识都以口耳相传的形式传承，形成了多体系多门类的海洋生产生活文化大百科全书。如气象方面的民谣《暴头歌》，航海方面的民谣《水路歌》，海洋生物方面的民谣《十二月蟹名》《十二月鱼名》等。这些经验和技巧具有可验证的科学性，反映了象山人民在与海洋的交往过程中，对自然界运行规律一定程度上的科学认识，以及人作为自然界的一部分对这些规律的合理运用。这些知识至今对当下的农、渔生产都具有科学指导意义。

艺术价值。象山海洋渔文化体现了象山人民在生产劳动中的审美标准和审美需求，诸多文化事项体现了象山文化创造的艺术性和艺术价值。象山海洋渔文化中的国家级非物质文化遗产，涉及民间文学、民间音乐和曲艺等文化事项，在省市级非物质文化遗产中，也具有大量类似的项目，如船艺、盐艺、雕艺、织艺、绘艺、演艺、舞艺、唱艺、乐艺等，透过这些文化事项，可以清晰地感受到象山人民在进行文化创造时所体现的艺术智慧；同时，可以形象地看到创造和传承作品时，象山人民的生存状态、生活方式、不同地方人群的生活习俗以及他们的思想与情感差异，另外，还可以感受到象山人民的艺术创作方式、艺术特点和艺术成就。因此，具有巨大的艺术价值。此外，象山海洋渔文化中的渔民建筑、民间文化、社会习俗、渔号、渔歌、渔谚、渔行行话、海洋故事，各种礼仪等也涉及审美的内容，具有重要的审美艺术价值。

社会价值。象山海洋渔文化是自然与人文和谐交融思想的重要载体，其民俗活动、民间信仰和生产劳作等文化形态充分体现了人与自然和谐相处的重要社会价值。如渔民造房技艺、晒盐技艺、妈祖信仰、海洋渔业生产习俗与信仰、开洋节、医药秘方等，不仅是为了满足人们的物质生活的需求，更是为了满足人们融入自然、敬畏自然、慰藉心灵、顺从神灵等精神的需求，从而突出了象山海洋渔文化与自然和谐相处所具有的独特社会价值。

经济价值。象山海洋渔文化与人民群众的生产生活密切关联，无论是在过去还是现在，通过各种途径发挥着创造财富的功能，因而具有极强的经济价值。象山海洋渔文化包含的诸多文化事项中，很多文化事项和文化遗产是象山人民在争取人海和谐发展、实现人海共荣过程中改造自然和利用自然的技术和手段，除了具有历史、艺术、社会等价值外，还具有重大的经济价值。如石浦古镇因海洋渔文化特色鲜明而成为浙江著名旅游目的地，先后被评为“中国最佳魅力旅游名镇”和国家 4A 级景区，象山其他自然景观、历史遗迹和人文景观也因海洋渔文化特色吸引大量游客；同时海洋渔文化的生产消费和饮食文化每年也创造了大量的财富。

这些文化价值，既是象山的，同时也具有全国性的意义。

## 四、从象山县域文化到中国海洋文化的路径选择

象山的海洋文化是世代象山人在其生存的海洋自然环境之中，于生产与生活两大领域类的一切社会实践活动的成果。它包括生产文化（造船、织网、渔具制作等）、社会文化（妈祖巡游、祭祀仪式及其他民间俗信等）、组织文化（行业组织、渔业组织、家庭制度等）和其他文化（渔谚、鱼的传说、渔歌、渔戏、渔鼓、渔灯等）。象山海洋文化历史悠久，类型丰富，形态多样，文化生态完好是中国海洋文化的一个典型代表。

为实现“海洋文化强县”的战略目标，象山立足县情，选择符合本县文化发展的实施路径。具体表现如下。

### 1. 强化一个精神——新时期象山精神

人文精神是文化的最高表现，是推进社会前进的重要力量。实践已经证明，它具有强大的凝聚力和竞争力。新时代象山精神，是象山文化的核心和灵魂。一是要把弘扬实践新时代象山精神作为发展先进文化和提高全民素质的基础性工程加以推进，更好地拓宽人的视野，振奋人的精神，激发人的创造，引导人的实践。在继续抓好宏观层面宣传的同时，要突出抓好微观层面的落实。结合学习、宣传、践行浙江人共同价值观，将象山精神落实到广大群众的具体言行举止之中，展示新时期象山人应具有的精神风貌和行为状态，全面推进象山现代化滨海休闲城市建设。二是要创新工作载体，以群众喜闻乐见的方式宣传新时代象山精神，充分发挥先进典型的示范带动作用，唤起广大群众应有的精神意识，推进象山精神在基层的弘扬和实践。三是要以弘扬实践新时代象山精神为基础，深化群众性精神文明创建活动。要大力实施“两城创建”和人文素质提升工程，充分激发新时代象山精神所蕴含的现代价值理念和道德内涵，进一步加强社会公德、职业道德、家庭美德和个人品德建设，提高全民素质，形成良好的社会风尚。广泛开展文明礼仪宣传教育活动，加强全民意识教育，形成诚实、守信、民主、法治等现代价值理念。

### 2. 提升两股力量——公共服务能力和文化产业竞争力

新的海洋文化发展理念必须统筹兼顾文化事业和文化产业相统一，使

其形成两翼齐飞，双轮驱动的良性发展格局。

提升海洋文化的公共服务能力。一是要打造海洋城市形象。以海洋元素塑造象山城市风格，使城市建筑、广场、雕塑等风格和色彩都能体现象山独特的海洋文化个性和特色，形成富有特色的海洋文化标识系统，让城市的每一个组成部分都为品牌做加法，都来体现、演绎城市的核心价值，充分展示独具魅力的现代化生态型滨海旅游城市形象。二是要加强海洋文化基础设施建设。除了完善县文化活动中心、体育馆等已有公共文体服务设施建设外，还应着力推进象山书城等一批城市标志性文化设施建设，大力推动龙宫休闲文化园、大旸艺术馆等民办博物馆建设，加强镇乡（街道）综合文化站和村落（社区）文体服务圈建设，全面提升综合服务能力。

海滨浴场　张为民 摄

三是要提高公共海洋文化产品的供给和服务。一方面要坚持开展“文化赶集”“文化下乡”等公益性文体活动，推出多样性、有特色的“海洋文化菜单”服务项目；另一方面要提升节庆文化活动品牌。要不断创新发展“春踏沙滩夏海钓，秋观开渔冬品鲜”的海洋文化节庆格局，积极打造一批海洋文化精品，进一步打响海洋文化品牌。

提升海洋文化产业竞争力。一是抓海洋文化产业结构优化。要通过科学布局、产业集聚、特色引领、错位发展，重点发展影视传媒、文化旅游、文化创意、动漫游戏、工艺美术、文博会展、演艺休闲等产业，引导项目、资金、人才、科技、金融等要素集聚，形成新的经济增长点和文化产业高地。二是抓海洋文化产业发展水平。要实施大项目带动、骨干企业带动、科技带动战略，推进文化产业大发展。重点引进一批投资规模大、辐射带动作用强、科技含量高、市场前景好的文化产业大项目，加快建设石浦渔港古城二期、国家级影视文化产业基地、中国竹根雕产销基地、创意大厦等一批重大文化产业项目。

### 3. 做到“三个结合”——海洋文化资源的传承与开发、文化市场的培育与拓展、文化人才的培养和引进

海洋文化资源的传承与开发相结合。一是保护。要全力推进国家级海洋渔文化生态保护实验区建设，建立健全保护组织机构，制定实施专项保护规划。深入发掘、传承并提炼塔山文化、渔文化、海防文化、海商文化、徐福文化等海洋历史文化，丰富象山历史文化内涵，提升

城市文化品位。要深入加大县域历史文化遗存的发掘和保护力度，大力实施非物质文化遗产项目、传承人和传承基地“三位一体”保护模式。二是研究。可利用县社科联、渔文化研究会、徐福文化研究会等学术团体，对象山史前以来一系列人文历史社会等课题进行系统研究。三是创新。可在现有海洋论坛、中国开渔节等重大海洋文化活动的基础上，筹建国内海洋文化活动联盟，构建沿海城市的文化交流平台，对一些共同关心的问题进行讨论，并形成一种共同合作和研究的机制，组织、发起和推动一些有益的全国性的涉及海洋的公益活动，以凝聚共识，提高象山县海洋文化的知名度和影响力，争做国内海洋文化活动的领头羊。

文化市场的培育与拓展相结合。首先，要发展壮大市场主体，加强行业组织建设。着力打造、培育一批有鲜明海洋文化特色的产业品牌项目。其次，要积极拓展市场空间，加强县内外大众性文化消费市场的培育，在充分满足本区域文化需求的同时，积极拓展外地市场，实现海洋文化产业的县外“出口”。最后，要建立健全海洋文化产业市场营销体系，根据消费需求的新变化，积极推动产业在品种、内容和商业模式上的研发与创新，以不断满足人们的精神文化需求和物质需求。

文化人才的培养和引进相结合。人才是文化建设的核心要素，地区文化力的竞争从本质上讲就是人才的竞争。当前可结合培养、引进等多种途径充实象山县海洋文化方面的人才力量。其一，要大力发掘、发现和培养一批覆盖城乡、生根民间、深受基层欢迎的公共文化人才，积极支持民间文化艺术人才发展。其二，要研究制定高层次海洋人才引进政策，吸引一批有关海洋文化产业市场开发、发展规划、行业管理等方面的人才以及企业高级经营管理人才。其三，要加强与国内外高等院校、科研院所、专业策划机构和专家学者的横向合作，引进外脑，不求所有，但求所用。

**4. 形成多元文化投资体系——包括政府、社会企业、外资在内的文化多元投资体系**

重视对公共文化服务的政府投入。具体做好“三大保障”。一是思想认识的保障。要树立“文化民生”意识，推动各级领导改变过去文化建设只有投入，没有产出的观念，树立“文化实绩”意识，使文化工作切实从过去“文化搭台、经济唱戏”的配角意识转变为“经济、文化同台唱戏”

的主角意识，为经济社会协调发展提供有力的文化支撑。二是经费投入的保障。县乡两级财政要每年安排一定数量资金用于公共文化设施建设，尤其是要加大农村公共文化设施经费的投入，解决农村文化基础设施薄弱问题，扩大农村文化阵地的覆盖面。三是工作力量的保障。各级领导要重视文化工作，把文化工作要列入议事日程，列入考核内容。切实加强乡镇文化站干部的力量配备，提高文化站长政治待遇，保证文化工作有人干事，有能力、有精力、有财力干事。充分调动广大文化工作者的积极性、主动性和创造性。

文化产业发展还需注重社会参与。海洋文化产业的发展，必须要有大量资金的投入，仅仅依靠政府的投入是有限的，要充分发挥社会各个主体的力量，建立多元产业投资机制。具体做好“四个鼓励”。鼓励政府部门通过财政贴息、价格税收等经济杠杆科学规划和调节资金流向，支持民资、外资的融入；鼓励引进社会力量参与公益性文化场馆的管理；鼓励非公有资本举办或参与举办各类文化产业经营项目；鼓励各种风险投资基金、股权投资基金参与文化建设。通过两步走，激发起全社会发展海洋文化的热情，提高项目开发建设效率，最终实现资源整合、共建共享。当然，与此同时，政府还应做好监管和审查，把握好产权问题与准入原则等。

## 第四节　象山渔文化建设的国际视野

长期以来，象山以农耕为基础，以渔业为特色，以渔文化为亮点，打造自己的产业特色与文化特色，走出了一条具有全国性影响的海洋文化建设之路。但是象山并不以此为满足，他们开始把目光投向了世界。

一件偶然的事情触发了象山的国际视野。1998 年是国际海洋年。年初，自幼离开渔山去台湾的演艺圈名人柯受良，在飞越黄河后来石浦探亲。石浦镇府在接待他时，柯受良向石浦镇镇长杨继光提供荷兰有一个开船节，带动了许多产业的信息，并建议搞一个开渔节。石浦镇长觉得这是推动石浦渔港发展举措，合乎流行“文化搭台，经济唱戏”的办节模式，商机无限。最后在县委、县政府支持下成功举办第一届中国开渔节。

从此，象山的海洋文化建设，开始走出象山，走向全国，而且把目光投向世界。

## 一、与世界主动接轨，学习先进的建设理念

象山的人工鱼礁建设是象山海洋渔文化走向世界的坚实一步。人工鱼礁是根据一些鱼类的趋性，在鱼类洄游通过的水域设置的人造礁，用于吸引鱼类栖息、增殖和成长，形成鱼类相对集中而稳定的捕捞作业场所。国际上，在1970年、1978年、1983年曾召开过三次国际人工鱼礁会议。日本、美国发展的人工鱼礁建设，为改造海洋生态环境，增加鱼虾贝藻资源，提供稳产高产的渔场作了很多有效的实践。日本列岛沿海在1983年3月前就建成33处，后来发展到100余处，合计总体积约500万空立方米。美国的人工鱼礁建设范围很广，到1983年，经过审批建设的、具有相当规模已供游钓作业使用的有1 200处。象山在20世纪80年代之前，由于海洋渔业资源的衰退并不明显，改革开放也刚刚开始，因此当时并未在意，但是到20世纪90年代之后，渔业资源情况严峻，象山开始考虑人工鱼礁的建设，走世界共同的保护海洋、养育鱼类的道路。2004年7月，在渔山列岛实施人工鱼礁投放（试验性）计划。人工鱼礁由2只钢质，5只木质报废渔船改建，共有5 000立方米。由于有以前国际上的经验，和以后的跟踪研究的成果，对渔业资源的保护非常有利，礁体广大的表面积能使生物量显著增加，鱼礁各式各样的结构、众多的空隙，为喜礁性生物提供了良好的栖居场所，成为许多鱼卵、乌贼卵的附着基和孵化器，表面附着生物不仅为浮游性鱼卵孵化后的仔稚鱼提供丰富的饵料，更是一个安全的庇护所。所以2016年，历经1年多时间，宁波市与象山县渔业管理部在渔山海域投放100座人工鱼礁，形成了10万空立方米的浙江省最大人工鱼礁群。如此大规模集中投放人工鱼礁，也刷新了我国海洋渔业史上的纪录。现在功效初现，鱼的种类和数量都增多了，还常常能钓到几十千克的大鱼。

## 二、象山渔文化受到海外的关注

2014年8月29日，马可·波罗远行东方纪录片摄制组，以意大利威

盐场小景　张为民 摄

尼斯为起点，走过德国、英国……绕过大半个地球，最后来到中国。他们来到了象山。该纪录片是德国 ECO 传媒制作公司摄制组应中外文化交流中心的邀请而拍摄的。摄制组在中国选择了北京、扬州、宁波为拍摄点。《马可·波罗游记》中有详细描写中国制盐业的章节，记载了盐产地风土人情。盐业是浙江重要的产业之一，象山作为浙江省主要盐产地，制盐历史悠久，因此摄制组来到了象山，寻找再现马可·波罗笔下的中国“盐业史”。当天，摄制组探访了因盐文化而盛名在外的大徐镇杉木洋村，跟着老村民从拜“熬盐菩萨”开始，一路探寻海盐制作古法，又赶赴新桥镇盐厂，实地领略海盐制作过程。“象山是个现代化与传统兼容的城市，极具魅力，这里海盐晒制具有十分典型的技艺特征，是数千年中国海盐生产传统技艺的缩影，具有极高的历史文化价值，要好好保存这段古老的历史。”参与拍摄的瑞士籍汉学专家汉斯·威格尔教授说。

20 世纪八九十年代，对海洋渔文化研究深入而细致的日本学者，更是把象山的东门岛作为海洋渔文化研究活标本进行解剖，学者们在先后十余年的时间里，一共 6 次踏上东门岛，写出详细的调查报告发表。

2005 年环球皇后竞选全球总决赛，来自 23 个国家和国内 12 个城市（包括台港澳地区）的各路佳丽陆续抵达象山。环球皇后竞选是加拿大环球美丽选美组织旗下的一档国际性的选美大赛，已成功举办了十六届。第八届中国开渔节将这个美丽赛事，与最具传统的中国民间习俗相结合，引起世界的关注。

“中国·象山国际海钓节”开始亦称“渔山国际海钓节”，是2003年9月中国开渔节衍生出来的一个重要活动项目。由中国开渔节组委会发出邀请，应邀前来垂钓的除国内参赛者外，还有日本、韩国、美国、马来西亚、泰国、葡萄牙和印度尼西亚等国家的参赛者与观赛者。

## 三、参与国际研讨，交流象山渔文化

2010年12月18日，由国家海洋局东海分局、上海市海洋局、上海海洋大学共同主办，以“海洋文化与城市发展”为主题的首届研讨会召开。来自日本神奈川大学、韩国木浦大学、中国海洋大学、华东师范大学等国内外专家，围绕“海洋文化与城市发展、海洋渔业史及其发展、海洋民俗生活、海洋文化与海洋经济的互动关系、航海与海港城市文化、海洋文学与艺术、区域海洋文化特色与保护、海洋旅游文化及海洋旅游资源开发、海洋科技与现代城市生活”等内容进行了广泛的交流与探讨。象山渔文化研究会代表作了“渔文化研究及产业发展”的主旨演讲，受到一致好评。韩国木浦大学岛屿文化研究院对外协作部长申正浩教授表示，希望能和象山渔文化研究会建立学术之间的广泛合作与交流。

2011年12月20日，上海海洋大学举办了“海洋文化与城市发展”为主题的第二届研讨会，探讨海洋文化对沿海城市发展的作用与功能，象山渔文化研究会代表在会上以《海洋民俗的奇葩——海峡两岸如意信俗的传播与衍变》为题，从浮木立庙奇、小小插曲奇、神界姐妹奇、省亲迎亲奇、富冈祭祀奇、传承人物奇等方面细致地阐述如意信俗的特点，最后归结到海峡两岸民众情缘。特别是象山县石浦镇与台东县富冈村同祖、同脉、同根、同文、同族、同俗、同言、同语、同地、同音，成为海峡两岸永远割不断的文化情缘，是中国海洋民俗文化的一朵奇葩，对促进祖国和平统一具有现实意义和深远的历史意义。

亮相国外世博会，展示象山渔文化。2012年8月12日，韩国丽水世博会举行。在这场盛会中，“浙江宁波周”无疑是最闪亮的主角，象山渔文化元素为“宁波周”演绎了无与伦比的美丽，“善待海洋就是善待人类自己”，这句象山历届开渔节的主题口号，在韩国丽水世博会再次向世界发出了蓝色的呐喊，赢得了世界的共鸣。走进中国馆，展厅内赫然可见一幅青花瓷壁画《渔娃》，绘满了整个墙壁，这面印着各式各样渔民劳作景象的巨幅壁画，人物生动、色彩明丽，使整个中国馆充满着浓浓的海洋韵味。很多游客在壁画前拍照留念，说：“太漂亮了，宁波渔民的绘画真了不起！”中国馆馆长姚瑞说，韩国丽水世博会组委会看到壁画时发出惊叹，认为这是世博园里最美丽的墙壁。《渔娃》的作者就是象山茅洋乡人。“浙江宁波周”的卡通吉祥物——中华凤头燕鸥，一经亮相便吸引了大批观众目光，很多游客争先恐后地抢要，特别是小朋友挤在前排举起两手。来自泰国馆的工作人员沙丽女士说：“这个图案真是太可爱了，真的很形象，两个翅膀在招手，好像在欢迎我们！”渔文化研究会曾两次赴宁波为“宁波周”搞策划，提供象山元素，为“宁波周”增光添彩。

2016 年 6 月 15 日，作为宁波市“东亚文化之都”主体活动之一的中日韩徐福文化研讨会在象山举行。本次研讨会以“徐福东渡与东亚文化”为主题，来自中国、日本、韩国的百余位徐福文化研究专家围绕“徐福精神与东亚价值”“徐福东渡文化资源的当代价值”“徐福文化与象山海洋文化建设”等专题展开研究和探讨。徐福东渡已成为秦代以来华夏文明向东传播的一个缩影，成为中、日、韩经济文化交流的一个象征，也成为东亚人民友谊的纽带。研讨会上，发布了 2016 年中、日、韩徐福文化象山研讨会《象山倡议》，设立“徐福文化研究象山奖”，以奖励为徐福研究做出贡献的中、日、韩专家学者和研究新手，即以本次研讨会为第一届，今后每三年为一届，每届分设“研究成果奖”“新人新作奖”和“传承组织奖”3 个奖项。此举将有力地推动中、日、韩三国的徐福文化活动和三国的民间友好交流，也得到了日本和韩国有关专家的高度肯定和赞赏。

## 四、象山渔民与世界的直接对话

象山渔民以主动的姿态，做世界海洋保护的提倡者、参与者。他们主动、积极、勇敢地发出致联合国秘书长的倡议书，还向世界渔民传达中国渔民的声音，并获得回音。

在《致全世界渔民倡议书》中，象山渔民呼吁全球渔民联合起来，正视“海洋环境污染日益加剧，大量珍稀海洋生物濒临灭绝”的严酷现实，呼吁“严格遵守休渔制度”，倡议全世界的渔民兄弟们“积极行动起来，做 21 世纪蓝色海洋的保护使者，携手共创蓝色辉煌”！

在 2002 年象山举办“中国开渔节”前夕，象山渔民向联合国秘书长安南和各国政府首脑致函，庄重吁请重视全球性的海洋生态问题，得到了安南和各国政府首脑的热情回应。安南秘书长在回函中说，感谢中国渔民“对环境的关心”，希望中国渔民“能再次向联合国环境保护组织提出询问，因为联合国环境保护组织负责全球的环境问题，包括海洋、河流和湖泊的问题。所以，贵方可以写信给联合国环境保护组织”。

当时的新西兰总理代表也回复了象山渔民的函吁，说“新西兰对保护海洋资源给予高度重视。……在新西兰，我们忠实地保证保护和可持续地使用渔业资源，并保护海洋环境，抗议对渔业的不良影响。似乎你们的这一组织与我们组织有相同之处，我希望你们的组织会办得更好”！

话说象山海洋渔文化

【第十章】

# 亲近体验：象山渔文化的非物质文化遗产传承

山的挺拔与稳健，海的宽广与深沉，塑造了象山的文化性格。当年“煮海”，如今“休渔”，这里的人们懂得大海：她赐予人类生命和财富，她也需要得到人类的珍惜与呵护。

象山海洋渔文化是世世代代象山人依据其生存的自然环境而创造的关于生产、生活及社会各方面文化的总和。实验区的设立，顺应世界遗产保护潮流趋势，对非物质文化遗产、物质文化遗产及自然环境进行区域协调保护，是对我国文化遗产保护理念和方法的新探索。

象山非物质文化遗产的传承，认真贯彻执行“保护为主、抢救第一、合理利用、传承发展”的指导方针，坚持以人为本、活态传承，加强渔文化生态保护与发展，加强体制机制创新，维护文化生态系统的平衡和完整，提高象山人民的文化自觉与自信，弘扬优秀传统文化，建设共有精神家园，促进象山经济社会全面协调和可持续发展，努力把海洋渔文化（象山）生态保护建设成为特色鲜明、传承有序、人海和谐、惠及民众的全国海洋渔文化生态保护示范区。

象山积极探索传承新机制，从娃娃抓起，建立了从幼儿园到中小学再到职业中学“非物质文化遗产”传承教育基地，将历史悠久、内涵丰富的渔文化，深深扎根在年轻一代的心中，“以文化人”提升象山发展的软实力，推进海陆统筹，实现人海和谐。

## 第一节　象山渔文化与非物质文化遗产

2007 年 5 月，象山县组织开展了覆盖全县 490 个行政村，24 个社区的非物质文化大普查、深发掘，共召开座谈会及访问老渔民、老工人、老干部、老艺人、老教师 5 000 多人次，搜集整理文字资料约 112 万字，摄影资料 1 000 多幅，影像资料 10 余套，共查出线索 53 400 多条，立重点调查项目 1 557 项，以海洋渔文化为特征的非物质文化遗产项目占 60% 以上。

## 一、石浦-富冈如意信俗

如意娘娘是渔山岛岛民的海上平安孝神，是渔山岛人特有的传统文化形态，始于清朝时期，庙宇建在北渔山岛上的庙岙，据称庙岙这一地名也是因如意娘娘的存在而命名的。

追根溯源，如意娘娘的由来有两种说法，一是“浮木（木头）”说：据徐七寿老人讲述，渔山岛几百年前就常有福建兴化人来捕鱼，也常有台州、黄岩人来岛铲淡菜(一种岩生海产贝壳类)。一日，有采贝人落崖身亡。后其女从家乡赶到，问旁人其爹在何处身亡，当得知确切地点之后，二话不说，纵身跃入海中殉葬。众人大惊，见该女投身处浮上一块木板，人们为该女孩的孝道所感动，也为该神奇木板所震惊，遂以木板雕塑成一尊如意神像建庙于该岛，称之为如意娘娘庙。现任渔山岛村主任柯位楚同样听爷爷讲过这个传说，只不过他说：那浮上来的是一段木头，后来雕成如意塑身。如意是坐身的形象，双手搁在膝上，扶着一块约 20 厘米宽，100 厘米长的木板，与徐七寿老人的说法相一致。

第二种是“绣花鞋”说：在渔山岛住了 40 余年的原庙管陈金杏女士，听她公爹也讲过类似传说，很早以前如意娘娘的父亲在渔山岛劳动，帮鱼老大干活，做长工。他们本来不是渔山人，如意娘娘来渔山看望父亲，上岸后刚好他父亲铲淡菜跌落海中遇难了，如意娘娘一心急，就从庙岙窜下海去救父，跳下后浮上来一只绣花鞋，有人说这是如意娘娘灵魂的化身，为此塑像立庙。

不管是“浮木”说还是“绣花鞋”说，在如意塑像中均有体现。

渔山岛如意娘娘庙 1956 年遭特大台灾后倒废，1990 年由台湾台东县富冈村、渔山村集资 6 万元，由渔山人徐七寿、周雪礼、汤全生（已故）等人，依据被搬到台湾的如意娘娘真身照片进行雕塑。从此，渔山岛上终于重现神灵，神像和庙宇，香火不绝。

## 二、象山渔民号子

渔民号子是比较多的海洋类非物质文化遗产项目。浙江、山东等沿海省份都有。浙江范围内，舟山渔民号子、象山渔民号子都是省级、国家级非物质文化遗产代表性保护项目。

象山渔民号子，是众多海洋渔民号子中较有代表性的一种。它由传统渔业生产上的渔民号子和海洋运输业中船工号子等组成。它是广大渔民、船工在长年累月的海洋生产、劳动实践中自发创造的一种文化现象。它有着与众不同的独特风格和强烈的海洋生活气息，充满着渔民（船工）的乐观主义精神和雄壮、豪迈、朴实、奔放的个性，向人们提供了了解和熟悉象山渔民豪爽、粗犷、开朗的性格的载体。

象山渔民号子在宋元时期已经初步形成，清康熙年间至民国期间达到繁荣程度。20 世纪 60 年代中期，由于手工化捕鱼作业逐渐被机械化所替代，繁重的劳动逐渐变得轻松，号子的生存空间不断萎缩，渔民号子渐渐消失。

在 20 世纪 60 年代中期以前，象山渔区都以木帆船为捕鱼和海上交通的主要工具。船上一切工序全靠手工操作，集体劳动异常繁重。各种工序都要喊号子以统一行动，调节情绪，为此，形成了丰富的号子。象山渔民号子按工序分为:“起锚号子”“拔篷号子”“摇橹号子”等 20 多种；按操作所需要的力度大小又可分为：大号、一六号和小号，各类号子之间灵活通用。

象山渔民号子品种相对较全，曲调粗犷优美，有着鲜明的海洋文化特征，具有厚重的历史价值和独特的艺术价值。

## 三、石浦妈祖信仰及迎亲习俗

妈祖又称天上圣母、天后、天后娘娘、天妃、天妃娘娘等，是我国沿海百姓崇祀的海神，始于北宋、源于福建。象山三面环海，一路穿陆，东临大洋，“皆蕃舶闽船之所经”。象山在海一隅，海上捕捞，海上航运，海上贸易十分活跃。尤以县南的石浦港，山环水抱，船路曲折，港内南北两岸，大小船只均可停泊，历来为浙洋中路重镇。石浦、东门、延昌原住户

东门岛如意迎亲队伍

都为早年福建移民，虽与福建远隔千里，却有着血缘渊源，福建人奉妈祖为海上保护神的信仰，也随之传入，据《东门岛志》记载，妈祖曾来此岛，渔民每年选择三月廿三妈祖诞辰黄道吉日，扬帆北上岱衢洋捕鱼，举行妈祖寿辰庆曲，欢送亲人出海，气氛之热烈，场面之壮观，在我国沿海实属罕见。

当地传说，如意娘娘升天后与妈祖娘娘、瑶池金母结成三姐妹，神灵相通，情感相通，融入妈祖信仰范畴。象山在举办开渔节期间，特邀台湾台东富冈新村如意娘娘进住东门岛妈祖庙，作客省亲，并参加开渔节祈福巡游。

迎亲的基本习俗：

第一，起身祭。如意娘娘在富冈海神庙动身前一天，庙里要为她诵经祭拜。置八仙桌祭台，放鸡、鸭、鱼、肉、水果、饼干等祭品，祭祠告知娘娘，某年某月某日，因何要启身回大陆家乡省亲。

第二，落地祭。当如意娘娘队伍到时，必须举行落地祭，接待方要摆祭桌，一般是八仙桌 1 ～ 2 张，置祭品鸡、蛋、鱼、肉，备酒及老式酒杯，置香炉。请吹打乐队迎候。组织信徒持香接驾。对方省亲队伍，要在村外下车步行进村，有自己锣鼓队开道。当娘娘坐轿到接待方祭桌前，要停轿受拜，念经烧纸。然后同迎娘娘进村进庙。

如意娘娘到渔山娘娘庙，因为是到“家”了，可以居中停放。到东门妈祖庙，因为在姐姐家做客，妹妹如意只能停放于大殿中堂小位（即左侧）。以后出巡，也只能姐姐（妈祖）在前，妹妹（如意）在后，不能错位。

第三，守夜。如意娘娘省亲来访，一般在客庙住上几天，夜间香火与陪客不断，双方都会各指派信徒 4 ～ 6 人，负责夜间通宵上香陪护。

第四，赠礼。也似人间主、客往来，神明往来赠礼也不可或缺，礼品重轻不计，2007 年 7 月，富冈村海神庙赠渔山村岛娘娘庙功德红包人民币 6 000 元，功德铜香炉一尊（100 千克），价值 2.5 万元人民币。2007 年 9 月，富冈村海神庙赠东门岛妈祖庙功德红包人民币 1 200 元，《安阑赐福》旌旗一面。东门妈祖庙回赠功德红包人民币 1 888.88 元，《百世蒙庥》旌旗一面。

第五，客祭，对于远道而来的客神如意娘娘，当地信徒更是虔诚有加，不断有人前来上香祭拜，男人们祈祷合境平安，女人们祈祷生活安康、美丽快乐，孩子们祈祷学业有成。初到时，人们争相祝福。客祭一般只上香，个人不设祭品。

第六，送别祭。如意娘娘要回程了。启身之日，同样要在村口祭拜欢送，仪式与落地祭相同，只不过如意娘娘回程时，众信徒要护送她一程。

第七，回庙祭，如意娘娘返回台湾本庙后，同样要以香火祭拜仪式，告慰娘娘，一路辛苦，平安到家。

## 四、象山七月半

“象山七月半”是海洋民俗气息比较浓厚的省级非物质文化遗产项目。“七月半”是象山古老的民间传统节日，流传于全县 18 个镇乡（街道）。其中地处沿海的爵溪、石浦、涂茨、鹤浦、高塘、定塘等镇乡（街道）尤为隆重、热闹，对附近的宁波、舟山、奉化、慈溪、镇海、台州、温州等浙江沿海地区均有影响，形成了一种文化辐射效应。

“象山七月半”在各地叫法不同，爵溪称为“神赛会”，定塘周岙称为“鬼节”，涂茨钱仓称为“太平会”，珠山村称“中元节”。作为象山“七月半”习俗中心区域的石浦一带，叫法也稍有不同。石浦城区称作“迎赛纸会”，有些人也叫它“中元节”。而石浦东门岛一带则称为“七月半”节。

“七月半”节在象山各地的名称虽然不同，但其内涵和活动形式，几乎差不多。作为一个非物质文化遗产保护项目，“七月半”的内涵摒除了它“鬼节”方面的一些内容，着重突出了它庆贺和祈福等比较积极的因素。农历七月，渔、农、商劳毕思逸，亲朋好友聚会庆丰收，祈求菩萨赐恩于民，吉祥平安，来年丰收；祭祀祖宗，保佑全家幸福安康；祭奠亡灵，消祸免灾。

“象山七月半”也是一次民间艺术大汇演，其仪式极其隆重，规模非常宏大，范围十分广泛。精彩纷呈的龙灯、抬阁、鼓琴、高翘各展风姿，古戏台上传统戏剧日夜竞演，街头巷尾，人声鼎沸，人来车往，笑语盈门。这是象山沿海乡镇人们最隆重、最热闹的日子。

## 第二节　象山渔文化非物质文化遗产项目的多方面价值

渔文化的非物质文化形态是一座内涵非常丰富的宝藏。象山的渔文化能够成为国家级、省级非物质文化遗产保护代表性项目，与它深厚的历史底蕴、丰富的民俗等文化价值密切相关。

### 一、象山渔文化非物质文化遗产项目多方面的价值

象山渔文化非物质文化遗产项目有深厚的历史积累，具有多方面的价值。

一是海洋民俗文化价值。象山各种民间节庆和习俗众多。其中重大的民俗节庆主要有：东门渔村开洋节、谢洋节，东门渔村、石浦渔村、延昌渔村的太平节，石浦皇城沙滩三月三海滨踏青民俗节，东门渔村、渔山渔村“妈祖·如意信仰迎亲习俗”等。

漫长的讨海生涯也使渔区形成了众多的生产、生活习俗。其中生产习俗方面主要有造船习俗，开洋、谢洋习俗，拜船龙习俗，祭小海习俗，以及各种禁忌等。生活习俗主要有元宵节不过十五过十四、打生、海难招魂等。渔家特色海产制作技艺如鱼丸、鱼滋面、鱼胶、鱼卤、鱼鲞制作技艺，咸蟹、咸带丝、咸泥螺、咸辣螺酱制作技艺以及雪花冻制作技艺、石浦十六碗等。此外，石浦渔区还保留了一些独特的方言俚语。如劳作方面将渔业捕捞时的潮汛称为水，有大水、小水、起水、落水之分，渔谚谓："抲鱼人勿读四书，也晓得大小水。"何时可捕何水，渔家明明白白。由于自古石浦渔民南来北往，有大批闽籍渔家迁入定居，故现石浦沙塘湾渔村是闽南语方言岛，全村 249 户 874 人，村内交流均持福建方言，代代相传，已有数百年。

二是民间文艺价值。主要有以渔家号子、渔家船鼓和《细什番》演奏为主的民间音乐；以渔灯、龙灯、马灯、车灯、抬阁为特色的民间舞蹈以及大量的渔歌、渔谚和民间传说故事。这些作品的共同特征是来自海洋劳作，来自渔民的口耳相传，是渔家生产技术、生产经验、海洋习俗的艺术

渔村三月三　谢定伟 摄

拜船龙　谢定伟 摄

体现，具有浓烈的渔区特色。境内常年活动的民间渔文化文艺队伍有东门船鼓队、石浦民乐队、延昌民乐队、石浦民舞队、延昌民舞队等十多支。长期的海洋渔业劳作，也使境内自然产生了许多具有渔文化内涵的传统制作技艺，主要有渔家服饰制作、船模制作技艺，以渔民造型、图纹为主的竹根雕、剪纸、麦秸贴画等。

三是历史文化价值。据《四明续志》载：石浦在秦汉时代就有海上商贾往返。志载：宁波市仅鄞县五乡及象山东门设有鱼市。唐代航海捕捞已很发达，宋、元、明成批渔船已在浙东渔场从事海洋捕捞。明洪武二十年（1387 年）海防设昌国卫。明永乐四年（1406 年）朝廷命礼部侍郎俞士吉（象山人）从石浦南关桥两度始航出访高丽、日本，石浦时称“浙洋中路重镇”。1684 年，清康熙海禁开放，渔船大增。清末更盛，有定期航班往返温州、海门（今椒江市）、定海（今舟山市）、宁波、上海等 8 个港口，最多日发上海 8 次，民间运输达福建、台湾，为浙东海上交通枢纽。清道光五年（1826 年）设宁波府海防同知署。1932 年，《中国实业志》评石浦为“较好渔港”。1933 年，上海导演蔡楚生、音乐家聂耳在石浦拍摄电影《渔光曲》。1950 年，石浦为国家三级渔港。1974 年被国家计委列为全国四大群众渔港之一。1993 年 3 月 23 日，列为国家二类开放口岸。2002 年 10 月 9 日，农业部批复石浦为浙江唯一的国家 6 个中心渔港之一。2005 年由“浙江历史文化名镇”升格为“中国历史文化名镇”。

四是活态的生态范本价值。余秋雨先生 2006 年考察石浦的海洋文化后说:“石浦是活着的古渔镇。”余先生的评价道出了石浦现存海洋文化的价值真谛。其一，石浦渔港古城保存基本完好，而且仍是渔民日常生活、居住区，这在沿海实属少见。其二，依托丰厚的渔文化底蕴，象山（石浦）渔民铸就了渔业史上新的辉煌。20 世纪 70—80 年代，象山渔民首先搞起渔业股份制，与外省渔船开展合作。最终走出国门，参与国际渔业竞争。一度拥有 1 500 多艘大马力的钢质渔船，年捕捞量稳定在 50 多万吨。一些与之相适应的水产运输、加工、交易业、餐饮业随之兴起，成为象山经济的一大支柱产业。近年，虽然海洋渔业资源总体下滑，但有政府“休渔”等措施，加之石浦的固有优势，渔业生产及相关渔事仍然繁荣。石浦镇现有纯渔村 12 个，渔业人口 1.8 万。建有占地 9.5 万平方米的中国水产城。因休渔、开渔连续举办了二十届的“中国开渔节”，在海内外影响深远。石浦境内的历史古迹，民俗活动，民间文艺队伍，目前都处于鲜活状态，传人有继，活动不绝，发展势头喜人，文化生态能动因素强劲。

五是良好的旅游开发价值。石浦境内的山海风光优美，渔区风俗鲜明独特，文化古迹遍布，自然生态、物质生态、文化生态交相辉映，共生共荣，使得有识之士争相投资。特别是以渔文化为核心的各种民间节庆和民间艺术，以其丰厚的内涵和独特的魅力，促进了旅游业的发展。一些带有渔文化印记的民俗文化本身已经成为炙手可热的旅游资源。有的正逐步走向品牌化和产业化，成为拉动旅游经济增长的亮点。目前，已列入规模开发的项目就有石浦渔港古城、中国渔村、半边山紫象天堂度假区、雷公山渔家休闲区、环石浦港水景观光廊带、渔山岛国际海钓基地等。依据非物质文化动态保护的原则，以石浦中心点的文化生态保护与旅游开发，定可实现双赢。

## 二、独特的两岸文化交流价值

如意信俗是唯一牵涉海峡两岸的国家级非物质文化遗产项目。1955 年

2 月在蒋经国的允许下“如意去了台湾”，2014 年 5 月其儿蒋孝严题词“如意往来”，刻成石碑竖渔山岛顶峰作永久纪念，两岸如意文化的深入交流与传承，不断凝聚两岸一家亲的共识。

渔山地处东海前哨，临近公海。清《浙江沿海图说》记载：“……有居民者三岛，南、北、渔山各二十户 ，白礁五户，皆闽人之捕鱼为业者……”晚清时期曾为海防禁域，历来为兵家必争之地。

1949 年，除了一些沿海岛屿，大陆基本上都解放了，而渔山岛仍处在国民党控制之下，与大陆的交流基本被隔绝。到了 1955 年，随着形势的变化，岛上的渔民被要求撤走。撤离总指挥是时任“国防会议副秘书长”的蒋经国，负责运输的是美国第七舰队。

当地渔民开始收拾行李，准备登舰，就在这时，出现了一个小小的插曲，也为以后的交流打下了基础。因为渔山岛如意娘娘庙还有一百多尊神像，有的有五尺高，有强烈信仰的渔民要把神像带走，但被“官方”拒绝，他们说，连人都快站不下了，哪还有空间放菩萨像，渔民见此，都不愿意上船，纷纷表示，如意娘娘不走，他们也不走，宁可家当都不要了，也要带上如意娘娘。

当时渔山岛渔民柯位林（亚洲飞人柯受良父亲）斗胆向上岛巡视的蒋经国求助。蒋当时讲了十个字：“可以，可以，搬上去，搬上去。”渔民一听很高兴，马上行动，把神像装到箱子里，当作行李。最大的“如意娘娘”很沉，手脚可以移动，于是大家一路轮流背着，跨越海峡到了台湾。

如意信仰是一代代渔山岛人用他们的情感、智慧和理念创造的一个传奇，反映了渔山岛人对人生的独特理解和美好生活的不懈努力追求。渔民如此执着，要带上“如意娘娘”，包含了很多复杂的原因：一是担心。担心渔山岛成为无人岛，冷落了如意娘娘。二是寄托。岛民去台湾，海上航行充满风险，祈求如意娘娘的庇佑；到了台湾一个完全陌生的环境，在情感上有一种寄托心理就会感到踏实。

数百年来，如意信俗在偏远的小岛渔山代代相传，已发展成为一种成熟、完备的民间信俗。1960 年，去台的渔山人，建设了富冈新村，村中建了如意娘娘为主神的“海神庙”。

随着时间的推移，两岸兵戎对峙的坚冰已融。2007 年 7 月 27 日，在象山县台办的全力支持下，阔别了五十多年的如意娘娘，由台东富冈村村民柯位林率渔山岛的原居民与后代组团 54 人护送，第一次踏上故土渔山岛祈福祭祖，开创了两岸娘娘神明省亲迎亲习俗。

象山石浦与台东县富冈村的民俗非常相似。甚至可以说，台东县的富冈新村，一切风俗都是拷贝象山石浦的。过年的时候做鱼面、鱼丸、八宝饭、春卷，出门在外，再远也要赶回来吃除夕夜团圆饭，36 道菜层层叠叠摆在桌上，吃完饭晚辈们跪着，长辈们给晚辈发红包——压岁钱，大家一起搓汤圆，大年初一早餐用，象征团团圆圆。

富冈新村村民虽然到了台湾，想家的念头年复一年，到了 20 世纪 70 年代，小石浦村的第二代出国读书，尝试寄信给大陆亲戚，之后很快得到了回音，还附有照片，小石浦村的村民激动了，有的看了照片掉下了眼泪。

到了 20 世纪 80 年代，台湾解禁开放大陆探亲，台湾同胞先后多次来到家乡，旅游、修坟、祭祖，象山共接待台胞 10 余万人次，渔家近亲按

东门海神庙

照老规矩，摆出 36 道菜招待台湾父老乡亲。

2008 年，象山、台东两县，经双方协商建立了“交流合作关系”，又陆续举行了海洋环境保护、旅游交流合作论坛。还在石浦皇城沙滩共同举行了以“同盼团圆，共叙乡情”为主题的中秋晚会，台东蓝星文艺团、东大水浒宋江阵等文艺团体表演了台湾民俗特色节目。

象山县还以“中国开渔节”为平台，以文化为纽带，邀请台东小石浦村参加“妈祖如意省亲迎亲”仪式，祈福巡安活动，加深了两岸同胞的了解和友谊。

象山县与台湾台东县地理环境相似，人缘相通，文化相宜，有着特殊的历史渊源，在第十三届中国开渔节期间，台东小石浦村村民捐资 60 万元，与象山县石浦人民，合计投资 300 余万元，在东门岛兴建新的如意娘娘庙，庙名为“海神庙”。2011 年 9 月 16 日开渔节期间 100 多位台湾同胞见证了这一个庄严肃穆的时刻，噙着泪说：“回来了！回来了！”并且虔诚地祈祷两岸风调雨顺，国泰民安。

## 三、深远的精神激励价值

象山渔文化是象山先民在独特的地域环境和生存状态下，因生活和精神需求而形成的一种心理和文化积淀。这种积淀过程，在精神层面也熔铸了有别于内陆文化的特质。首先，从运作机制来看，它具有交流性与协作性。渔民们只有相互协作、依靠团队的力量才能在浩瀚的大海中有所获取，同时在漂泊中互相交流渔汛对于渔获的多少有着至关重要的意义，正是这种生产方式形成了象山渔民注重团队协作和相互交流的意识。其次，就价值取向而言，它具有崇商性和慕利性。渔民没有可供农耕的土地，若无贸易，他们的生活资源就只有鱼鳖虾蟹。贸易交换成为了理所当然的日常生活方式，并由此衍生出了极具特色的渔商文化。其三，精神向度而言，它具有兼容性与开放性特征。面朝大海的劳作方式和外来文明的撞击砥砺，形成了象山渔文化精神上的开放与兼容。其四，从审美意韵来看，它具有精细性和壮美性，这一特征在象山渔民豪放粗犷的渔家号子、船鼓表演等艺术门类中得到鲜明的体现。更主要的是，这些渔文化精神的核心元素，在新时期，又有了更新的演进：第一方面传统渔文化中天道酬勤的苦干精

神和“众人划桨开大船”的协作精神得到了前所未有的加强；第二方面，传统的知恩图报、义薄云天的道义之说和忧患意识被赋予时代的特征加以弘扬；第三方面是兼容并蓄，勇于进取的特性得到了前所未有的强化，最终成为象山人“海纳百川、勇立潮头”的时代精神。这种精神实质与传统渔文化精神一脉相承，对我们今天和将来的经济文化建设具有深远的激励作用。

## 第三节　象山非物质性渔文化的保护和传承

从文化形态而论，中国海洋渔文化可以分成物质性和非物质性两大类。它们都属于渔文化的保护和传承对象。尤其是以列入各级非物质文化遗产保护项目为代表的海洋非物质文化遗产渔文化，是象山海洋渔文化传承和保护的重中之重。其主要的途径有整体性保护、传承性保护、抢救性保护、展示性保护和数字化保护等。最近十多年来，象山在这方面进行了艰苦的探索和实践，取得了相当的成绩。

### 一、多种措施联动的海洋非物质文化遗产渔文化的保护和传承

为了更好更完整地保护和传承象山非物质文化遗产海洋渔文化，象山采取了多种措施，进行联动式保护。

整体性保护：包括文化内容保护、自然环境保护、文化生态保护与文化功能保护。

传承性保护：主要是指通过活态传承来完成非物质文化遗产实际保护的方式。

抢救性保护：对于因传承人病危、自然环境变化等因素造成的濒危非物质文化遗产采取抢救性保护措施。

生产性保护：以有效传承非物质文化遗产技艺为前提，借助生产、流通、销售等手段，将非物质文化遗产及其资源转化为文化产品的保护方式。

展示性保护：指利用多途径的文化展示与传播手段来达到保护目的的

方式。

数字化保护：数字化保护将数字技术介入文化生态保护领域，将传统文化形态转化为数字文化形态，是一项行之有效的文化生态保护方式。

上述保护的对象虽然未必完全是非物质文化遗产角度的，但是都在各个方面起了保护海洋非物质性渔文化的作用。从象山的实践来看，下列措施是比较行之有效的。

以名录体系建设强化项目保护。开展周期性非物质文化遗产普查与确认工作；完善四级非物质文化遗产代表性项目名录工作；开展重点项目保护工作；开展消亡文化事项整理工作；建设非物质文化遗产代表性项目名录退出机制。

加强传承人保护，完善机制。贯彻落实国家、省市传承人保护有关条例和法规；建设传承人档案和数据库；开展非物质文化遗产传承人培训；建立非物质文化遗产传承人资助制度；建立非物质文化遗产传承人传承活动专项资金和资助制度。

加强文化生态的整体性保护。建立与环境密切相关的名录制度；建立文化环境监测机制；建立预警和干预机制。

加强非物质文化遗产实物的收集与展示。充分利用多途径展示象山海洋渔文化；建设综合博物馆，加强知识普及与宣传教育工作。

加强传承场所和文化空间的保护与建设。建设并完善文化遗产保护与建设。建设并完善文化遗产保护的基础设施；建设非物质文化遗产传承展示基地；建设、修缮文化空间类非物质文化遗产展演的活动场所；建设象山海洋渔文化展演场所。

加强数字化与网络建设。开展数字采集与存储工作；开展数据库管理工作；建设虚拟文化空间；启动数字出版工作；开发数字文化休闲项目。

拓展宣传载体，创新宣传模式，加大宣传力度。设立“象山海洋渔文化生态保护日”；开展国家“文化遗产日”活动；恢复和举办多层次的、立体化的象山海洋渔文化民俗活动；充分发挥全媒体时代多媒体融合优势，扩大传播范围和信息覆盖面。

加强非物质文化遗产教育与普及。开展乡土教材和非物质文化遗产普及读本编写工作，开展非物质文化遗产项目进校园活动；开展非物质文化遗产传承人进校园活动。

加强海洋渔文化研究。建立象山海洋文化生态保护实验区学术委员会；加强与高校、研究院所横向合作；建立象山海洋渔文化研究中心；举办象山海洋渔文化保护论坛；开展象山海洋渔文化研究；加强与兄弟保护区的横向交流。

## 二、对核心保护区东门岛的保护与传承

海洋非物质性渔文化不是无源之水、无根之木，它们深深扎根于具体的环境之中。渔村渔岛等物质性渔文化载体，就是海洋非物质性渔文化形成和生存的那个“源”和“根”。这在象山著名渔村东门岛体现得尤为明显，因此也需要精心保护。

“东门”之称，汉时已有。《汉书·地理志》载：“天门山也，在南海中，接宁之东，故名东门，亦海道要冲。”可知东门在2 000年前已被人们认识。此指岛山。梁陶弘景《真诰》：“天门山在鄞县南一百二十里海中，两岛对峙，其状若门，阔一百五十余步，下有横石如阈，潮退之时，奔水冲荡，不可轻涉。”此既指岛山又指东门门头水道。宋乾道《四明图经》载，象山祚圣庙，旧系东门庙，在县南一百里，唐贞观至永徽年间（627—655年）有会稽、绍兴等贾贩往返台州、泉州等地，经过庙下，必具牲醴祈祷，以求平安获利。此反映人的活动。亦知庙建置在唐贞观永徽年间之前，比象山立县早许多年。

宋宝庆《四明志》载，嘉定二年（1209年）设置东门寨，似可表明东门作为村落名称的最早文献记述，这是因岛（山）名寨（村）。元至元二十年（1283年）设置东门巡检司，筑构城墙，东门成为海防要地。在此后的700多年间，东门的行政建置虽时有变化，但“东门”之名一直不变，沿用至今。

优越的海域环境。村落在象山半岛南端，距县城30.5千米。四面环海，东望檀头山，西隔石浦港与石浦相望，北滨铜瓦门水道有大桥与陆地相接，南即东门港，与对面山岛对峙，西南遥对下湾门水道。岛略呈南北向长方形，东南角伸出，总面积2.8平方千米，海岸线10.5千米。大炮台山海拔128.4米，为岛之最高峰。岛的东北部山岩逼仄，地势陡峭。西

南部为坡地和海塘，百姓居此，立潮头，造大船，闯海洋，赚大钱，生活宽裕。

独特的地势地貌。岛地质地貌属第四纪地层，位于象山火山活动区，构造特征，以南东向和东西向断裂为主。土层属海湾滨海相堆积淤质亚黏土层，多为丘陵黄泥沙土土壤，共 218 万平方米。

典型的海洋气候。岛属典型海洋性季风气候，年平均气温 16.2℃，1 月平均气温 5.4℃，8 月平均气温 27.1℃，年平均日照数为 2 160 小时，年平均降雨量 1 399 毫米。东门多雾，每年有 55 天左右。因地处海上，另有一些明显的海洋水文特征：波浪最高 1.8 米；潮汐平均差 3.54 米，最大潮差 6.08 米；潮间带总平均生物量 383.83 克／米$^3$，生物密度 356.6 个／米$^3$。

天长地久，岁月悠悠，“滔滔天门山，逶迤古城垣，谁说东门小，古今风流多。”一代代的海岛弄潮儿，谱写了一篇篇壮丽的史章。

## 三、遗迹众多的海防设施

岛上古城垣、烽火台、古炮台、卫公署、灯塔等抗倭海防遗迹众多，国内岛屿中首屈一指。它们与海洋渔文化也有多种多样的联系，所以也在保护范围之内。

### 1. 象山第一兵营

东门海界是“海上丝绸之路”必经之道，南宋嘉定二年（1209 年）设东门寨，是象山第一兵营。1283 年，设东门巡检司。王刚甫摄东门巡检司事，任职 6 年盗畏之，不敢扰民，不敢一人登岸。

### 2. 古城垣

《乾隆象山县志》载元末王刚甫始筑依山土石城垣，是沿海岛屿中最早古城垣。至今东门岛上，一截截的古城垣，随处可见。

明洪武间，海上倭寇猖獗，朝廷实行海禁。《雍正宁波府志》载：昌国卫迁东门岛时，“指挥万钟修烽堠、治城垣、备战舰，屹然海上巨镇。”后又筑一条石砌卫城，城高二丈三尺，广一丈二，长五里。东门卫城三面依山，南临海，以隔港对面山（岛）为屏障。城设四门，西门之侧设水门，今局部保存完整，是县文物保护单位。

位于岛东南的象鼻山嘴古城墙旁的老东门城隍庙，倚山面海，门头、下湾门、三门口水道尽收眼底，占地1 600平方米，建筑面积1 780平方米，巍峨崇高，威武肃穆、气势非凡，建于明洪武间。历代均作修缮，至今保存完好。

### 3. 浙东第一烽堠

从元朝起，日本一些海盗便在我国东部沿海烧杀掳掠。明朝建立的第二年，海盗更为猖獗，我国沿海地区，经济繁盛，物产丰饶，交通便利，遭受倭患尤重。东门岛位于浙洋中路，元置巡检司，明初设卫时，在城北大炮台山海拔128米处筑有烽堠，抬头即是辽阔海洋，监望敌情一目了然，一有情况就点燃烽火，晚间点火，白天熏烟，称“浙东第一烽堠”。后在官基山嘴、谢家山和南汇铜瓦门等处筑有5个烽火台，五台相连，报警呼应。今烽堠遗迹尚存，站在遗址之上，遥想当年官兵守卫海防，英勇抗倭的情景，令人发思古之豪情。

### 4. 东门灯塔

东门灯塔是南洋航线和浙江沿海战舰、商船、渔船、船行的重要标志。东门任筱和、筱甫兄弟，于民国4年（1915年）自掏腰包买下门头山，建造灯塔，名扬全国。民国8年重建三层圆形砖石结构白色灯塔，高10米许，汽灯照明。民国30年东门沦陷，灯塔遭日军破坏。抗战胜利任氏兄弟将东门等7处灯塔献给海关。后因年久失修，东门灯塔塔顶岌岌可危。1998年2月，岛人重修灯塔，重放光明。旁塑蔡元培半身像，竖“毋忘国耻”碑、“渔光曲拍景纪念碑”。东门灯塔、城隍庙、古城墙、天妃宫等列为县文物保护单位。

## 四、别具一格的渔家风俗

象山渔文化包含了内涵丰富、形式别具一格的渔岛习俗。这些沿袭至今的渔家习俗，有的已经成为各级非物质文化遗产项目，有点的尚处于培育和梳理之中。但它们都是宝贵的海洋渔文化形态。

### 1. 生产习俗

渔民出海捕鱼，多集体作业，集群、团结、服从指挥。一年分春、夏、秋、冬4汛，渔船出海谓“开洋”，渔汛结束称“谢洋”。农历每月十二至十八，廿七至初三为“大水”；初四至十一，十九至廿六为“小水”，十二、廿七为“起水”；十八、初三“落水”。

“出洋”前，各渔船老大、长元，均要到天妃宫（妈祖庙）供上三牲福礼，还要把“船菩萨”或菩萨令箭请到船上圣堂舱供奉；有的在船头祭神，燃化纸时，祭后投酒、肉食于海谓“酬游魂”。“谢洋”均到庙里祭海神。新船下海要三牲福礼供祭。渔船遇险，船头插扫帚，晚上点火把，敲面盆铁锅，以示求救，周围渔民发现赴救不辞。遇浮尸，必捞回陆地，叫“拾元宝”。船上忌讳前文已介绍，在此不再赘述。又以十二生肖谐称船上工具部体，十二生肖以外的“锚”(猫)挂船头外。海上渔船相遇，素重礼让，大船让小船，顺风让逆风，橹前船让橹后船。

“头水黄鱼进洋，二水黄鱼满仓，三水黄鱼落洋。”东门渔船北上岱衢洋捕黄鱼，不少渔民携带眷属，船埠头边，送行人群如潮，鼓乐阵阵，鞭炮声声，犹如战舰出征。

### 2. 庙戏

又称菩萨戏，即是在岛上庙宇戏台中演出，神人共乐的各类戏剧，从明清开始延续至今。每当逢年过节时，庙宇菩萨诞辰等吉日或出海捕鱼、返航归里、外出谋生、养育嫁娶，乃至天灾人祸等人生重大事件时，岛上绝大多数民众，会选择去自己特别崇信的菩萨庙祭祀，并请民间戏班子来庙中演戏。庙戏已成了当地渔民独特精神生活世界。东门在面积仅 2.8 平方千米的弹丸之地计有庙庵 14 座。从北向南现尚有平水庙、圆峰庙、平峰庙、王将军庙、东门庙（祚圣庙)、天妃宫（妈祖庙)、关圣殿（关帝庙)、城隍庙、药师禅寺、东津庙、里厢小庙、门头庙（鱼师庙）等。平均每 0.2 平方千米就有一座庙。其分布密度都是罕见的。其中三个最大庙宇：老东门城隍庙、王将军庙、天妃宫（妈祖庙）建筑面积均在千余平方米，可容纳近千观众，都是古色古香楼台建筑，并配有楹联。高悬在王将军庙的古戏台台柱两侧挂有对联，上联云：“优孟衣冠启后人”，下联云：“戏台方寸悬明镜”，匾额为“古今鉴”。天妃宫戏台楹联为“两副面孔演尽悲欢离合”“一曲越剧唤醒今古奇观”，匾额为“古今观”。城隍庙戏台的上联是“我这里轻饶那个快回头，莫去害人”，下联为“你背地做些什么好大胆，还来瞒我”，匾额是“鉴今古”。三个古戏台，宗旨是一个：以戏为镜，察古

今历史变迁，明人间是非曲直。

庙堂菩萨戏在东门有独特的优势，至今仍放射出昔日光彩。它是岛人对先辈的追思和敬慕之情，也是联络乡情的极好场所。它为中国传统戏剧在当代市场经济条件下，如何传承发展提供了研究探讨平台。

**3. 六月廿三谢洋赛会**

洋山黄鱼汛，于夏历六月二十日结束，东门渔船从岱山返航归里。天后宫热闹非凡，演戏庆丰收，庆平安归来，称“谢洋戏”或“还愿戏”。盛时连演七天七夜。戏台上挂有：“神人共乐”横额，庙里挂灯结彩，供奉三牲福礼。第一场好戏开锣，必至四庙，来把菩萨请来(各庙令箭供奉来)。往往加演一出“蟠桃大会”，赏红包，不仅戏班子引以为荣，全场观众也皆大欢喜。为争取荣誉，各渔船主往往选聘优良戏班，以博取群众欢心。

夏历六月廿三日，在天后宫举行隆重谢洋祭妈祖典礼，长元（船主）上香献爵，众伙计跪拜，虔诚还愿，感激保佑。

**4. 七月半放水灯**

七月半放水灯，是渔村古老民间习俗，东门渔岛最盛。清代诗人王植三在《东门竹枝词》中云：“盂兰盆会纪中元，招得孤魂启佛诞。”每逢夏历七月十五日前，为祭祖先，举行盂兰盆会佛教仪式。相传，夏历中元(七月）是地狱鬼门敞开日子，“鬼”可以四处游荡，更可以回家“探亲访友”。渔村各家都要做“羹饭”，购来好菜，添上美酒，祭祀祖先。同时要发麦糕，还有麦饼筒。直径一市尺左右，厚度不超过两三毫米。然后将菜肴，如肉丝、鱼片、豆芽、米面等，夹放在薄饼中。荤素皆有，味道极好。

一次放水灯，少的是几百盏，多时有上千盏。“万点红灯波历乱，星河倒影水连天。”灯载着做灯人和渔家的希望与祝愿，顺着潮流，漂向它要去的地方。这民俗民风，表示渔村民众对海上遇难人的一种怀念，也表示对海洋的崇敬。

**5. 生活习俗**

阿姑代拜堂，公鸡陪洞房。旧时渔村新郎出海遇风，不能如期赶上婚期，习惯由阿姑代拜堂，在洞房内笼养 1 只公鸡，鸡颈系红布条，新郎回来把鸡放出，俗称“阿姑代拜堂，公鸡陪洞房”。民国时村人曹某在岱山张网，因大风不能按时赶上婚期，只好由其妹代拜堂，头系红布的大公鸡

陪洞房。

东门鱼捶面。嫩滑、爽口、鲜美、色泽清白的鱼捶面，是远近闻名的渔岛一大特色菜肴。好客的东门人，总会捧上最新鲜可口的鱼圆、鱼捶面盛情招待。这浓烈的渔家情意，这醇美的渔岛海味，令人回味无穷、永生难忘。

鱼丸、鱼面，还有一个生动的故事。很早前，渔岛上有个体强力壮英俊的小伙子，一天，他驾着船去猫头洋捕鱼，船翻了，人不知去向，家人心急如焚，他的未婚妻哭肿了眼，流干了泪。昼夜坐在妈祖娘娘、菩萨前，祈求小伙子平安回家。

第五天晚上，那小伙子终于回来了，他被未婚妻真挚的爱情感动。特用鳗鱼去头去尾，去皮去骨，把鱼肉斩成浆，做成雪白滚圆的鱼圆，把鱼肉做成一条条面，情意绵绵，永不分离。

## 第四节　非物质文化遗产进校园：一种可贵的探索实践

非物质文化遗产进校园，是比较行之有效的非物质文化遗产传承方法。但象山在这方面却有自己的新思路和新探索。他们一方面在全县开展非物质文化遗产进校园活动，另一方面还专门成立了一家“象山县素质教育实践学校”。其最主要的工作，就是对中小学生进行渔文化教育和体验活动。

### 一、非物质文化遗产进校园的全县性措施

为深入贯彻非物质文化遗产“保护为主、抢救第一、合理利用、传承发展”的保护工作方针，落实《中华人民共和国非物质文化遗产法》关于“学校应当按照国务院教育主管部门的规定，开展相关的非物质文化遗产教育”的规定，更好地发挥各类学校在非物质文化遗产教育和传承中的积极作用，探索传承新机制，推进象山县非物质文化遗产保护和传承，象山县文化广电新闻出版局和象山县教育局联合发文，决定开展县级非物质文

化遗产传承教学基地申报和命名工作。

经过多年的努力，现在象山已经拥有多家非物质文化遗产传承教学基地如下表所示。

**非物质文化遗产传承教学基地一览**

| 序号 | 申报学校 | 传承项目 |
|---|---|---|
| 1 | 象山县滨海幼儿园 | 传统节日习俗 |
| 2 | 象山县丹城第五小学 | 徐福东渡传说 |
| 3 | 象山县汉章小学 | 象山剪纸、宁波走书 |
| 4 | 象山县昌国小学 | 舞龙 |
| 5 | 象山县下沈小学 | 象山竹编工艺 |
| 6 | 象山县茅洋学校 | 宁波农民画 |
| 7 | 象山县贤庠学校 | 风筝制作技艺 |
| 8 | 象山县职业高级中学 | 象山竹根雕 |
| 9 | 象山县技工学校 | 刺绣、传统盘扣制作技艺、爵溪渔鼓 |
| 10 | 象山县中小学生社会实践基地 | 风筝制作技艺、剪纸 |
| 11 | 象山县素质教育实践学校（中国渔文化艺术村） | 鱼类故事、石浦鱼灯、鱼骨造型艺术、象山鱼拓等 |

这些非物质文化遗产教学传承基地，都有明确重点传承的非物质文化遗产项目、主要传承方式和时间进度安排等。它们定期开展非物质文化遗产传承课堂教学活动，邀请专家讲授非物质文化遗产乡土读物等非物质文化遗产保护传承知识；开设课外兴趣班，邀请非物质文化遗产代表性传承人现场教学，传授非物质文化遗产知识和技艺；定期举办全校性的非物质文化遗产课外交流活动，邀请非物质文化遗产代表性传承人、相关专家学者开展形式多样的展览、展演、展示活动。

从幼儿园到小学到中学到职业中学建立非物质文化遗产传承教育基地，是象山的一种可贵的探索和实践，因为这是国家发展战略的需要；是为了适应区域特色文化发展的需要；是新形势下加强学生思想、道德建设的需要；是新课程改革对学校、老师和学生自身发展的需要。象山海洋渔文化内涵丰富、宽博广远，以海洋渔文化为依托而衍生出来的与之相通的自然知识、习俗语言、价值观念、道德情操、审美情趣等，和其他诸多文化，具有明显的个性，为学生的教育教学提供了广阔的空间和丰富的资

源。通过实践探索，以海洋渔文化研究为载体，通过个性化特色教育，为学校的教育创新注入新的活力，全面提升教育管理、教育科研、教育质量、师资水平，丰富学校的文化内涵，提升学校的办学品位，并激发学生热爱海洋、热爱家乡的情感，帮助他们养成良好的行为规范，提高学生的文化素养、道德素养和审美情趣，帮助他们树立正确的核心价值观。

## 二、渔文化课程的建设实践与未来走向

象山素有“百里海岸、千年渔乡”之美称，境内渔文化资源丰富，历史悠久，源远流长。象山县各地渔村、渔岛渔港、渔户渔船大都保留丰富多彩的鲜活渔文化遗产，如船俗文化、婚俗文化、节俗文化、食俗文化，以及渔具渔法、渔服渔饰、渔谚渔歌、渔事渔会等。这些文化，包含着先民对自己资源的认识，对开发自然的态度，包含着对当前生产的要求，对未来生活的向往。2008 年 7 月，象山被中国民间文艺家协会正式命名为“中国渔文化之乡”，2012 年 6 月，被批准为国家级海洋渔文化（象山）生态保护实验区，象山渔文化及其精神感召着一代又一代半岛人民，铸就了一个个辉煌。

中国渔文化艺术村就是在这样一个背景下应运而生的，自 2012 年开营以来，渔文化艺术村凝聚了一批热衷海洋文化研究、志在海洋渔文化的推广团队。在这家集研究、展示、教育、休闲于一体的多功能度假村，长期以来，一直与宁波渔文化促进会及浙江大学、上海海洋大学、台湾海洋大学相关研究团队保持密切联系。频繁的文化交流使渔文化艺术村团队产生了一种要将源远流长、底蕴深沉的海洋文化向广大青少年群体推广的迫切愿望。几年来，渔文化艺术村在渔文化课程的建设与实践上作了探索。

### 1. 优质的海洋渔文化资源是实践活动课程建设之本

从成立学生社会实践基地开始，渔文化艺术村就把弘扬海洋渔文化作为自己的责任，所有的课程开发建设都以围绕海洋文化的主题展开。进入渔文化艺术村就意味着要引导学生亲近自然、了解海洋、体验文化、学会生存，以此促进学生素质的全面发展。为此，渔文化艺术村分别建立各种渔文化主题教室，开辟了海洋文化科技长廊，布置了海洋气象及海洋地震知识普及展览，使艺术村到处洋溢着浓浓的海洋风味。

**2. 源远流长的海洋非物质文化遗产是丰富课程建设之源**

非物质文化遗产既是我们人类宝贵的财富，也向我们提出了如何传承发掘的课题。几年来艺术村一直在开发渔文化与非物质文化遗产相结合的适合青年学生的实践课程。

引进非物质文化遗产传承人，以直观的教育引导方式介入学生实践课程。2014 年，艺术村获批宁波市首批大课堂资源基地后，首次开发出“象山鱼拓”“鱼类故事”“剪纸工艺”以及“东海神泥”“朽木化鱼”等课程，并邀请了鱼拓传承人加入我们的传承队伍。2015 年以来，我们又开发了“鱼骨造型”“鱼骨制画”“渔灯制作”“渔家香囊”“麦秆制画”“鱼形结编”“沉鱼落印”“贝壳工艺”“3D 鱼模”“鱼形饼干”等课程，并邀请了有关传承人加入教学团队，使得艺术村的非物质文化遗产传承教学不断发展。

**3. 海洋渔文化课程建设未来发展的方向**

设施多元化。渔文化课程开设受制约因素很多，有些受场地设施制约因素，有些受材料、工具、工时等条件限制，还有一些是通过演绎、口口相传的无形文化，很难将作品的形式完美地表达。如何化解这些不良因素，艺术村考虑到这样几种解决措施：

一是争取上级领导的支持，加大艺术村投入力度，使艺术村的场地设施能够符合更多课程的实际需要。

二是多方合作，争取多方资源共享。与东门渔村合作，利用传统村落；利用众多的渔船来提供一些较为零散的课程原料，如贝壳、鱼骨等。通过现场观赏或者观看影像资料，使学员们感受那些难得一见的文化传承。

作品产业化。艺术村现有很多课程的授课老师大多是民间文艺家会员，他们的作品往往都有独到之处，充满着无尽的渔趣和盎然的海洋生机，他们展现的作品其实就是一件件海洋工艺品，受到大家的热捧。至今，艺术村团队开发的中国鱼拓、中国渔结、鱼骨造型、渔灯以及贝壳造型艺术已经受到无数来访者的认可。节假日，这些老师也会受到象山影视城、渔港古城等景点的邀请，表演、展现他们的艺术作品，很多作品几乎一亮相就被抢购一空。所以，把艺术村的课程作品推出来，走向市场，助力象山旅游经济，也是艺术村今后努力的方向。

形象品牌化。几年来，每年都有超过 1 万名海洋文化热心人士来到渔

亲子鱼拓体验　张煜 摄

文化艺术村过一把体验瘾。经过 4 万多来访者的口口相传，通过中央、省、市媒体的多次报道，中国渔文化艺术村这个坐落于象山小渔岛上的一个闭塞的学生实践基地，终于以其鲜明的海洋文化特色，活跃的非物质文化遗产传承体系进入了大家的视野。如今，小小艺术村已经因拥有全国性的各类文化基地而声名在外。

今后艺术村将紧紧依托现有海洋渔文化资源，进一步深入发掘渔乡、渔俗文化，继承开发海洋文化艺术，使其惠及广大渔文化爱好者及青少年群体，力争使全国首创的渔文化主题社会实践基地——中国渔文化艺术村成为象山县对外交流的一张靓丽名片。

## 三、象山县素质教育实践学校：一种可贵的探索

2009 年 9 月 15 日，象山石浦东门渔村举行了“中国渔文化艺术村”开村典礼。中国渔文化研究基地，中国多民族作家象山创作基地、浙江美术协会东门中国渔文化艺术村写生基地同时挂牌。

从此，艺术村成为象山县中小学生素质教育基地，高校艺术类学生及中国多民族作家创作基地，对外旅游休闲基地及象山渔文化展示窗口，也是宁波市首批中小学生社会实践大课堂资源基地，非物质文化遗产传承基地。

中国渔文化艺术村一角

各种主题体验的教育场所，使艺术村处处洋溢着渔艺、渔画、渔风、渔俗和渔趣。如今，艺术村更是生机勃勃、名声远扬。艺术村开设的课程深受社会各界的欢迎。一位学生家长说：“渔文化艺术村是不可多得的素质教育理想场所。让孩子在玩中学，在玩中成长。”孩子们也说：“这样的课我喜欢。”

总经理丁建东充满信心地说：“我们不忘初心，站在新的起点上，挑战更高的目标，用更加时尚的理念和昂扬的姿态让渔文化融入现代生活。”

象山渔文化创新团队

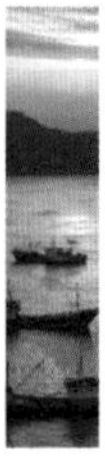



# 后 记

《中国海洋渔文化研究与象山实践》一书终于成稿。这既是一部探究中国海洋渔文化发展，扫描中国海洋渔文化全景的作品，又是一部研究象山20年海洋渔文化建设发展历程，总结象山20年海洋渔文化建设发展经验的作品。本书力求达到理论与实践的结合、整体性与典型性的结合、渔文化传统与现代发展的结合，使其成为一种可供借鉴的案例和经验，为中国海洋渔文化的发展贡献绵薄之力。

感谢多年以来一直关心支持象山渔文化建设和发展的各级领导和专家，你们的关心和支持一直是我们坚持渔文化建设和发展的不竭动力。

感谢象山县20年来从事海洋渔文化工作的同志们，正是你们长期默默无闻的坚持和努力，才有今天象山海洋渔文化的发展。

感谢中国水产学会渔文化研究分会、中国渔业协会渔文化分会、宁波渔文化促进会和浙江海洋大学人文学院教授、专家们的大力支持。你们的创意促成了本书的编撰与出版。

感谢象山渔文化研究会和《渔文化》杂志的同志们，你们多年的研究工作为本书的出版提供了卓有成效的基础和大量的素材。

感谢海洋出版社的大力支持，正是你们认真负责的高效率工作才使本书得以顺利出版。

最后还要感谢本书的编撰专家。本书编撰人员如下：第一章至第三章由倪浓水、王颖编撰；第四、第五章由倪浓水、杨清源编撰；第六章由张利民编撰；第七章由顾德威编撰；第八章由伊建新编撰；第九、第十章由郦伟山、丁建东编撰。辛苦你们了。

由于时间紧促和编者能力的局限，本书一定有许多不尽人意之处，敬请方家批评指正。

象山县渔文化研究会

2018年7月18日

图书在版编目（CIP）数据

中国海洋渔文化研究与象山实践 / 王颖，丁建东主编．—北京：海洋出版社，2018.8
ISBN 978-7-5210-0163-1

Ⅰ．①中… Ⅱ．①王… ②丁… Ⅲ．①渔业—地方文化—研究—象山县 Ⅳ．① F326.475.54

中国版本图书馆 CIP 数据核字（2018）第 193070 号

《中国海洋渔文化研究与象山实践》编委会名单



责任编辑：常青青　侯雪景
装帧设计：一瓢文化·邱特聪
责任印制：赵麟苏

海洋出版社 出版发行
http://www.oceanpress.com.cn
北京市海淀区大慧寺路 8 号　邮编：100081
北京朝阳印刷厂有限责任公司印刷　新华书店经销
2018 年 8 月第 1 版　2018 年 8 月北京第 1 次印刷
开本：787mm × 1092mm　1/16　印张：17.25
字数：265 千字　定价：88.00 元
发行部：010-62132549　邮购部：010-68038093
编辑室：010-62100038　总编室：010-62114335